REFORMA PREVIDENCIÁRIA

www.editorasaraiva.com.br/direito
Visite nossa página

Sergio Pinto Martins

REFORMA PREVIDENCIÁRIA

3ª edição
2020

Av. Doutora Ruth Cardoso, 7.221, 1º andar, Setor B
Pinheiros – São Paulo – SP – CEP 05425-902

SAC | sac.sets@somoseducacao.com.br

DADOS INTERNACIONAIS DE CATALOGAÇÃO NA PUBLICAÇÃO (CIP)
ANGÉLICA ILACQUA CRB-8/7057

Martins, Sergio Pinto
   Reforma previdenciária / Sergio Pinto Martins . – 3. ed. – São Paulo : Saraiva Educação, 2020.
   232 p.

Bibliografia
ISBN 978-85-536-1751-7 (impresso)

1. Previdência social – Brasil I. Título.

20-0249   CDD 340

Índice para catálogo sistemático:
1. Previdência social : Brasil   368.409(81)

Direção executiva	Flávia Alves Bravin
Direção editorial	Renata Pascual Müller
Gerência editorial	Roberto Navarro
Gerência de produção e planejamento	Ana Paula Santos Matos
Gerência de projetos e serviços editoriais	Fernando Penteado
Consultoria acadêmica	Murilo Angeli Dias dos Santos
Planejamento	Clarissa Boraschi Maria (coord.)
Novos projetos	Melissa Rodriguez Arnal da Silva Leite
Edição	Eveline Gonçalves Denardi (coord.)
	Daniel Pavani Naveira
	Estevão Bula Gonçalves
Produção editorial	Fernanda Matajs (coord.)
	Luciana Cordeiro Shirakawa
Arte e digital	Mônica Landi (coord.)
	Amanda Mota Loyola
	Camilla Felix Cianelli Chaves
	Claudirene de Moura Santos Silva
	Deborah Mattos
	Guilherme H. M. Salvador
	Tiago Dela Rosa
Projetos e serviços editoriais	Breno Lopes de Souza
	Josiane de Araujo Rodrigues
	Kelli Priscila Pinto
	Laura Paraíso Buldrini Filogônio
	Marília Cordeiro
	Mônica Gonçalves Dias
Diagramação e revisão	Know-How Editorial
Capa	Deborah Mattos
Produção gráfica	Marli Rampim
	Sergio Luiz Pereira Lopes
Impressão e acabamento	Gráfica Paym

Data de fechamento da edição: 20-12-2019

Dúvidas? Acesse www.editorasaraiva.com.br/direito

Nenhuma parte desta publicação poderá ser reproduzida por qualquer meio ou forma sem a prévia autorização da Saraiva Educação. A violação dos direitos autorais é crime estabelecido na Lei n. 9.610/98 e punido pelo art. 184 do Código Penal.

CL   606484   CAE   722334

TRABALHOS DO AUTOR

LIVROS

1. *Imposto sobre serviços – ISS.* São Paulo: Atlas, 1992.
2. *Direito da seguridade social.* 38. ed. São Paulo: Saraiva, 2019.
3. *Direito do trabalho.* 35. ed. São Paulo: Saraiva, 2019.
4. *A terceirização e o direito do trabalho.* 15. ed. São Paulo: Saraiva, 2018.
5. *Manual do ISS.* 10. ed. São Paulo: Saraiva, 2017.
6. *Participação dos empregados nos lucros das empresas.* 4. ed. São Paulo: Atlas, 2015.
7. *Práticas discriminatórias contra a mulher e outros estudos.* São Paulo: LTr, 1996.
8. *Contribuição confederativa.* São Paulo: LTr, 1996.
9. *Medidas cautelares.* São Paulo: Malheiros, 1996.
10. *Manual do trabalho doméstico.* 14. ed. São Paulo: Saraiva, 2019.
11. *Tutela antecipada e tutela específica no processo do trabalho.* 3. ed. São Paulo: Atlas, 2002.
12. *Manual do FGTS.* 5. ed. São Paulo: Saraiva, 2017.
13. *Comentários à CLT.* 22. ed. São Paulo: Saraiva, 2019.
14. *Manual de direito do trabalho.* 12. ed. São Paulo: Saraiva, 2019.
15. *Direito processual do trabalho.* 41. ed. Saraiva, 2019.
16. *Contribuições sindicais.* 5. ed. São Paulo: Atlas, 2010.
17. *Contrato de trabalho de prazo determinado e banco de horas.* 4. ed. São Paulo: Atlas, 2002.
18. *Estudos de direito.* São Paulo: LTr, 1998.
19. *Legislação previdenciária.* 22. ed. São Paulo: Saraiva, 2016.
20. *Síntese de direito do trabalho.* Curitiba: JM, 1999.
21. *Continuidade de contrato de trabalho.* 2. ed. São Paulo: Saraiva, 2019.
22. *Flexibilização das condições de trabalho.* 5. ed. São Paulo: Atlas, 2015.
23. *Legislação sindical.* São Paulo: Atlas, 2000.
24. *Col. Fundamentos: direito processual do trabalho.* 19. ed. São Paulo: Saraiva, 2016.
25. *Comissões de conciliação prévia.* 3. ed. São Paulo: Atlas, 2008.
26. *Instituições de direito público e privado.* 18. ed. São Paulo: Saraiva, 2019.
27. *Col. Fundamentos: direito do trabalho.* 17. ed. São Paulo: Saraiva, 2016.

28. *Col. Fundamentos: direito da seguridade social*. 17. ed. São Paulo: Saraiva, 2016.
29. *Greve do servidor público*. 2. ed. São Paulo: Saraiva, 2017.
30. *Pluralismo do direito do trabalho*. 2. ed. São Paulo: Saraiva, 2016.
31. *Execução da contribuição previdenciária na justiça do trabalho*. 4. ed. São Paulo: Atlas, 2013.
32. *Manual de direito tributário*. 19. ed. São Paulo: Saraiva, 2019.
33. *Cooperativas de trabalho*. 6. ed. São Paulo: Atlas, 2015.
34. *CLT universitária*. 25. ed. São Paulo: Saraiva, 2019.
35. *Reforma previdenciária*. 2. ed. São Paulo: Atlas, 2006.
36. *Manual da justa causa*. 7. ed. São Paulo: Saraiva, 2019.
37. *Comentários às Súmulas do TST*. 16. ed. São Paulo: Saraiva, 2016.
38. *Constituição – CLT – Legislação previdenciária e legislação complementar*. 3. ed. São Paulo: Atlas, 2012.
39. *Dano moral decorrente do contrato de trabalho*. 5. ed. São Paulo: Saraiva, 2018.
40. *Profissões regulamentadas*. 2. ed. São Paulo: Atlas, 2013.
41. *Direitos fundamentais trabalhistas*. 2. ed. São Paulo: Atlas, 2015.
42. *Convenções da OIT*. 3. ed. São Paulo: Saraiva, 2016.
43. *Estágio e relação de emprego*. 5. ed. São Paulo: Saraiva, 2019.
44. *Comentários às Orientações Jurisprudenciais da SBDI-1 e 2 do TST*. 7. ed. São Paulo: Saraiva, 2016.
45. *Direitos trabalhistas do atleta profissional de futebol*. 2. ed. São Paulo: Saraiva, 2016.
46. *Prática trabalhista*. 9. ed. São Paulo: Saraiva, 2019.
47. *Assédio moral*. 5. ed. São Paulo: Saraiva, 2017.
48. *Comentários à Lei n. 8.212/91. Custeio*. São Paulo: Atlas, 2013.
49. *Comentário à Lei n. 8.213/91. Benefícios da Previdência Social*. São Paulo: Atlas, 2013.
50. *Prática previdenciária*. 5. ed. São Paulo: Saraiva, 2019.
51. *Teoria geral do processo*. 4. ed. São Paulo: Saraiva, 2019.
52. *Teoria geral do Estado*. 2. ed. São Paulo: Saraiva, 2018.
53. *Introdução ao Estudo do Direito*. São Paulo: Saraiva, 2018.
54. *Reforma trabalhista*. São Paulo: Saraiva, 2018.

ARTIGOS

1. A dupla ilegalidade do IPVA. *Folha de S. Paulo*, São Paulo, 12 mar. 1990. Caderno C, p. 3.
2. Descumprimento da convenção coletiva de trabalho. *LTr*, São Paulo, n. 54-7/854, jul. 1990.
3. Franchising ou contrato de trabalho? *Repertório IOB de Jurisprudência*, n. 9, texto 2/4990, p. 161, 1991.
4. A multa do FGTS e o levantamento dos depósitos para aquisição de moradia. *Orientador Trabalhista – Suplemento de Jurisprudência e Pareceres*, n. 7, p. 265, jul. 1991.
5. O precatório e o pagamento da dívida trabalhista da fazenda pública. *Jornal do II Congresso de Direito Processual do Trabalho*, jul. 1991, p. 42. (Promovido pela LTr Editora.)
6. As férias indenizadas e o terço constitucional. *Orientador Trabalhista Mapa Fiscal – Suplemento de Jurisprudência e Pareceres*, n. 8, p. 314, ago. 1991.

7. O guarda de rua contratado por moradores. Há relação de emprego? *Folha Metropolitana*, Guarulhos, 12 set. 1991, p. 3.
8. O trabalhador temporário e os direitos sociais. *Informativo Dinâmico IOB*, n. 76, p. 1164, set. 1991.
9. O serviço prestado após as cinco horas em sequência ao horário noturno. *Orientador Trabalhista Mapa Fiscal – Suplemento de Jurisprudência e Pareceres*, n. 10, p. 414, out. 1991.
10. Incorporação das cláusulas normativas nos contratos individuais do trabalho. *Jornal do VI Congresso Brasileiro de Direito Coletivo do Trabalho e V Seminário sobre Direito Constitucional do Trabalho*, nov. 1991, p. 43. (Promovido pela LTr Editora.)
11. Adicional de periculosidade no setor de energia elétrica: algumas considerações. *Orientador Trabalhista Mapa Fiscal – Suplemento de Jurisprudência e Pareceres*, n. 12, p. 544, dez. 1991.
12. Salário-maternidade da empregada doméstica. *Folha Metropolitana*, Guarulhos, 2-3 fev. 1992, p. 7.
13. Multa pelo atraso no pagamento de verbas rescisórias. *Repertório IOB de Jurisprudência*, n. 1, texto 2/5839, p. 19, 1992.
14. Base de cálculo dos adicionais. *Orientador Trabalhista Mapa Fiscal – Suplemento de Legislação, Jurisprudência e Doutrina*, n. 2, p. 130, fev. 1992.
15. Base de cálculo do adicional de insalubridade. *Orientador Trabalhista Mapa Fiscal – Suplemento de Legislação, Jurisprudência e Doutrina*, n. 4, p. 230, abr. 1992.
16. Limitação da multa prevista em norma coletiva. *Repertório IOB de Jurisprudência*, n. 10, texto 2/6320, p. 192, 1992.
17. Estabilidade provisória e aviso prévio. *Orientador Trabalhista Mapa Fiscal – Suplemento de Legislação, Jurisprudência e Doutrina*, n. 5, p. 279, maio 1992.
18. Contribuição confederativa. *Orientador Trabalhista Mapa Fiscal – Suplemento de Legislação, Jurisprudência e Doutrina*, n. 6, p. 320, jun. 1992.
19. O problema da aplicação da norma coletiva de categoria diferenciada à empresa que dela não participou. *Orientador Trabalhista Mapa Fiscal – Suplemento de Legislação, Jurisprudência e Doutrina*, n. 7, p. 395, jul. 1992.
20. Intervenção de terceiros no processo de trabalho: cabimento. *Jornal do IV Congresso Brasileiro de Direito Processual do Trabalho*, jul. 1992, p. 4. (Promovido pela LTr Editora.)
21. Relação de emprego: dono de obra e prestador de serviços. *Folha Metropolitana*, Guarulhos, 21 jul. 1992, p. 5.
22. Estabilidade provisória do cipeiro. *Orientador Trabalhista Mapa Fiscal – Suplemento de Legislação, Jurisprudência e Doutrina*, n. 8, p. 438, ago. 1992.
23. O ISS e a autonomia municipal. *Suplemento Tributário LTr*, n. 54, p. 337, 1992.
24. Valor da causa no processo do trabalho. *Suplemento Trabalhista LTr*, n. 94, p. 601, 1992.
25. Estabilidade provisória do dirigente sindical. *Orientador Trabalhista Mapa Fiscal – Suplemento de Legislação, Jurisprudência e Doutrina*, n. 9, p. 479, set. 1992.
26. Estabilidade no emprego do aidético. *Folha Metropolitana*, Guarulhos, 20-21 set. 1992, p. 16.
27. Remuneração do engenheiro. *Orientador Trabalhista Mapa Fiscal – Suplemento de Legislação, Jurisprudência e Doutrina*, n. 10, p. 524, out. 1992.
28. Estabilidade do acidentado. *Repertório IOB de Jurisprudência*, n. 22, texto 2/6933, p. 416, 1992.
29. A terceirização e suas implicações no direito do trabalho. *Orientador Trabalhista*

Mapa Fiscal – Legislação, Jurisprudência e Doutrina, n. 11, p. 583, nov. 1992.
30. Contribuição assistencial. *Jornal do VII Congresso Brasileiro de Direito Coletivo do Trabalho e VI Seminário sobre Direito Constitucional do Trabalho*, nov. 1992, p. 5.
31. Descontos do salário do empregado. *Orientador Trabalhista Mapa Fiscal – Suplemento de Legislação, Jurisprudência e Doutrina*, n. 12, p. 646, dez. 1992.
32. Transferência de empregados. *Orientador Trabalhista Mapa Fiscal – Suplemento de Legislação, Jurisprudência e Doutrina*, n. 1, p. 57, jan. 1993.
33. A greve e o pagamento dos dias parados. *Orientador Trabalhista Mapa Fiscal – Suplemento de Legislação, Jurisprudência e Doutrina*, n. 2, p. 138, fev. 1993.
34. Auxílio-doença. *Folha Metropolitana*, Guarulhos, 30 jan. 1993, p. 5.
35. Salário-família. *Folha Metropolitana*, Guarulhos, 16 fev. 1993, p. 5.
36. Depósito recursal. *Repertório IOB de Jurisprudência*, n. 4, texto 2/7239, p. 74, fev. 1993.
37. Terceirização. *Jornal Magistratura & Trabalho*. n. 5, p. 12, jan. e fev. 1993.
38. Auxílio-natalidade. *Folha Metropolitana*, Guarulhos, 9 mar. 1993, p. 4.
39. A diarista pode ser considerada empregada doméstica? *Orientador Trabalhista Mapa Fiscal – Suplemento Trabalhista Mapa Fiscal – Suplemento de Legislação, Jurisprudência e Doutrina*, n. 3/93, p. 207.
40. Renda mensal vitalícia. *Folha Metropolitana*, Guarulhos, 17 mar. 1993, p. 6.
41. Aposentadoria espontânea com a continuidade do aposentado na empresa. *Jornal do Primeiro Congresso Brasileiro de Direito Individual do Trabalho*, 29 e 30 mar. 1993, p. 46-47. (Promovido pela LTr Editora.)

42. Relação de emprego e atividades ilícitas. *Orientador Trabalhista Mapa Fiscal – Suplemento de Legislação, Jurisprudência e Doutrina*, n. 5/93, p. 345.
43. Conflito entre norma coletiva do trabalho e legislação salarial superveniente. *Revista do Advogado*, n. 39, p. 69, maio 1993.
44. Condição jurídica do diretor de sociedade em face do direito do trabalho. *Orientador Trabalhista Mapa Fiscal – Suplemento de Legislação, Jurisprudência e Doutrina*, n. 6/93, p. 394.
45. Equiparação salarial. *Orientador Trabalhista Mapa Fiscal – Suplemento de Legislação, Jurisprudência e Doutrina*, n. 7/93, p. 467.
46. Dissídios coletivos de funcionários públicos. *Jornal do 5º Congresso Brasileiro de Direito Processual do Trabalho*, jul. 1993, p. 15. (Promovido pela LTr Editora.)
47. Contrato coletivo de trabalho. *Orientador Trabalhista Mapa Fiscal – Suplemento de Legislação, Jurisprudência e Doutrina*, n. 8/93, p. 536.
48. Reintegração no emprego do empregado aidético. *Suplemento Trabalhista LTr*, n. 102/93, p. 641.
49. Incidência da contribuição previdenciária nos pagamentos feitos na Justiça do Trabalho. *Orientador Trabalhista Mapa Fiscal – Suplemento de Legislação, Jurisprudência e Doutrina*, n. 9/93, p. 611.
50. Contrato de trabalho por obra certa. *Orientador Trabalhista Mapa Fiscal – Suplemento de Legislação, Jurisprudência e Doutrina*, n. 10/93, p. 674.
51. Autoaplicabilidade das novas prestações previdenciárias da Constituição. *Revista de Previdência Social*, n. 154, p. 697, set. 1993.
52. Substituição processual e o Enunciado 310 do TST. *Orientador Trabalhista Mapa Fiscal – Suplemento de Legislação, Jurisprudência e Doutrina*, n. 11/93, p. 719.

53. Litigância de má-fé no processo do trabalho. *Repertório IOB de Jurisprudência*, n. 22/93, texto 2/8207, p. 398.
54. Constituição e custeio do sistema confederativo. *Jornal do 8º Congresso Brasileiro de Direito Coletivo do Trabalho e 7º Seminário sobre Direito Constitucional do Trabalho*, nov. 1993, p. 68. (Promovido pela LTr Editora.)
55. Participação nos lucros. *Orientador Trabalhista Mapa Fiscal – Suplemento de Legislação, Jurisprudência e Doutrina*, n. 12/93, p. 778.
56. Auxílio-funeral. *Folha Metropolitana*, Guarulhos, 22-12-1993, p. 5.
57. Regulamento de empresa. *Orientador Trabalhista Mapa Fiscal – Suplemento de Legislação, Jurisprudência e Doutrina*, n. 1/94, p. 93.
58. Aviso prévio. *Orientador Trabalhista Mapa Fiscal – Suplemento de Legislação, Jurisprudência e Doutrina*, n. 2/94, p. 170.
59. Compensação de horários. *Orientador Trabalhista Mapa Fiscal – Suplemento de Legislação, Jurisprudência e Doutrina*, n. 3/94, p. 237.
60. Controle externo do Judiciário. *Folha Metropolitana*, Guarulhos, 10-3-1994, p. 2; *Folha da Tarde*, São Paulo, 26-3-1994, p. A2.
61. Aposentadoria dos juízes. *Folha Metropolitana*, Guarulhos, 11-3-1994, p. 2; *Folha da Tarde*, São Paulo, 23-3-1994, p. A2.
62. Base de cálculo da multa de 40% do FGTS. *Jornal do Segundo Congresso Brasileiro de Direito Individual do Trabalho*, promovido pela LTr, 21 a 23-3-1994, p. 52.
63. Denunciação da lide no processo do trabalho. *Repertório IOB de Jurisprudência*, n. 7/94, abril de 1994, p. 117, texto 2/8702.
64. A quitação trabalhista e o Enunciado n. 330 do TST. *Orientador Trabalhista Mapa Fiscal – Suplemento de Legislação, Jurisprudência e Doutrina*, n. 4/94, p. 294.
65. A indenização de despedida prevista na Medida Provisória n. 457/94. *Repertório IOB de Jurisprudência*, n. 9/94, p. 149, texto 2/8817.
66. A terceirização e o Enunciado n. 331 do TST. *Orientador Trabalhista Mapa Fiscal – Suplemento de Legislação, Jurisprudência e Doutrina*, n. 5/94, p. 353.
67. Superveniência de acordo ou convenção coletiva após sentença normativa – prevalência. *Orientador Trabalhista Mapa Fiscal – Suplemento de Legislação, Jurisprudência e Doutrina*, n. 6/94, p. 386.
68. Licença-maternidade da mãe adotiva. *Orientador Trabalhista Mapa Fiscal – Suplemento de Legislação, Jurisprudência e Doutrina*, n. 7/94, p. 419.
69. Medida cautelar satisfativa. *Jornal do 6º Congresso Brasileiro de Direito Processual do Trabalho*, promovido pela LTr nos dias 25 a 27-7-1994, p. 58.
70. Estabelecimento prestador do ISS. *Suplemento Tributário LTr*, n. 35/94, p. 221.
71. Turnos ininterruptos de revezamento. *Orientador Trabalhista Mapa Fiscal – Suplemento de Legislação, Jurisprudência e Doutrina*, n. 8/94, p. 468.
72. Considerações em torno do novo Estatuto da OAB. *Repertório IOB de Jurisprudência*, n. 17/94, set. 1994, p. 291, texto 2/9269.
73. Diárias e ajudas de custo. *Orientador Trabalhista Mapa Fiscal – Suplemento de Legislação, Jurisprudência e Doutrina*, n. 9/94, p. 519.
74. Reajustes salariais, direito adquirido e irredutibilidade salarial. *Orientador Trabalhista Mapa Fiscal – Suplemento de Legislação, Jurisprudência e Doutrina*, n. 10/94, p. 586.

75. Os serviços de processamento de dados e o Enunciado n. 239 do TST. *Orientador Trabalhista Mapa Fiscal – Suplemento de Legislação, Jurisprudência e Doutrina*, n. 11/94, p. 653.

76. Desnecessidade de depósito administrativo e judicial para discutir o crédito da seguridade social. *Orientador Trabalhista Mapa Fiscal – Suplemento de Legislação, Jurisprudência e Doutrina*, n. 12/94, p. 700.

77. Número máximo de dirigentes sindicais beneficiados com estabilidade. *Repertório IOB de Jurisprudência*, n. 24/94, dez. 1994, p. 408, texto 2/9636.

78. Participação nos lucros e incidência da contribuição previdenciária. *Revista de Previdência Social*, n. 168, nov. 1994, p. 853.

79. Proteção do trabalho da criança e do adolescente – considerações gerais. *BTC – Boletim Tributário Contábil – Trabalho e Previdência*, dez. 1994, n. 51, p. 625.

80. Critérios de não discriminação no trabalho. *Orientador Trabalhista Mapa Fiscal – Suplemento de Legislação, Jurisprudência e Doutrina*, n. 1/95, p. 103.

81. Embargos de declaração no processo do trabalho e a Lei n. 8.950/94 que altera o CPC. *Repertório IOB de Jurisprudência*, n. 3/95, fev. 1995, texto 2/9775, p. 41.

82. Empregado doméstico – Questões polêmicas. *Orientador Trabalhista Mapa Fiscal – Suplemento de Legislação, Jurisprudência e Doutrina*, n. 2/95, p. 152.

83. Não concessão de intervalo para refeição e pagamento de hora extra. *Orientador Trabalhista Mapa Fiscal – Suplemento de Legislação, Jurisprudência e Doutrina*, n. 3/95, p. 199.

84. Lei altera artigo da CLT e faz prover conflitos. *Revista Literária de Direito*, mar./abr. 1995, p. 13.

85. Empregados não sujeitos ao regime de duração do trabalho e o artigo 62 da CLT. *Orientador Trabalhista Mapa Fiscal – Suplemento de Legislação, Jurisprudência e Doutrina*, n. 4/95, p. 240.

86. A Justiça do Trabalho não pode ser competente para resolver questões entre sindicato de empregados e empregador. *Revista Literária de Direito*, maio/jun. 1995, p. 10.

87. Minutos que antecedem e sucedem a jornada de trabalho. *Orientador Trabalhista Mapa Fiscal – Suplemento de Legislação, Jurisprudência e Doutrina*, n. 5/95, p. 297.

88. Práticas discriminatórias contra a mulher e a Lei n. 9.029/95. *Repertório IOB de Jurisprudência*, n. 11/95, jun. 1995, p. 149, texto 2/10157.

89. Conflito entre a nova legislação salarial e a norma coletiva anterior. *Orientador Trabalhista Mapa Fiscal – Suplemento de Legislação, Jurisprudência e Doutrina*, n. 6/95, p. 362.

90. Imunidade tributária. *Suplemento Tributário LTr*, 34/95, p. 241.

91. Cogestão. *Revista do Tribunal Regional do Trabalho da 8ª Região*, v. 28, n. 54, jan./jun. 1995, p. 101.

92. Licença-paternidade. *Orientador Trabalhista Mapa Fiscal – Suplemento de Legislação, Jurisprudência e Doutrina*, n. 7/95, p. 409.

93. Embargos de declaração. *Jornal do 7º Congresso Brasileiro de Direito Processual do Trabalho*, São Paulo, LTr, 24 a 26 jul. 1995, p. 54.

94. Reforma da constituição e direitos previdenciários. *Jornal do 8º Congresso Brasileiro de Previdência Social*, n. 179, out. 1995, p. 723.

95. Ação declaratória incidental e coisa julgada no processo do trabalho. *Suplemento Trabalhista LTr* 099/95, p. 665 e *Revista do TRT da 8ª Região*, Belém, v. 28, n. 55, jul./dez. 1995, p. 39.

SUMÁRIO

TRABALHOS DO AUTOR 5
NOTA DO AUTOR 15
INTRODUÇÃO 17

1. BREVE HISTÓRICO 19

2. DÉFICIT DO SISTEMA 23

3. OS PREJUÍZOS DOS SEGURADOS 53

4. A REFORMA ESTABELECIDA PELA EMENDA CONSTITUCIONAL N. 20/98.... 59
    4.1 Caráter contributivo 59
    4.2 Cálculo dos benefícios 60
    4.3 Aposentadoria por idade 61
    4.4 Aposentadoria no regime geral 62
    4.5 Aposentadoria especial 63
    4.6 Professores 63
    4.7 Salário-família 64
    4.8 Auxílio-reclusão 64
    4.9 Salário-maternidade 65
    4.10 Acidente do trabalho 67
    4.11 Tempo de contribuição 68

4.12 Previdência privada	69
4.13 Capitalização	70
4.14 Sistema público	70
4.15 Conclusão	71

5. FATORES A CONSIDERAR PARA AS REFORMAS ... 73

5.1 Expectativa de vida	73
5.2 Número de filhos por mulher	75
5.3 Relação entre ativos e inativos	76
5.4 Desemprego e informalidade	77

6. REFORMA NO SETOR PRIVADO ... 81

7. REFORMA NO SETOR PÚBLICO ... 83

8. REFORMA DA EMENDA CONSTITUCIONAL N. 41/2003 ... 95

8.1 Regime privado	96
8.2 Regime público	98
8.2.1 Contribuição do ativo	106
8.2.2 Paridade	106
8.2.3 Integralidade	107
8.2.4 Teto e subteto	107
8.2.5 Abono de permanência	109
8.2.6 Redutor	110
8.2.7 Unificação da alíquota de contribuição	112
8.2.8 Contribuição da União	112
8.2.9 Militares	113
8.2.10 Gestão	113
8.2.11 Conclusão	113

9. CONTRIBUIÇÃO DO INATIVO ... 115

10. PENSÃO POR MORTE DO SERVIDOR ... 127

11. PREVIDÊNCIA COMPLEMENTAR E A REFORMA 131
    11.1   Chile 134
    11.2   Argentina 136
    11.3   Uruguai 137
    11.4   Estados Unidos 137
    11.5   Dinamarca 138
    11.6   Grécia 138
    11.7   Canadá 138
    11.8   Colômbia 138
    11.9   Japão 138
    11.10 Espanha 138
    11.11 Portugal 139
    11.12 Brasil 139

12. A EMENDA CONSTITUCIONAL N. 47/2005 143

13. DIREITO ADQUIRIDO E REFORMA PREVIDENCIÁRIA 145
    13.1   Histórico 145
    13.2   Conceito 146
    13.3   Distinção 147
    13.4   Características 148
    13.5   Divisão 148
    13.6   Teorias 149
    13.7   Direito adquirido na jurisprudência 150
    13.8   Generalidades 151

14. REFORMA DA EMENDA CONSTITUCIONAL N. 103/2019 155

CONCLUSÃO 223
REFERÊNCIAS 225
ÍNDICE REMISSIVO 229

NOTA DO AUTOR

Esta obra representa a aglutinação das várias palestras que fiz sobre o tema no ano de 2003.

Vários textos esparsos foram publicados em revistas e jornais sobre a Reforma Previdenciária.

Quando da publicação da Emenda Constitucional n. 41, os textos foram revistos e ampliados e cada um foi exposto num capítulo próprio, com suas peculiaridades e considerações mais aprofundadas, que não foi possível fazer em textos editados para jornais.

Meu objetivo neste livro é analisar o porquê da reforma e as bases para esse fim. Foram colocados no livro dados estatísticos que não puderam ser apresentados nos textos para revistas e jornais, em razão do espaço exíguo.

Tenho por intuito demonstrar que não há déficit no sistema como estão falando, mas há necessidade de ser feita a reforma por outros motivos.

Nesta edição, foram acrescentados capítulos sobre direito adquirido e a reforma previdenciária e sobre a Emenda Constitucional n. 103/2019.

INTRODUÇÃO

Reformar é formar de novo, reconstruir, dar melhor forma, aprimorar, mudar, modificar, alterar.

Reforma é o ato ou efeito de reformar. Implica mudança, modificação, dar nova forma. A reforma feita na minha casa tem por objetivo melhorar a sua apresentação e não piorar.

Em tese, as mudanças deveriam vir para melhor. Quando faço uma reforma na minha casa pretendo que ela fique melhor. As reformas não devem ser feitas para piorar as situações anteriores, como se pretende nas reformas previdenciárias, que visam apenas a aspectos econômicos e não jurídicos, muito menos ao aspecto essencial, que é o social.

A verdade para uns não é a mesma para outros. Já disse alguém que a mentira é a verdade que não aconteceu.

A mentira repetida muitas vezes acaba, porém, tornando-se verdade (Joseph Goebbels), como as afirmações do governo no sentido de que há déficit no sistema previdenciário.

O objetivo deste livro é mostrar muitas mentiras, especialmente o déficit previdenciário, indicando muitas verdades que precisam ser ditas para que possam ser compreendidas e não sejam esquecidas.

Não tenho por intuito nesta obra comentar artigo por artigo das reformas previdenciárias, mas inseri-los, à medida do possível, dentro do contexto da exposição.

Inicialmente, será feito um breve histórico da Previdência Social para se ter a ideia de como o sistema surgiu e se desenvolveu.

Em segundo lugar, será examinado se existe déficit da Previdência Social e qual o seu fundamento, indicando desvios de numerário para outros fins.

Em seguida, serão apontados os prejuízos que o segurado teve no curso do tempo com as várias alterações no sistema.

São comentados alguns dos principais itens da reforma decorrente da Emenda Constitucional n. 20/98, indicando acertos e erros do sistema para analisar a reforma seguinte.

É preciso estudar os principais fatores para a necessidade de reforma da Previdência Social, que, muitas vezes, não são os apontados pelo governo.

Em seguida, são apresentadas ideias gerais sobre a reforma no setor privado e no público.

São examinados os principais aspectos da reforma decorrente da Emenda Constitucional n. 41/2003, tanto no setor privado, como no público.

A contribuição dos inativos foi estudada em um capítulo em separado, em razão de a exposição ser mais longa e detalhada, apesar de ser criada pela Emenda Constitucional n. 41.

O capítulo 10, "pensão por morte do servidor", também obedeceu ao mesmo critério, inclusive pelo fato de ser feita comparação com outros países.

Não se estudou exaustivamente a previdência privada complementar, mas são arrolados alguns países que têm o sistema e apontados aspectos positivos ou negativos sobre o tema.

Apresento um capítulo sobre direito adquirido e a reforma previdenciária, pois em toda a reforma constitucional previdenciária se discute o direito adquirido.

Foi criado um capítulo para falar sobre a reforma decorrente da Emenda Constitucional n. 103/2019, onde serão analisados cada um dos artigos da referida Emenda.

O método empregado foi o analítico-expositivo, embora haja em várias passagens do texto indicação de dados estatísticos sobre o tema objeto de exposição, inclusive com a apresentação de cálculos.

1. BREVE HISTÓRICO

Para que o leitor possa compreender a exposição contida no livro, vou fazer breve histórico sobre a evolução do sistema de Seguridade Social brasileira, pois, do contrário, não será possível entendê-lo. Não tenho intenção de arrolar minuciosamente a evolução histórica do sistema, mas apenas de indicar dados básicos para o que irá posteriormente ser explicado[1].

O Decreto n. 4.682, de 24 de janeiro de 1923, criou as Caixas de Aposentadorias e Pensões para os ferroviários. Era a chamada Lei Eloy Chaves, que é considerada efetivamente a primeira norma previdenciária brasileira. Ela permitia a criação das Caixas de Aposentadorias e Pensões (CAPs) em outras atividades.

A partir de 1933, foram sendo criados os Institutos de Aposentadorias e Pensões (IAPs), que acabaram substituindo as Caixas de Aposentadorias e Pensões.

A Lei n. 3.807, de 26 de agosto de 1960, também denominada Lei Orgânica da Previdência Social (LOPS), reuniu num único dispositivo as regras de custeio e benefícios, organizando o sistema de Previdência Social até então existente.

O Decreto-Lei n. 72, de 21 de novembro de 1966, unificou os Institutos de Aposentadorias e Pensões num único órgão: o Instituto Nacional de Previdência Social (INPS). A partir desse momento, o sistema passa a ser público, mas prestado para os particulares, denominado seguro social.

A Lei n. 6.439, de 1º de julho de 1977, instituiu o SINPAS (Sistema Nacional de Previdência e Assistência Social), tendo como objetivo a reorganização da Previdência Social. O SINPAS destinava-se a integrar as atividades da previdência social, da assistência médica, da Assistência Social e de gestão administrativa, fi-

---

[1] Para quem tem interesse em dados históricos mais completos da Seguridade Social, ver o meu *Direito da seguridade social*. 38. ed. São Paulo: Saraiva, 2019, especialmente o capítulo 1.

nanceira e patrimonial, entre as entidades vinculadas ao Ministério da Previdência e Assistência Social. Tinha o SINPAS a seguinte divisão:

1) o Instituto Nacional de Previdência Social (INPS), que cuidava de conceder e manter os benefícios e demais prestações previdenciárias;

2) o Instituto Nacional de Assistência Médica da Previdência Social (INAMPS), que prestava assistência médica;

3) a Fundação Legião Brasileira de Assistência (LBA), que tinha a incumbência de prestar assistência social à população carente;

4) a Fundação Nacional do Bem-Estar do Menor (FUNABEM), que promovia a execução da política do bem-estar do menor;

5) a Empresa de Processamento de Dados da Previdência Social (DATAPREV), que cuida do processamento de dados da Previdência Social;

6) o Instituto de Administração Financeira da Previdência Social (IAPAS), que tinha competência para promover a arrecadação, a fiscalização e a cobrança das contribuições e de outros recursos pertinentes à previdência e assistência social;

7) a Central de Medicamentos (CEME), distribuidora de medicamentos, gratuitamente ou a baixo custo.

No regime anterior ao da Constituição de 1988, existiam dois regimes de previdência social: o urbano e o rural. Os segurados urbanos tinham direito a tudo que o sistema proporcionava. Os segurados rurais não contribuíam diretamente para o sistema, tendo direito a aposentadoria de um salário mínimo, desde que comprovassem tempo de serviço. Na verdade, os segurados urbanos é que custeavam os segurados rurais.

A Constituição de 1988 foi promulgada em 5 de outubro, estabelecendo um capítulo todo nos arts. 194 a 204 sobre Seguridade Social. Esta é o gênero, que abrange a Previdência Social, a Assistência Social e a Saúde.

A regulamentação da Lei Fundamental de 1988 somente foi feita em 25 de julho de 1991, quando foram publicadas a Lei n. 8.212, que trata da organização do custeio da Seguridade Social, e a Lei n. 8.213, que versa sobre os benefícios da Previdência Social.

A partir da promulgação das referidas leis, deixaram de existir dois regimes distintos: a previdência social urbana e a rural, para se falar apenas no Regime Geral de Previdência Social.

É claro que podem existir os regimes próprios, como o dos funcionários públicos da União, dos militares, dos funcionários públicos de Estados e municípios.

A Emenda Constitucional n. 20, de 15 de dezembro de 1998, tratou da reforma previdenciária do Regime Geral, aumentando o valor do teto do benefício do Regime Geral para R$ 1.200,00.

A Emenda Constitucional n. 41, de 19 de dezembro de 2003, tratou da reforma previdenciária dos funcionários públicos, aumentando o valor do teto do benefício para R$ 2.400,00.

A Emenda Constitucional n. 47, de 5 de julho de 2005, é a reforma paralela à Emenda Constitucional n. 41, com regras de transição.

A Emenda Constitucional n. 103, de 12 de novembro de 2019, é muito mais ampla, pois trata do regime público e do privado e aumenta a idade para a concessão de aposentadoria para 65 anos, se homem, e 62 anos, se mulher.

Previdência vem do latim *pre videre*, ver com antecipação os riscos sociais e procurar compô-los.

Previdência Social é a espécie do gênero Seguridade Social, composta de um conjunto de princípios, de normas e de instituições destinado a estabelecer um sistema de proteção social, mediante contribuição, que tem por objetivo proporcionar meios indispensáveis de subsistência ao segurado e a sua família, quando ocorrer certa contingência prevista em lei[2].

O objetivo da Previdência Social é estabelecer um sistema de proteção social para proporcionar meios indispensáveis de sobrevivência ao segurado e a sua família.

O regime previdenciário depende de contribuição por parte do próprio segurado, ao contrário do regime de assistência social, em que o segurado não precisa ter contribuído para o sistema para ter direito ao benefício.

As contingências previstas em lei são as seguintes: doença, invalidez, morte, idade avançada, maternidade, desemprego, conforme previsão do inciso I do art. 201 da Constituição.

Em verdade, a previdência social é eficiente meio de que se serve o Estado moderno na redistribuição da riqueza nacional, visando ao bem-estar do indivíduo e da coletividade, prestado, por intermédio das aposentadorias, como forma de reciclagem da mão-de-obra e oferta de novos empregos.

A Previdência Social consiste, portanto, em uma forma de assegurar ao trabalhador, com base no princípio da solidariedade, benefícios ou serviços quando seja atingido por uma contingência social. Entende-se, assim, que o sistema é baseado na solidariedade humana, em que a população ativa deve sustentar a inativa, os aposentados.

Visa a Previdência Social assegurar renda à pessoa, quando ela não mais tenha condições de trabalhar. O segurado vive mais e recebe por mais tempo o benefício previdenciário. Entretanto, mais importante do que acrescentar anos à vida, é proporcionar condições de vida aos anos.

---

2 MARTINS, Sergio Pinto. *Direito da seguridade social*. 38. ed. São Paulo: Saraiva, 2019, p. 413.

2. DÉFICIT DO SISTEMA

O Decreto n. 4.682, de 24 de janeiro de 1923 (Lei Eloy Chaves), é a primeira lei sobre a aposentadoria no Brasil. Seu objetivo, em princípio, não era conceder aposentadorias, mas apaziguar um setor econômico estratégico para a época. No seu bojo a regra concedia estabilidade ao ferroviário que tivesse dez anos de empresa. Ele só poderia ser dispensado mediante inquérito para apuração de falta grave, presidido pelo engenheiro da estrada de ferro. Como o trabalhador era estável e ficava, portanto, na empresa, havia acumulação de contribuições para o sistema de aposentadoria. Assim, o real objetivo era obter numerário para no futuro pagar aposentadorias.

A Lei n. 4.793, de janeiro de 1924, estabeleceu a aposentadoria integral aos 35 anos de serviço, pois havia abundância de recursos financeiros.

Nas Caixas de Aposentadorias e Pensões, a partir de 1931, existia previsão de concessão de empréstimo para construção de casas para venda aos associados ou de empréstimos para construção ou compra da casa própria. Era uma forma de empregar o numerário abundante que havia nas caixas.

Os Institutos de Aposentadorias e Pensões foram sendo criados a partir de 1933. Muitos recursos financeiros foram direcionados para esses institutos. Havia muitas receitas e poucos eram os beneficiários do sistema.

Muitos dos Institutos previam nos seus regulamentos a concessão de empréstimos diretamente a empresários da área privada, geralmente em relação à área de atividade do Instituto. O parágrafo único do art. 6º da Lei n. 367, de 31 de dezembro de 1936, que criou o IAPI, previa a concessão de empréstimos aos industriais, garantidos pela caução de hipotecas ou debêntures de notória renda, cotação oficial e garantias suficientes. Exigia-se que o empresário fosse contribuinte do Instituto ou associado a ele.

Os recursos da previdência social passaram a ser utilizados para outros fins, diversos do pagamento de benefícios aos segurados e dependentes.

Nas normas que criavam os Institutos de Aposentadorias e Pensões passou-se a estipular que os representantes dos trabalhadores e das empresas passariam a ser escolhidos pelo governo. Em alguns casos, as nomeações do Conselho Administrativo eram feitas pelo presidente da República ou eram subordinadas à concordância do Ministro do Trabalho, Indústria e Comércio, além da indicação dos representantes do próprio governo. Isso mostra que passa a existir uma ingerência muito grande na forma de gestão dos institutos.

A Constituição de 1934 previa a tríplice forma de custeio do sistema previdenciário, mediante igual contribuição da União, dos empregadores e dos trabalhadores (art. 121, § 1º, *h*). O pagamento da igual contribuição da União em relação aos demais financiadores, na prática, nunca foi feito integralmente.

A Lei n. 159, de 30 de dezembro de 1935, regulamentava a contribuição para a formação da receita dos Institutos e Caixas de Aposentadorias e Pensões subordinados ao Conselho Nacional do Trabalho. A quota de previdência incidia sobre os preços dos bens ou serviços das empresas (art. 4º) e a taxa de previdência, à razão de 2%, sobre o pagamento de artigos importados no exterior, excetuando-se trigo e combustível (art. 6º).

O governo federal não recolhia a sua parte da contribuição para o sistema, que seria igual às contribuições dos empregados e dos empregadores. Não repassava ao sistema os valores que arrecadava a título de quotas de previdência e taxas. Os recursos tinham outras destinações.

As reservas dos Institutos que não tinham sido aplicadas deveriam ser mantidas em depósito no Banco do Brasil, permitindo-se inclusive depósitos em instituições privadas, mediante autorização do Conselho Nacional do Trabalho, como ocorria com o § 3º do art. 3º da Lei n. 159, de 30 de dezembro de 1935. O mesmo ocorria no caso do Instituto de Aposentadoria dos Congressistas (IAPC), conforme o art. 25 do Decreto-Lei n. 2.122, de 9 de abril de 1940. Esses depósitos tinham operações suspeitas de irregularidade.

O Decreto-Lei n. 574, de 1938, determinou a utilização de fundos previdenciários para "desenvolver o crédito agrícola e industrial, como providência indispensável ao incremento da riqueza nacional". O Decreto-Lei n. 2.611, de 20 de setembro de 1940, estabeleceu em 15% de seus depósitos a parcela com que o IPASE, as Caixas e os IAPs obrigatoriamente deveriam concorrer para a formação dos fundos.

Em 1939, mencionou Souza Costa que:

> enquanto fosse Ministro da Fazenda não pagaria o débito da União. Se a União tomava dinheiro a juros até 7% através da emissão de apólices, ou por adiantamento no Banco do Brasil, seria um contrassenso entregá-lo aos Institutos, para

que estes o emprestassem à taxa média de 5%, prevista em seus planos técnico--atuariais. Se os Institutos tinham dinheiro para aplicar, a situação a seu ver deveria inverter-se: eles é que deveriam entregá-lo à União, que lhes abonaria aqueles módicos juros de 5%. As autarquias não deixavam de ser a União, e a União não capitalizava juros; ao contrário, paga-os, para obter os recursos de que necessita. Seu regime é, essencialmente, de pura repartição: fixada a despesa, a receita vai-se obter como for possível e na estrita medida do necessário.

O Decreto-Lei n. 1.186/39, criou o Instituto de Resseguros do Brasil. Determinou que 70% do capital fosse subscrito pelas instituições de Previdência Social, criadas por lei federal (art. 7º).

Dispunha o Decreto-Lei n. 1.834, de 4 de dezembro de 1939, "sobre a concessão de favores à indústria de celulose e da pasta de madeira". Especificou que os institutos de previdência social subordinados ao Ministério do Trabalho, Indústria e Comércio estavam "autorizados a conceder financiamentos ou a efetuar empréstimos a pessoas físicas ou jurídicas, proprietárias de matas ou florestas". Os juros eram de 7% ao ano e o prazo de amortização mínimo era de 15 anos (parágrafo único do art. 1º).

Nos anos de 1938/1939, as despesas com o sistema eram de 30% do valor arrecadado. Havia, portanto, superávits anuais de 70% da receita.

O art. 24 do Decreto-Lei n. 2.122, de 9 de abril de 1940, permitia a concessão de empréstimos a empresas, instituições e contribuintes do IAPC.

Os Decretos-Leis n. 3.173/41 e 3.829/41 autorizaram todos os Institutos de Aposentadorias e Pensões e as Caixas de Aposentadorias e Pensões a subscrever ações preferenciais e ordinárias da Companhia Siderúrgica Nacional. O Decreto-Lei n. 5.684, de 20 de julho de 1943, determinou que os institutos e caixas subscrevessem os mesmos tipos de ações da Companhia Nacional de Álcalis (§ 2º do art. 2º). O Decreto-Lei n. 8.031/45 especificou o mesmo procedimento em relação à Companhia Hidrelétrica do São Francisco e o Decreto n. 8.669/46, em relação à Fábrica Nacional de Motores S.A.

Em 1945, a despesa era de 42% da arrecadação. Havia, portanto, superávit de 58% da arrecadação.

O Decreto-Lei n. 8.031, de 3 de outubro de 1945, autoriza os Institutos e as Caixas de Aposentadorias e Pensões a subscrever ações preferenciais ou adquirir ações ordinárias da Companhia Hidrelétrica do São Francisco (CHESF) (art. 5º).

Em 1945, as despesas eram de 40% das receitas. No final da década de 1950, eram de 65%. Em 1966, as despesas eram de 83,3% da receita.

No final de 1945, a dívida da União com as instituições previdenciárias pela falta de transferência das quotas de previdência e das taxas era de Cr$ 839.541.052,10[1]. O valor correspondia a 85% da despesa total do conjunto das instituições de previdência no referido ano[2].

O Decreto-Lei n. 8.669, de 16 de janeiro de 1946, autoriza os Institutos e Caixas de Aposentadorias e Pensões a subscrever ações preferenciais da Fábrica Nacional de Motores S.A. (art. 3º).

O Decreto-Lei n. 9.264, de 17 de maio de 1946, permite a aquisição de partes beneficiárias da Companhia Siderúrgica Nacional por parte do Ministério da Fazenda. Os títulos seriam transferidos, pelo valor de compra, aos Institutos de Aposentadorias e Pensões, em pagamento das contribuições que lhes eram devidas pela União (art. 2º).

O inciso XVI do art. 157 da Constituição de 1946 assegurou a previdência social, mediante contribuição da União, do empregador e do empregado para atender às prestações previdenciárias. Não mais se falava em contribuição igual entre União, empregador e empregado.

O Decreto-Lei n. 9.271, de 1946, dispensou a Estrada de Ferro Madeira-Mamoré do pagamento do débito para com a respectiva Caixa de Aposentadorias e Pensões de serviços públicos do Estado do Amazonas.

O Decreto-Lei n. 9.859, de 13 de setembro de 1946, autoriza o Departamento Nacional de Estradas de Ferro a contrair com o IAPI empréstimos destinados a custear a construção, no país, de material rodante e a eletrificação das linhas da Viação Férrea Federal Leste Brasileiro.

Os regulamentos dos Institutos previam um capítulo ou seção determinando a aplicação das reservas em títulos da renda federal, títulos de responsabilidade da União, títulos garantidos pelo governo federal.

A Lei n. 1.272-A, de 12 de dezembro de 1950, cria o Fundo Ferroviário Nacional, destinado a construção, renovação e melhoramento das ferrovias compreendidas no Plano Ferroviário Nacional e a auxílio às ferrovias estaduais. Os Institutos de Aposentadorias e Pensões foram autorizados a aplicar suas reservas nas obrigações ferroviárias e nas operações de crédito (art. 11).

A Lei n. 1.628, de 20 de junho de 1952, determinava que as instituições previdenciárias, por meio de empréstimos compulsórios, participassem na criação

---

1 DUTRA, Eurico Gaspar. *Mensagem ao Poder Legislativo*, 15 de março de 1949.
2 OLIVEIRA, Jaime A. de Araújo; TEIXEIRA, Sonia M. Fleury. *(Im)Previdência social*. 2. ed. Petrópolis: Vozes, 1989, p. 106.

do Banco Nacional de Desenvolvimento Econômico (BNDE), cujo montante seria fixado pelo Ministério da Fazenda (art. 7º). O limite foi fixado em 3% da receita anual dos órgãos de previdência.

A Lei n. 3.807/60 (Lei Orgânica da Previdência Social – LOPS) elevou o teto de salário de contribuição de três para cinco salários mínimos. A contribuição dos segurados era de 8% do salário de contribuição, limitado a dez salários mínimos. A contribuição da empresa era de 8%. A União contribuía com quantia destinada a custear o pagamento de pessoal e as despesas de administração geral da previdência social, bem como a cobrir as insuficiências financeiras do sistema (art. 69). Esses gastos, na época, eram de 14% do orçamento.

Dispõe o art. 135 da Lei n. 3.807/60 que:

> a dívida da União, assim considerada as contribuições por ela devidas às instituições de previdência acrescida dos juros de cinco por cento (5%) ao ano será consolidada na data desta lei, consoante os quantitativos fornecidos pelo Ministério do Trabalho, Indústria e Comércio com base nos balanços anuais dos Institutos e Caixas de Aposentadoria e Pensões, e liquidada por meio de uma emissão de apólices da dívida pública federal inalienáveis, com juros de cinco por cento (5%) ao ano em nome do "Fundo Comum da Previdência Social" entregues à guarda do Departamento Nacional da Previdência Social.
>
> Parágrafo único. A dívida de que trata este artigo será amortizada em parcelas anuais de um bilhão de cruzeiros (1.000.000.000,00).

Não consta que a dívida da União junto às instituições de previdência tenha sido paga, apesar da referência a ela nos arts. 135 a 138 e 180 da Lei n. 3.807/60. As contribuições devidas pela União às instituições de previdência seriam acrescidas de juros de 5% ao ano e consolidadas pela Lei n. 3.807/60 (art. 135).

Desde a norma mencionada, havia interferência muito mais política do que técnica no sistema de previdência social. Afirmam Celso Barroso Leite e Luiz Paranhos Velloso que era crescente a utilização de recursos da previdência social para fins eleitorais, como "empreguismo em escala inusitada, negócios escusos, tráfico de influências, atendimento a reivindicações descabidas, criação de órgãos em localidades que não os comportam etc."[3].

Em 31 de dezembro de 1962, a dívida da União para com o sistema era de Cr$ 200 bilhões.

Um dos maiores problemas da Previdência Social é o emprego da arrecadação para outros fins. Havia muito dinheiro nos institutos de aposentadorias e pensões (IAPs) decorrente das contribuições dos segurados, mas ele não era

---

3 LEITE, Celso Barroso; VELLOSO, Luiz Paranhos. *Previdência social*. Rio de Janeiro: Zahar, 1963, p. 148.

usado, pois eram poucos os aposentados. O numerário foi empregado em 1956 para construir Brasília, mas, ao que se sabe, não foi devolvido ao sistema.

O IAPI financiou 17 conjuntos, cada um com cinco blocos de apartamentos, com dez pavimentos, 336 apartamentos. Financiou, ainda, mais 1.188 apartamentos funcionais e 34 edifícios destinados ao pessoal dos Poderes Legislativo e Judiciário.

O IAPC financiou 2.336 apartamentos.

O IAPB financiou 4.546 apartamentos de alto luxo de quatro quartos, mais 300 apartamentos de três quartos, 152 casas para autoridades (mansões), com 1.500 m^2, piscina, quadras de esportes, áreas verdes e de recreação.

O IPASE (Instituto de Previdência e Assistência dos Servidores do Estado) financiou 383 apartamentos de luxo para diplomatas e presidentes de autarquias, além de 210 mansões de 1.500 m^2 para o primeiro escalão do governo, assim como a urbanização da Península Sul e os terrenos para hospitais, creches e clubes recreativos.

Estima-se que os institutos de aposentadorias tenham gasto em torno de US$ 20 bilhões de recursos previdenciários para construir Brasília[4]. Ib Teixeira afirma que o total gasto teria sido de US$ 52,5 bilhões, desviados do sistema previdenciário[5].

Muitos desses imóveis foram vendidos pelo governo, mas o dinheiro não retornou para o sistema.

O dinheiro da previdência ainda financiou a Ponte Rio-Niterói e até a Transamazônica.

A usina de Itaipu foi construída com numerário do IAPAS.

Os valores da Previdência Social foram, ainda, usados para: a manutenção de saldos na rede bancária como compensação pela execução de serviços de arrecadação de contribuições e de pagamento de benefícios[6].

Esse sistema era chamado de "caixa dupla". A Previdência Social mantinha com a rede bancária um convênio para evitar burocracias e acelerar o pagamento dos benefícios aos segurados. A Previdência Social pagava à rede bancária uma taxa de administração pela prestação dos serviços. Na chamada conta de "entrada" eram depositadas as contribuições previdenciárias arrecadadas das empresas e dos segurados. Na conta de "saída" o banco pagava os benefícios.

O banco podia reter os recursos arrecadados na conta de "entrada" por alguns dias, aplicando o dinheiro, sem pagar correção monetária e juros à Previdência

---

4 A reforma da previdência em debate. São Paulo: ADUSP, p. 11.
5 TEIXEIRA, Ib. Como Brasília arruinou a previdência social. Conjuntura Econômica. Rio de Janeiro, v. 51, n. 3, p. 45, mar. 1997.
6 STEPHANES, Reinhold. Reforma da previdência. Rio de Janeiro: Record, 1998, p. 95.

Social. Mesmo se a conta de "saída" não tivesse numerário para o pagamento dos benefícios, o banco adiantava o pagamento do benefício ao segurado e cobrava juros da Previdência Social. Em 1981, havia pagamento de juros aos bancos de Cr$ 100 milhões por dia. A dívida da Previdência com os bancos era de Cr$ 100 bilhões[7]. O sistema proporcionava benefício duplo aos bancos, pois usava o dinheiro da Previdência Social sem qualquer pagamento em troca e ainda cobrava juros do sistema.

Houve também muitas fraudes no sistema de saúde, em que os hospitais fraudavam o INAMPS, cobrando a prestação de serviços médicos que não tinham sido realizados e em valores muito superiores aos normais.

Foram financiados projetos com o dinheiro da Previdência Social, como do Banco Nacional de Desenvolvimento Econômico e Social (BNDES).

Recentemente, as contribuições foram usadas para outros fins, como para empréstimo a bancos em situação de insolvência, mas não para pagar os benefícios do segurado. É preciso, assim, maior controle da gestão da coisa pública.

No âmbito do Instituto de Pensões do Estado de São Paulo (IPESP), o dinheiro das pensões foi usado até para construir delegacias, fóruns, casas próprias. Foi investido dinheiro em lojas na região central de São Paulo. O IPESP tem 998 propriedades, que não servem para pagar benefícios, nem dão o rendimento adequado para esse fim.

A Lei n. 7.789, de 30 de junho de 1989, aumentou a alíquota de contribuição da empresa para 20% (art. 3º, I). A referida alíquota englobou as contribuições para o salário-família, para o salário-maternidade, para o abono anual e para o Pró-Rural. Na prática, a contribuição da empresa, com a soma das demais contribuições, ficou ainda mais onerosa do que era anteriormente.

Prevê o art. 90 da Lei n. 8.212/91 que o Conselho Nacional da Seguridade Social, dentro de 180 dias da sua instalação, adotará as providências necessárias ao levantamento das dívidas da União para com a Seguridade Social, o que nunca foi feito.

O pagamento da renda mensal vitalícia passou a ser de competência do Fundo Nacional de Assistência Social, em que o gasto é de R$ 2 bilhões por ano.

Em dezembro de 1999, foram pagos 18.834.587 benefícios, dos quais 66,67% estavam na área urbana e 33,33% na área rural[8].

---

7 OLIVEIRA, Jaime A. de Araújo; TEIXEIRA, Sonia M. Fleury. *(Im)Previdência Social*. 2. ed. Petrópolis: Vozes, 1989, p. 280.

8 Associação Nacional dos Fiscais de Contribuições Previdenciárias. *Estudos de seguridade social, salário mínimo e previdência*. Brasília: ANFIP, 2000, p. 38.

30 | REFORMA PREVIDENCIÁRIA

O Regime Geral de Previdência Social paga em torno de 19 milhões de benefícios.

Segundo levantamento de Raul Velloso, de cerca de 20 milhões de aposentados e pensionistas do INSS, apenas em torno de seis milhões teriam contribuído para o sistema. Os 14 milhões restantes recebem benefício: dois milhões usufruem da assistência social, seis milhões são pobres urbanos que recebem diferentes benefícios para completar a renda mínima e seis milhões são aposentados rurais, trabalhadores do campo, que jamais contribuíram para sua aposentadoria.

O número total de aposentadorias aumentou 229,8 mil (2%); as pensões por morte, 145,4 mil (2,9%); os auxílios-doença, 157,2 mil (31,1%); os benefícios assistenciais, 73 mil (3,5%); os benefícios acidentários, 23,2 mil (3,4%); o salário-maternidade, 3,7 mil (2,8%); os demais benefícios, como auxílio-reclusão e auxílio-acidente, 1,6 mil (10%).

Em 2003, havia 14.882.668 benefícios urbanos, 7.029.017 rurais, no total de 21.851.685; 9,3 milhões de benefícios eram assistenciais e rurais, em que houve pouca ou nenhuma contribuição. Representavam 43% do total dos benefícios. Dos 21,9 milhões de benefícios, 13,7% eram de um salário mínimo. Os beneficiários urbanos eram 31%, atingindo 7.190.883 pessoas. Na área rural, 69%, no total 15.956.088. Os contribuintes eram 30.219.463.

Em 2004, em torno de sete milhões de pessoas recebiam o benefício assistencial de prestação continuada no valor de um salário mínimo, sem nunca terem contribuído para o sistema. Em dezembro de 2004, havia 23.146.971 benefícios.

Em fevereiro de 2005, 12,069 milhões de pessoas contribuíam para o sistema.

Em junho de 2005, o sistema pagou R$ 143.146.903,00. Para os urbanos foi R$ 123.886.691. Para os rurais, R$ 19.460.212,00. O benefício assistencial foi pago no valor de R$ 6.922.300,00.

Em junho de 2005, a média do valor do benefício no Regime Geral de Previdência Social era de R$ 660,01. Evidentemente, esse valor não é uma forma de garantir existência digna (art. 170 da Constituição), de assegurar a dignidade da pessoa humana (art. 1º, III, da Lei Maior) e seu bem-estar (art. 193 da Lei Magna).

Em muitos dos municípios brasileiros, o pagamento de benefícios da Previdência Social é maior que as transferências de recursos feitas pelo Fundo de Participação dos Municípios. É o que ocorre em certas cidades do interior ou do Nordeste. Ele movimenta o comércio da cidade durante 15 dias. Só dão crédito nesses lugares a quem é pensionista, aposentado ou servidor público. Isso mostra que o sistema previdenciário público do INSS direcionado aos particulares distribui renda. Pode evitar o êxodo para as grandes cidades, pois as pessoas podem ficar nas suas próprias cidades.

Em 4.644 municípios brasileiros, o pagamento dos benefícios pelo INSS superou as transferências do Fundo de Participação dos Municípios em 2003. Às vezes, ultrapassam a arrecadação total do município. Na cidade do presidente Sarney, no Maranhão, a arrecadação do INSS foi de R$ 4.792,98 e o pagamento de benefícios montou R$ 626.243,84. Na cidade de Porongaba (SP), em 2003, o INSS pagou R$ 6,5 milhões em benefícios e arrecadou R$ 1.062.409,17. Em 83,5% dos municípios (4.644), o pagamento dos benefícios supera a arrecadação previdenciária. Na cidade de São Paulo, em 2003, o INSS arrecadou R$ 13,1 bilhões e pagou R$ 10,4 bilhões em benefícios.

O sistema previdenciário acaba representando a transferência de recursos dos Estados mais ricos para os mais pobres, num sistema de solidariedade social.

É certo que em muitos países a aposentadoria não é integral:

PAÍS	IDADE MÍNIMA	VALOR INICIAL C/ IDADE MÍNIMA	VALOR AOS 65 ANOS
Brasil	53 (homem) 48 (mulher)	100%	100%
Reino Unido	60	42	50
França	60	70	75
Alemanha	63	65	70
Holanda	65	70	70

Em determinados sistemas, contudo, a aposentadoria é um prêmio para o segurado, o que não ocorre no Brasil.

Os trabalhadores rurais anteriormente se aposentaram contando apenas o tempo de serviço (tempo fictício) sem recolher a contribuição previdenciária, ainda que para obter o benefício de um salário mínimo. Muitos contribuíam apenas o suficiente para completar a carência para a aposentadoria por idade. A contribuição recolhida para o sistema era insuficiente, pois a exação incidente sobre a receita da produção da comercialização substituía apenas a contribuição da empresa e não a do trabalhador.

Na área rural, 6,9 milhões de pessoas recebem aposentadoria dos 13,83 milhões de benefícios de um salário mínimo. Isso quer dizer que 31,5% dos benefícios são pagos a título de aposentadoria aos rurais.

No começo de maio de 2004, 13,7 milhões de pessoas recebiam um salário mínimo a título de benefício. Isso representa 70% dos aposentados do INSS. Na mesma data, o INSS tinha 11.437.249 pensionistas.

32 | REFORMA PREVIDENCIÁRIA

Na Assistência Social, com o pagamento de um salário a deficientes e idosos, pode a pessoa nunca ter contribuído para o sistema. São 2.351.987 benefícios em abril de 2004.

Em muitos períodos, não houve o recolhimento da contribuição da empresa, em relação aos empregados que prestavam serviços à União.

Afirma-se que há um crescente déficit na Previdência Social no setor privado:

- 1996: R$ 200 milhões ou 0,08% do PIB;
- 1997: R$ 3,1 bilhões ou 0,32% do PIB;
- 1998: R$ 7,1 bilhões ou 0,78% do PIB;
- 1999: R$ 9,4 bilhões ou 0,98% do PIB;
- 2000: R$ 10,1 bilhões ou 0,85% do PIB;
- 2001: R$ 12,83 bilhões ou 0,99% do PIB;
- 2002: R$ 16,999 bilhões ou 1,15% do PIB;
- 2003: R$ 26,404 bilhões ou 1,55% do PIB;
- 2004: R$ 32,703 bilhões ou 1,65% do PIB.

Em 2004, 12,7% do PIB foram gastos com pagamento de aposentados. No mundo, a média é de 8,7%.

- 2005: 1,75% do PIB;
- 2006: 44,92 bilhões ou 1,80% do PIB;
- 2007: 46 bilhões ou 1,73% do PIB;
- 2012: 1,9% do PIB;
- 2013: 3,0% do PIB.

Havia uma previsão de que no ano de 2003 o déficit seria de R$ 27,2 bilhões, porém houve arrecadação de R$ 600 milhões a mais do previsto e R$ 200 milhões de precatórios não foram pagos.

Dados divulgados pelo Ministério da Previdência Social mostram que o déficit no sistema administrado pelo INSS foi em:

- 1995: 465,4 milhões;
- 1996: 400 milhões;
- 1997: 4,57 bilhões;
- 1998: 10,2 bilhões;
- 1999: 12,8 bilhões;
- 2000: 12,9 bilhões;

- 2001: 15,2 bilhões;
- 2002: 18,3 bilhões.

Os dados, portanto, não são coincidentes.

Em 1994, o saldo de caixa do INSS foi de R$ 1,8 bilhão.

Propaga-se um crescente déficit na Previdência Social. Entretanto, o jornal *Folha de S. Paulo* mostrou em 1998 que o sistema previdenciário direcionado para a área privada não é deficitário. Ao contrário, as receitas são maiores que os benefícios. O sistema seria deficitário a partir do momento em que há junção com os benefícios dos funcionários públicos. Então, o déficit seria do sistema público e não do privado.

Difícil é inclusive constatar o déficit mediante dados confiáveis. O trabalhador paga a sua contribuição. A empresa tem contribuições sobre a folha de pagamentos e sobre os rendimentos dos segurados que lhe prestam serviços (art. 195, I, *a*, da Constituição), sobre o faturamento (Cofins e PIS) e sobre o lucro (Lei n. 7.689/88). É sabido ser considerável a arrecadação de todas as contribuições mencionadas.

Há a contribuição sobre a receita dos concursos de prognósticos (art. 195, III, da Constituição). São considerados concursos de prognósticos: todo e qualquer sorteio de números, loterias, apostas, inclusive a realizada em reuniões hípicas, nos âmbitos federal, estadual, do Distrito Federal e municipal, como loto, sena, loteria federal, esportiva etc. A receita da Seguridade Social será a renda líquida de tais concursos, assim considerada o total da arrecadação, deduzidos os valores destinados a pagamento de prêmios, impostos e despesas de administração, conforme for determinado na legislação específica, excluídos da renda líquida os valores destinados ao Programa de Crédito Educativo. O Decreto-Lei n. 1.515/76 estabeleceu que a alíquota das entidades turfísticas é de 3% sobre o movimento global das apostas verificadas em cada reunião hípica, em prados de corridas, subsedes e outras dependências das referidas entidades.

Prevê o inciso IV do art. 195 da Constituição a contribuição da Seguridade Social incidente sobre o importador de bens ou serviços, ou de quem a lei a ele equiparar.

Em 2003 a Caixa Econômica Federal arrecadou R$ 3,5 bilhões por intermédio das loterias, que correspondem a um aumento de 18% em relação ao ano anterior. No ano de 2003, houve um lucro líquido de R$ 1,616 bilhão, que é 49% maior do que do ano anterior.

A Seguridade Social tem ainda outras receitas:

a) as multas, a atualização monetária e os juros moratórios;

b) a remuneração recebida por serviços de arrecadação, fiscalização e cobrança prestados a terceiros. É o que ocorre com a arrecadação e fiscalização das contribuições do Sesi, Sesc, Senac, Senai etc., em que a Previdência recebe 3,5% do montante arrecadado, a título de taxa de administração; a União recebe 1% da arrecadação para cobrar o salário-educação;

c) as receitas provenientes de prestação de outros serviços e de fornecimento ou arrendamento de bens. A Dataprev, por exemplo, presta serviços de processamento de dados;

d) as demais receitas patrimoniais (aluguéis), industriais e financeiras;

e) doações, legados, subvenções e outras receitas eventuais;

f) 50% dos valores obtidos e aplicados decorrentes de tráfico de entorpecentes e drogas, na forma do parágrafo único do art. 243 da Lei Maior;

g) 40% do resultado dos leilões dos bens apreendidos pelo Departamento da Receita Federal;

h) outras receitas previstas em legislação específica.

A companhia seguradora que mantém seguro obrigatório de danos pessoais causados por veículos automotores de vias terrestres (Lei n. 6.194) deverá repassar à Seguridade Social 50% do valor total do prêmio recolhido, destinados ao Sistema Único de Saúde (SUS), para custeio de assistência médico-hospitalar dos segurados vitimados em acidentes de trânsito.

Há, portanto, muita arrecadação.

O governo divulga o que gasta no sistema, mas não declara quanto efetivamente arrecada, nem soma as contribuições sobre o lucro e sobre o faturamento que são arrecadadas pela Secretaria da Receita Federal e por onde entra o numerário, que muitas vezes não é transferido para o INSS. Sabe-se que, se somarmos a arrecadação da Cofins, do PIS/PASEP e da Contribuição sobre o Lucro temos, em 1998, aproximadamente R$ 40 milhões, enquanto a soma da arrecadação do IPI e do Imposto de Renda importa em R$ 60 milhões. No ano de 1998 foi arrecadado o valor de R$ 46 milhões de contribuições previdenciárias das empresas.

Leciona Hugo de Brito Machado que:

> o exame dos balanços gerais da União revela que as contribuições de previdência, cujo total representava, em 1989, apenas 34% da receita tributária, passou a oscilar entre 110% e 121% nos anos de 1990 até 1994. Em 1995 a arrecadação dessas contribuições correspondeu a mais de 148% da receita tributária. Em outras palavras, as contribuições de previdência corresponderam, em 1995, a quase vez e meia de tudo quanto a União arrecadou com todos os seus tributos[9].

---

9 MACHADO, Hugo de Brito. *Curso de direito tributário*. 19. ed. São Paulo: Malheiros, 2001, p. 360.

2. DÉFICIT DO SISTEMA | 35

Nos dados acima não estão incluídas as contribuições do trabalhador, nem as dos concursos de prognósticos.

Indica o Anuário Estatístico da Previdência Social de 1997 que, no ano de 1996, não houve repasse da contribuição sobre o lucro para a Seguridade Social[10]. Onde então está o déficit?[11]. Só na parte em que o trabalhador financia o sistema? E as outras receitas mencionadas, não são consideradas? Ressalte-se que esse numerário não retornou para o sistema.

Entre 1991 e 1997, R$ 33,09 bilhões da arrecadação da COFINS e contribuição sobre o lucro foram desviados da Seguridade Social para outros fins[12].

Dispõe o inciso V do art. 167 da Constituição que é proibida a abertura de crédito suplementar ou especial sem prévia autorização legislativa e sem indicação dos recursos correspondentes.

Veda o inciso XI do art. 167 da Constituição a utilização dos recursos provenientes das contribuições sociais dos empregadores e dos trabalhadores para a realização de despesas distintas do pagamento de benefícios do regime geral de Previdência Social.

No ano 2000, a arrecadação da contribuição sobre o lucro foi de R$ 8,665 bilhões e somente R$ 4,441 bilhões foram destinados à Seguridade Social. A COFINS no ano de 2000 arrecadou R$ 38,634 bilhões, sendo que R$ 21,553 bilhões foram destinados para outros fins, mas não para a Seguridade Social. A CPMF arrecadou em 2000 R$ 14,397 bilhões, mas só foram destinados R$ 11,753 bilhões para a Saúde[13]. Para onde foi o resto do dinheiro?

Entretanto, o numerário não retornou para o sistema, quando pertence à Seguridade Social, em relação às contribuições do PIS, COFINS e sobre o lucro, assim como a parte do empregado e do empregador.

No ano 2000, a receita do sistema de Seguridade Social foi de R$ 116,401 bilhões e as despesas de R$ 115,488 bilhões. Houve superávit de R$ 953 milhões.

O fluxo de caixa do INSS em 2001 mostra, em bilhões:

---

10 ALLY, Raimundo Cerqueira. *Novas diretrizes para o custeio da previdência social*. 1999 Tese (doutorado) – Faculdade de Direito, USP, São Paulo, 1999, p. 50.
11 Maria Garcia também entende inexistir déficit (A previdência social e a questão do déficit previdenciário. *Repertório IOB de Jurisprudência*, texto 1/17893, p. 922, dez. 2002).
12 Por uma seguridade social sustentável. *Revista da Seguridade Social*, Brasília, v. 7, n. 57, p. 21, mar./maio 1998.
13 GAIA, Terezinha Sueli Sá de Souza. O rombo da previdência social. *Revista da Previdência Social*, São Paulo: LTr, *RPS* 256/188-9, mar. 2002.

I – RECEITAS	Valor
Receita Prev. Líquida	62,491
Outras receitas	0,618
COFINS	45,679
Contribuição sobre o lucro	8,968
CPMF	17,159
Concursos de prognósticos	0,521
Receita própria do Ministério da Saúde	0,962
Outras contribuições sociais	0,481
Total	136,879

II – DESPESAS	
Benefícios previdenciários urbanos	59,383
Benefícios previdenciários rurais	14,309
Benefícios assistenciais	4,323
Renda mensal vitalícia	1.636
Lei orgânica da assistência social	2,687
EPU	682
Saúde	21,111
Assistência social geral	1,875
Custeio de pessoal do MPAS	3,497
Fundo de Combate à Pobreza	0,233
Total	105,413
Saldo (superávit)	31,466[14]

Essa receita foi utilizada para cobrir gastos com outros fundos. O Fundo de Combate à Pobreza arrecadou R$ 316,5 milhões e utilizou recursos da Previdência Social de 3,031 bilhões[15].

No ano de 2001 houve arrecadação de contribuições sociais de R$ 136,879 bilhões. R$ 31,5 bilhões foram repassados ao Orçamento Fiscal da União, visando gerar superávit primário.

---

14 Dados da ANFIP e fluxo de caixa do INSS.
15 Análise da Seguridade Social em 2001. Associação Nacional dos Auditores Fiscais da Previdência Social, junho de 2002.

2. DÉFICIT DO SISTEMA | 37

As receitas líquidas do INSS aumentaram de R$ 5,461 bilhões, em janeiro de 2003, para R$ 6,111 bilhões, em fevereiro de 2003. Houve evolução de 11,9%. A arrecadação bruta montou a R$ 7,197 bilhões em fevereiro de 2003. Em janeiro de 2003, a arrecadação bruta foi de R$ 6,275 bilhões, com acréscimo de 14,69%. Os gastos com benefícios no mês de fevereiro foram de R$ 7,166 bilhões, apresentando superávit de R$ 31 milhões.

Em 2003, o resultado de receitas e despesas do INSS foi o seguinte:

Saldo agregado RGPS + RPPS
I – RECEITAS

Rec. Previd. Líquida	80,73
Outras receitas (fin)	0,60
Cofins	57,78
Contrib. Social sobre o luc. líq.	16,14
Concurso de prognósticos	1,27
Contrib. dos servidores civis	2,09
Contrib. p/ pensões dos milit.	0,76
Contrib. da União	4,18
CPMF	22,99
Receitas próprias do Min. da Saúde	0,76
Contrib. Sociais	0,17
Total das receitas	187,47

II – DESPESAS

Pagto. Total de benefícios	112,20
1. Benefício previd.	105,36
urbanos	84,45
rurais	20,91
2. Benefícios assistenciais	6,22
Renda Mensal Vitalícia	1,77
LOAS	4,45
3. EPU Legislação especial	0,62
Saúde	26,71
EPU Servidores Inativos/Pens.	34,21
Civis	21,94
Militares	12,27

Assist. Social Geral	10,48
Custeio e Pessoal do INSS	2,92
Outras ações da Seguridade	2,23
Ações do Fundo de combate à pobreza	4,17
Total de despesas	182,92
Saldo final	4,55[16]

Em 2003, R$ 34,51 bilhões foram usados para outros fins referentes às contribuições sobre o lucro, Cofins, CPMF.

Em 2004, o resultado foi um superávit de R$ 42,53 bilhões:

↑ RECEITA

Fonte da receita	Valor, em R$ bilhões
Cofins	77,29
CSLL	19,31
Contribuição sobre a folha	93,77
CPMF	26,39
Outras receitas do INSS	1,24
Concurso de prognóstico	1,45
Receita própria do Ministério da Saúde	0,81
Outras contribuições sociais	0,07
Total	220,34

↓ DESPESAS

Gastos	Valor, em R$ bilhões
Benefícios	134,07
Saúde	32,15
Assistência social	5,67
Custeio e pessoal dos ministérios da Saúde e da Previdência	4,07
Outras ações da Seguridade Social	1,84
Total	177,80

R$ 42,53 bi foi o superávit da seguridade social em 2004

Em 2004, o governo federal retirou R$ 17,63 bilhões da arrecadação da seguridade social para pagar as dívidas externa e interna. Subtraídas as despesas do sistema no ano, houve saldo positivo de R$ 42,53 bilhões, segundo a Anfip. Entre 2000 e 2004 foram utilizados R$ 165 bilhões da seguridade social para o superávit primário.

---

16 Anfip.

O comparativo de receitas federais mostra o seguinte:

COMPARATIVO DAS RECEITAS FEDERAIS (EM R$ MILHÕES)			
Ano	Tributária	Contribuições	Em quanto as contribuições superam os impostos (%)
1995	47.791	57.168	19,62
2002	107.897	195.138	80,85
2003	115.051	229.237	99,28

O art. 76 do ADCT, acrescentado pela Emenda Constitucional n. 27, de 22 de março de 2000, estabeleceu que, no período entre 2000 e 2003, 20% da arrecadação de impostos e contribuições sociais da União, já instituídos ou que vierem a ser criados no referido período, seus adicionais e respectivos acréscimos legais, seriam desvinculados de órgão, fundo ou despesa.

Entre 8 de novembro e 26 de dezembro de 2002, mediante decreto, alguns inclusive sem número, foram transferidos para o Tesouro Nacional R$ 5.070.203.446,00[17].

O art. 76 do ADCT, que teve nova redação determinada pela Emenda Constitucional n. 42/2003, estabeleceu que "é desvinculado de órgão, fundo ou despesa, no período de 2003 a 2007, vinte por cento da arrecadação da União de impostos, contribuições sociais e de intervenção no domínio econômico, já instituídos ou que vierem a ser criados no referido período, seus adicionais e respectivos acréscimos legais".

A Emenda Constitucional n. 56/2007 deu nova redação ao art. 76 do ADCT:

> é desvinculado de órgão, fundo ou despesa, até 31 de dezembro de 2011, 20% (vinte por cento) da arrecadação da União de impostos, contribuições sociais e de intervenção no domínio econômico, já instituídos ou que vierem a ser criados até a referida data, seus adicionais e respectivos acréscimos legais.

A Emenda Constitucional n. 68/2011 deu nova redação ao art. 76 do ADCT:

> São desvinculados de órgão, fundo ou despesa, até 31 de dezembro de 2015, 20% (vinte por cento) da arrecadação da União de impostos, contribuições sociais e de intervenção no domínio econômico, já instituídos ou que vierem a ser criados até a referida data, seus adicionais e respectivos acréscimos legais.

---

17 CORREIA, Érica Paula Barcha. A previdência social é deficitária?, *Revista de Previdência Social*, LTr, RPS 270/421-2, maio 2003.

REFORMA PREVIDENCIÁRIA

A Emenda Constitucional n. 93/2016 deu nova redação ao art. 76 do ADCT:

São desvinculados de órgão, fundo ou despesa, até 31 de dezembro de 2023, 30% (trinta por cento) da arrecadação da União relativa às contribuições sociais, sem prejuízo do pagamento das despesas do Regime Geral da Previdência Social, às contribuições de intervenção no domínio econômico e às taxas, já instituídas ou que vierem a ser criadas até a referida data.

O artigo agora só menciona as contribuições sociais, entre elas, a contribuição previdenciária. Excetua-se da desvinculação de que trata o caput a arrecadação da contribuição social do salário-educação a que se refere o § 5º do art. 212 da Constituição Federal (§ 2º do art. 76 do ADCT).

Com esses artifícios e a própria arrecadação o governo consegue gerar superávits primários para mostrar ao FMI que vem cumprindo as suas determinações, isto é, o superávit primário, que é a receita menos as despesas, exceto juros:

Em 2002[18], em bilhões, o fluxo de caixa do INSS foi:

I – RECEITAS
Receita Prev. Líquida   71,03
Outras receitas do INSS   0,36
COFINS   52,27
Contribuições s/ lucro   13,36

---

18 Os dados são do SIAF (Sistema de Informações Administrativas e Financeiras Federal).

Concursos de prognósticos	1,05
Contribuições dos serv. civis	4,42
Contribuições p/ pensões dos militares	1,00
Contribuições da União p/ regime próprio[19]	8,85
Receita própria do Ministério da Saúde	0,89
Outras contribuições Sociais[20]	0,40
CPMF	20,37
Total	174,00
II – DESPESAS	
Pagamento total de benefícios	92,11
1. Benefícios previdenciários	86,37
a) Urbanos	69,10
b) Rurais	17,27
2. Benefícios assistenc.	5,08
a) RMV	1,66
b) LOAS	3,43
3. EPU leg. esp.[21]	0,66
Saúde[22]	23,08
Encargos previdenciários da União	33,80
1. Civis	20,80
2. Militares	13,00
Assist. social geral	0,35
Custeio de pessoal do INSS	2,86
Outras ações da Seguridade[23]	2,89
Ações do Fundo de Combate à Pobreza	2,13
Total	157,22
Saldo (superávit)	16,78

---

19 Contribuição devida e parte não recolhida pela União, como contrapartida da contribuição do servidor público, correspondente à contribuição patronal (2 × 1), conforme Lei n. 9.717/98.
20 50% do DPVAT (seguro obrigatório de veículos automotores), 40% do resultado de leilões de bens apreendidos pela Receita Federal, 50% do resultado dos leilões de bens apreendidos em virtude de tráfego de entorpecentes e drogas afins etc.
21 Encargo da União com benefícios especiais pagos pelo INSS, com recurso da Seguridade Social e repassados pelo Tesouro.
22 Inclui ações de saúde, saneamento, pessoal ativo e despesas de custeio operacionais consignadas.
23 Referem-se a ações prestadas em outros ministérios.

REFORMA PREVIDENCIÁRIA

Se dos valores acima retirarmos as receitas e despesas dos servidores públicos, o resultado é um superávit maior, de R$ 36,31 bilhões.

As receitas totais do sistema de Seguridade Social em 2002 foram de R$ 177,235 bilhões e as despesas de R$ 155,03 bilhões. Houve superávit de R$ 22,295 bilhões.

Dados do Tesouro Nacional mostram que em 2002 a arrecadação de impostos foi de R$ 107,9 bilhões e de contribuições R$ 193,5 bilhões. A diferença é de 79,33271%. Arrecadam-se, portanto, mais contribuições do que impostos. A CPMF rendeu R$ 20,2 bilhões em 2002. A arrecadação da COFINS foi de R$ 50,8 bilhões em 2002, 3,3 vezes a mais do que os R$ 15,2 bilhões de 1995.

SEGURIDADE SOCIAL DESEMPENHO - 2000			
Receitas		Despesas	
Receita Previd. Líq.	55.720	Benefícios urbanos	53.860
Cofins	38.630	Benefícios rurais	10.430
CPMF	14.400	Benefícios RMV	1.500
CsLL	8.670	LOAS	2.010
Conc. Prognóstico	0.470	Legislação Especial	0.710
Receita Min. Saúde	0.570	Desp. com Saúde	20.440
Outras Cont. Sociais	1.050	Assist. Sec. Geral	1.020
Receitas Div. INSS	0.540	Transf. Rendas	6.770
Multas s/ Contrib.	0.660	Custeio Pes. Ativo	4.080
Total Receitas	**118.470**	**Total Despesas**	**93.340**
		RESULTADO	**25.130**

SEGURIDADE SOCIAL DESEMPENHO - 2004			
Receitas		Despesas	
Receita Previd. Líq.	93.770	Benef. Previdência	125.750
Cofins	77.290	Benef. LOAS/RMV	7.580
CPMF	26.390	EPU-Legisl. Especial	0.740
CsLL	19.310	Ações de Saúde	32.150

2. DÉFICIT DO SISTEMA | 43

Receitas		Despesas	
Conc. Prognóstico	1.450	Assist. Soc. Geral	5.670
Receita Min. Saúde	0.810	Custeio do INSS	4.070
Outras Cont. Sociais	0.070	Outras Despesas	1.840
Outras Rec. INSS	1.240		
Total Receitas	**220.330**	**Total Despesas**	**177.060**
		RESULTADO	**43.270**

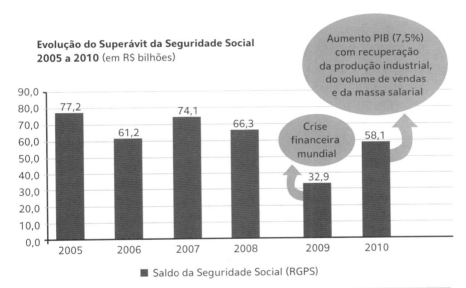

(Em milhões de R$)	2011	2012	2013	2014	2015
Receitas	527.080	595.737	650.996	686.091	707.117
Despesas	451.322	513.046	574.753	632.198	683.169
Saldo	75.758	82.691	76.243	53.893	23.948

Segundo a Confederação Brasileira de Aposentados, Pensionistas e Idosos, no ano de 2014 houve superávit de 8,3 bilhões.

RECEITAS DA SEGURIDADE SOCIAL EM 2015

Receitas previdenciárias líquidas	352,6 bi
COFINS	200,9
CSLL	59,7
PIS/PASEP	53,1
Recursos próprios (FAT)	14,8
Receitas taxas	5,7
Outras contrib.	5,4
Contrapartida EPU	2,2
	694,4

DESPESAS DA SEGURIDADE SOCIAL EM 2015

Benef. Prev. (urbanos e rurais)	436,1
Benef. assist. (LOAS)	41,8
Bolsa família	26,2
Enc. Prev. União	2,2
Saúde	102,2
Desp. pessoal (AS)	5,4
Desp. pessoal (PS)	8,2
Benef. FAT	48,7
Outras ações	11,7 bi
	683,2
Superávit 2015	11,2 bi

As transferências decorrentes da Desvinculação de Receitas da União (DRU) foram:

	2005	2008	2010	2012	2013	2014	2015 (EM MILHÕES)
COFINS	17.919	20.019	28.005	36.311	39.882	39.183	40.185
CSLL	5.246	8.500	9.151	11.463	12.509	12.639	11.933
PIS/PASEP	4.417	6.166	8.074	9.548	10.213	10.355	10.614
Outras contrib.	4.914	611	630	753	811	955	1.085

Não se verifica coerência ao falar em déficit e Desvinculação de Receitas da União.

Dispõe o § 4º do art. 76 da ADCT, de acordo com a Emenda Constitucional n. 103/2019: "A desvinculação de que trata o *caput* não se aplica às receitas das contribuições sociais destinadas ao custeio da seguridade social". A partir de 13 de novembro de 2019, a desvinculação das receitas da União não se aplica às contribuições sociais destinadas ao custeio da Seguridade Social.

A Seguridade Social não recebe recursos do orçamento fiscal. Ao contrário, custeia o orçamento fiscal com o DRU, os juros da dívida pública.

É claro que o numerário arrecadado para a Seguridade Social não é marcado, mas não pode ser destinado para outros fins, principalmente quando entra pela porta do Tesouro Nacional (COFINS, contribuição sobre o lucro) e não sai integralmente para os cofres da Seguridade Social.

Todas as receitas da Seguridade Social devem ser levadas em consideração para apurar o suposto déficit, como a contribuição do empregado, do empregador (sobre a folha de pagamentos, COFINS, contribuição sobre o lucro), receita de concursos de prognósticos etc. e não somente a parte do empregado.

Em 2002, a arrecadação das contribuições previdenciárias foi 32,4% superior à de 2001.

A execução da contribuição previdenciária na Justiça do Trabalho também ajudou a aumentar o recolhimento da exação, diminuindo as fraudes de não se recolher a contribuição nos processos trabalhistas.

No ano de 2002, no TRT da 2ª Região a contribuição previdenciária recolhida espontaneamente foi de R$ 82.157.881,26. Houve execução de R$ 27.122.172,45, totalizando R$ 109.280.053,71. No âmbito nacional, a arrecadação da contribuição previdenciária na Justiça do Trabalho em 2002 foi de R$ 571.125.543,00. No período de junho de 1999 a outubro de 2002, houve arrecadação de R$ 1.625.000.000,00. No ano de 2003, a Justiça do Trabalho arrecadou com contribuições previdenciárias em torno de R$ 630.000.000,00.

Nos anos abaixo, a arrecadação da contribuição previdenciária na Justiça do Trabalho foi a seguinte:

Ano	Valor	Ano	Valor
2004	962.812.972,40	2012	2.299.547.014,69
2005	990.635.687,16	2013	2.042.800.903,01
2006	1.009.435.287,48	2014	1.918.280.049,63
2007	1.260.865.302,41	2015	2.014.614.050,70
2008	1.475.724.767,30	2016	2.385.672.884,90
2009	1.669.614.741,99	2017	2.697.622.372,60
2010	1.667.415.480,41	2018	2.774.097.265,32
2011	1.945.023.847,22	2019	1.810.238.348,17

As receitas líquidas do INSS aumentaram de R$ 5,461 bilhões, em janeiro de 2003, para R$ 6,111 bilhões, em fevereiro de 2003. Houve evolução de 11,9%. A arrecadação bruta montou a R$ 7,197 bilhões em fevereiro de 2003. Em janeiro de 2003, a arrecadação bruta foi de R$ 6,275 bilhões, com acréscimo de 14,69%. Os gastos com benefícios no mês de fevereiro foram de R$ 7,166 bilhões, apresentando superávit de R$ 31 milhões.

Em 2003, o resultado de receitas e despesas do INSS foi o seguinte:

Saldo agregado RGPS + RPPS
I – RECEITAS

Rec. Previd. Líquida	80,73
Outras receitas (fin)	0,60
Cofins	57,78
Contrib. Social sobre o luc. líq.	16,14
Concurso de prognósticos	1,27
Contrib. dos servidores civis	2,09
Contrib. p/ pensões dos milit.	0,76
Contrib. da União	4,18
CPMF	22,99
Receitas próprias do Min. da Saúde	0,76
Contrib. Sociais	0,17
Total das receitas	187,47

II – DESPESAS

Pagto. Total de benefícios	112,20
1. Benefício previd.	105,36
urbanos	84,45
rurais	20,91
2. Benefícios assistenciais	6,22
Renda Mensal Vitalíc.	1,77
LOAS	4,45
3. EPU Legislação especial	0,62
Saúde	26,71
EPU Servidores Inativos/Pens.	34,21
Civis	21,94
Militares	12,27

Assist. Social Gera	10,48
Custeio e Pessoal do INSS	2,92
Outras ações da Seguridade	2,23
Ações do Fundo de combate à pobreza	4,17
Total de despesas	182,92
Saldo final	4,55[24]

Em 2003, 34,51 bilhões foram usados para outros fins referentes às contribuições sobre o lucro, Cofins, CPMF.

Em 2004, o resultado foi um superávit de R$ 42,53 bilhões:

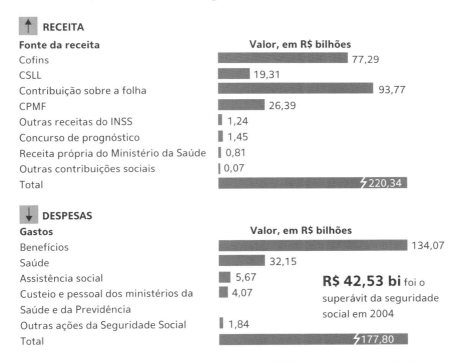

Em 2004, o governo federal retirou R$ 17,63 bilhões da arrecadação da seguridade social para pagar as dívidas externa e interna. Subtraídas as despesas do sistema no ano, houve saldo positivo de R$ 42,53 bilhões, segundo a Anfip. Entre 2000 e 2004 foram utilizados R$ 165 bilhões da seguridade social para o superávit primário.

---

24 Anfip.

O comparativo de receitas federais mostra o seguinte:

COMPARATIVO DAS RECEITAS FEDERAIS (EM R$ MILHÕES)			
Ano	Tributária	Contribuições	Em quanto as contribuições superam os impostos (%)
1995	47.791	57.168	19,62
2002	107.897	195.138	80,85
2003	115.051	229.237	99,28

A carga tributária foi de: 24,61% do PIB, em 1991; 29,74%, em 1998; 31,70%, em 1999; 32,48%, em 2000; 33,84%, em 2001; 35,86%, em 2002; 35,5%, em 2003.

Carga tributária, de acordo com o Instituto Brasileiro de Planejamento Tributário: 2002: 35,98%; 2003: 36,91%; 2004: 38,11%.

Carga tributária, de acordo com o PSDB:

PSDB (%)	Ano	Governo (%)
31,71	1999	21,59
32,67	2000	21,98
34,28	2001	23,13
35,80	2002	24,49
35,23	2003	23,90
36,64	2004	24,87

- 2004 – 23,75% do PIB
- 2005 – 25,26% do PIB
- 2017 – 32,36% do PIB
- 2018 – 33,58% do PIB

Logo, há uma fúria de arrecadação por parte do Estado. O Brasil tem carga tributária superior à do Canadá e dos Estados Unidos.

Existe muita renúncia fiscal, como o fato de as entidades filantrópicas não recolherem a cota patronal, apesar de a Constituição fazer referência apenas a entidades beneficentes de assistência social (§ 7º do art. 195). Entretanto, há empresas que são travestidas nesse sentido, sem prestarem assistência a menores, idosos, deficientes etc., apenas para não pagarem a contribuição. Há estimativas de que esses subsídios importaram em R$ 8,22 bilhões em 2002.

Os clubes de futebol passaram a recolher sobre a arrecadação das partidas de futebol, porém o público diminuiu nos estádios e certos clubes não jogam o ano inteiro. Em São Paulo, o jogo entre Nacional e Juventus é feito à tarde, com renda insignificante, porém os dois clubes não recolhem a contribuição de 20% da empresa.

Os clubes de futebol devem muito dinheiro ao INSS. Em abril de 2017, os maiores devedores eram os seguintes:

1º) R$ 83.863.163 – Flamengo
2º) R$ 54.950.505 – Atlético-MG
3º) R$ 49.785.558 – Fluminense
4º) R$ 45.667.430 – Botafogo
5º) R$ 41.757.794 – Vasco
6º) R$ 41.722.323 – Corinthians
7º) R$ 37.356.576 – Portuguesa
8º) R$ 34.474.615 – Guarani
9º) R$ 22.572.074 – Náutico
10º) R$ 16.878.668 – Vitória

Os dez maiores devedores da contribuição previdenciária em abril de 2018, em milhões são:

1) Varig S.A. (Viação Aérea Rio-Grandense) – Falida = 3.891,1
2) JBS S/A = 2.395,3
3) Viação Aérea São Paulo S.A. = 1.915,5
4) Associação Educacional Luterana do Brasil = 1.782,5
5) Transbrasil S.A. Linhas Aéreas = 1.319,0
6) Marfrig Global Foods S.A. = 1.161,7
7) Instituto Candango de Solidariedade = 850,6
8) Instituto Presbiteriano Mackenzie = 789,1
9) Fundação Universidade de Caxias do Sul = 747,7
10) Teka Tecelagem Kuehnrich S.A. – em Recuperação = 742,9

As dívidas da Varig e da Vasp são praticamente incobráveis, pois essas empresas faliram. O que não poderia ter ocorrido é ter chegado a esse ponto, pois agora não há bens para garantir a dívida.

Afirma-se que o aumento do déficit é decorrente da alteração do salário mínimo. Com o reajuste do salário mínimo, há também aumento da arrecadação, pois a contribuição é calculada sobre um valor maior do que o anterior. As empresas pagam a sua contribuição e a arrecadada dos empregados até o dia 20 do mês seguinte ao da competência. Os benefícios previdenciários são pagos nos cinco primeiros dias úteis do mês. Se existir alguma diferença, é muito pequena, pois não se computa a contribuição incidente sobre salários de maior valor. Falacioso, portanto, tal argumento.

Estima-se que o aumento do salário mínimo em maio de 2004 causou um déficit de R$ 2,84 bilhões. Entretanto, nesse cálculo há a inclusão dos pagamentos das empresas aos seus empregados e dos empregadores domésticos aos seus empregados, o que é suportado pelos empregadores e não pelo ente público.

Uma parte do suposto déficit é atribuído ao pagamento do benefício de um salário mínimo aos rurais, que não contribuíram para receber o benefício.

Uma solução poderia ser tratar a aposentadoria rural como programa de transferência de renda, desvinculando-a da Previdência Social, como bolsa família.

O segundo motivo seria o represamento de pedidos de benefícios nas agências do INSS em decorrência da greve no final de 2001, tendo aumentado o número de requerimentos em 3,2%. Isso, porém, é relativo, pois o número de pedidos pode diminuir em razão da normalização dos requerimentos, que seguem uma média por mês.

O Simples, apesar de simplificar o recolhimento de impostos e contribuições, pode trazer problemas para a Previdência Social no futuro, pois o recolhimento da contribuição previdenciária é feito sobre o faturamento e não são recolhidas as contribuições da empresa de 20% e de acidente do trabalho sobre a remuneração do trabalhador. Não é, portanto, suficiente para o custeio do sistema.

No setor informal, em 2003, 76% dos proprietários não recolhiam a contribuição previdenciária. Apenas 12% das mulheres e 11% dos homens contribuíam para o INSS. Para cada empresa formal havia duas informais.

Estima-se em R$ 150 bilhões a dívida ativa das empresas, municípios e estatais para com a Previdência Social em 2002.

As alíquotas de contribuição comparadas são assim representadas:

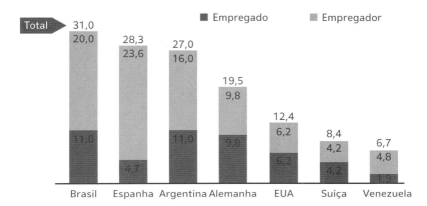

Em certas épocas, o INSS foi dono até de motel, pois recebia o imóvel como forma de pagamento e depois o vendia por preço inferior ao de mercado. Tinha muitos imóveis, alguns alugados por preços irrisórios. Acabava gastando numerário, em razão de ter de fazer manutenção nos imóveis.

Certos bens que são penhorados não têm qualquer valor. O que fazer, por exemplo, com o estádio de futebol de um time devedor?

É preciso maior eficácia na fiscalização, visando ao combate à sonegação, que tem melhorado com a instituição do GFIP.

Em 1993, a auditoria do INSS constatou que 75% dos benefícios pagos no Norte e Nordeste do país eram irregulares. No Rio Grande do Norte, o próprio representante do INSS aposentou sua companheira por idade, aos 25 anos.

Há em torno de três mil fiscais no Brasil. Isso não representa um fiscal por cidade. Há empresas que nunca foram fiscalizadas e nunca o serão.

Muitas empresas não recolhem a contribuição em dia porque esperam anistias para se beneficiar. Assim, a lei acaba beneficiando o mau pagador e, muitas vezes, incentivando outros contribuintes a não recolher a contribuição em dia.

O cadastro de pessoas idosas do INSS não é confiável. O IBGE apurou em 2003 que 2,5 milhões de pessoas têm mais de 80 anos. O INSS paga mais de 3,5 milhões de benefícios. O gráfico mostra que a partir de 70 anos o INSS paga mais benefícios a segurados do que eles realmente existem:

REFORMA PREVIDENCIÁRIA

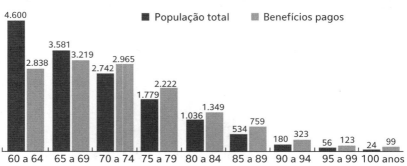

A partir dos 70 anos, há mais beneficiários do que pessoas vivas, em milhares

Os recadastramentos de idosos não podem ser feitos de forma atabalhoada, como foi feito pelo Ministro Ricardo Berzoini, que exigiu que pessoas de 90 anos fossem até os postos do INSS para se recadastrar, justamente porque certas pessoas não têm condições de ir até os postos.

Não há, portanto, dados confiáveis para afirmar a existência de déficit da Previdência Social, pois o numerário foi empregado para diversos fins, menos para pagar os benefícios, como deveria.

É importante lembrar a afirmação de André Gide de que "todas as coisas já foram ditas, mas como ninguém escuta, é preciso sempre recomeçar". Daí por que a minha insistência em que não existem dados confiáveis para dizer que há déficit no sistema.

Se existir déficit no sistema, ele acabará sendo pago pelo Estado, mediante os impostos arrecadados de toda a coletividade. Num segundo momento, haverá necessidade de aumento da contribuição, principalmente em relação a pessoas que podem contribuir com valor superior, de forma que permaneça o sistema de repartição simples e haja distribuição de renda.

3. OS PREJUÍZOS DOS SEGURADOS

No curso do tempo o segurado teve vários prejuízos com as mudanças estabelecidas pela legislação, indicando a falta de segurança jurídica do sistema.

Por decreto, em 31 de dezembro de 1930, Getúlio Vargas suspendeu temporariamente a concessão de aposentadoria por idade e tempo de serviço. Só poderia haver aposentadoria por invalidez e as pensões. A suspensão foi feita por seis meses em razão do grande número de fraudes, corrupção e descalabro administrativo, por intermédio dos Decretos n. 19.554, de 31 de dezembro de 1930, e 20.048, de 28 de maio de 1931.

Em 1º de outubro de 1931, pelo Decreto n. 20.465, a aposentadoria poderia deixar de ser paga

> quando ficar devidamente comprovada, a juízo do CNT e com recurso para o Ministro do Trabalho, Indústria e Comércio, a impossibilidade de pagamento integral, decorrentes de razões de ordem atuarial, econômica e política (§ 9º do art. 25).

O eventual déficit no sistema não seria bancado pelo governo, mas simplesmente não seriam pagas as aposentadorias. O § 11 do art. 25 determinava a exclusão do cálculo do valor das aposentadorias dos aumentos salariais ocorridos até um ano antes da concessão do benefício. Isso implicava que o benefício ficava defasado já quando da concessão da aposentadoria. A aposentadoria ordinária tinha coeficiente de cálculo de 70 a 100% da média dos vencimentos dos três últimos anos de serviços.

Os Institutos de Aposentadorias e Pensões passaram a ser criados a partir de 1933. Nas normas que os criavam passou-se a estipular que os representantes dos trabalhadores e das empresas passariam a ser escolhidos pelo governo. Em alguns casos as nomeações do Conselho Administrativo eram feitas pelo presidente da República ou eram subordinadas à concordância do Ministro do Trabalho, Indústria e Comércio, além da indicação dos representantes do próprio governo. Isso mostra que passa a existir uma ingerência muito grande na forma de gestão dos Institutos.

O Decreto n. 24.222, de 10 de maio de 1934, relativo ao Instituto de Aposentadorias e Pensões dos Marítimos (IAPM), exigia "exame de sanidade comprovador da impossibilidade do exercício da respectiva profissão". Isso, na prática, impossibilitava a concessão da aposentadoria ordinária, tornando o benefício uma espécie de aposentadoria por invalidez.

O mesmo decreto estabelecia que o Ministério do Trabalho, Indústria e Comércio nomearia uma comissão, composta de três técnicos, no máximo, para proceder ao estudo atuarial do plano de aposentadorias e pensões, mediante o levantamento da estatística dos associados do Instituto e pessoas de suas famílias (art. 116). Na prática, até 1997, nunca houve um critério científico e atuarial adotado pela Previdência Social para a concessão das aposentadorias.

O art. 63 do citado decreto determinava a redução à metade da aposentadoria devida ao associado que havia sido dispensado do serviço da empresa, por falta grave, ou condenado por sentença definitiva de que resultasse perda do emprego. Esses fatores não poderiam ser considerados para a concessão da aposentadoria, pois o trabalhador tinha duas penalidades, a de perder o emprego e a redução na aposentadoria.

As restrições que eram feitas pela legislação mostram que o objetivo era acumular recursos e não pagar benefícios, indicando que o sistema não atingia o sentido social que deveria ter.

Na Lei n. 5.890, a escala de salário-base era calculada com fundamento em dez salários mínimos regionais. A partir de maio de 1976, passou a ser calculada com fulcro no salário de referência.

A Lei n. 6.950/81 estabeleceu o limite de salário de contribuição em 20 salários mínimos.

O Decreto-Lei n. 2.351/87 retornou ao patamar de dez salários mínimos.

Entre 1978 e 1988, o governo usava um redutor no cálculo dos benefícios, determinado por portaria, dependendo da época da concessão do benefício. A Súmula 260 do TFR esclareceu que:

> no primeiro reajuste do benefício previdenciário, deve-se aplicar o índice integral do aumento verificado, independentemente do mês da concessão, considerado, nos reajustes subsequentes, o salário mínimo então atualizado.

Entre janeiro de 1979 e outubro de 1988, o cálculo do benefício do segurado era feito com base nos 36 últimos salários de contribuição, porém somente os 24 mais antigos eram corrigidos. Como houve alta inflação no período, o segurado teve prejuízo pelo fato de que não foram corrigidos os últimos 12 salários de contribuição. Há perdas de até 80% do valor do benefício.

Instituiu o Decreto-Lei n. 2.351, de 7 de agosto de 1987, o piso nacional de salários e o salário mínimo de referência. O primeiro foi criado como contraprestação mínima devida e paga diretamente pelo empregador, como tal definido na CLT (art. 1º) a todo empregado, sendo nula sua vinculação para qualquer fim (art. 3º). O salário mínimo de referência exerceu a função de parâmetro anteriormente atribuída ao salário mínimo (§ 1º do art. 2º), servindo de base de cálculo para a obrigação legal (inciso II do art. 4º). Os objetivos do Decreto-Lei n. 2.351/87 eram: (a) o de conceder aumentos reais na remuneração mínima que seria paga ao obreiro, a fim de recuperar o poder aquisitivo do salário mínimo, sem haver vinculação de outros fatores a tal salário; (b) reajustar as aposentadorias, desvinculando-as do salário mínimo. O salário mínimo (piso nacional de salários) já não mais poderia servir de indexador para o cálculo da atualização monetária de obrigação legal ou contratual, inclusive para o cálculo do benefício previdenciário.

Entre setembro de 1987 e outubro de 1988 teve vigência o sistema. Na criação, o salário mínimo de referência correspondia a 95% do piso. Ao ser extinto, equivalia apenas a 55% do piso. No referido período, os benefícios foram calculados e reajustados pelo salário mínimo de referência, trazendo prejuízos aos segurados. A perda pode implicar até 70% no valor do benefício.

Há, agora, propostas de ressuscitar regra parecida.

O art. 58 do ADCT foi criado justamente para corrigir tais distorções. Determinou que os benefícios de prestação continuada, mantidos pela previdência social em 5 de outubro de 1988, terão seus valores revistos, a fim de que seja restabelecido o poder aquisitivo, expresso em número de salários mínimos, que tinham na data de sua concessão, obedecendo-se a esse critério de atualização até a implantação do plano de custeio e benefícios, o que só foi feito em 24 de julho de 2001, com as Leis n. 8.212 e 8.213.

O cálculo do benefício com base no salário mínimo somente foi feito entre o sétimo mês posterior à promulgação da Constituição de 1988 e a vigência da Lei n. 8.213, em 25 de julho de 1991 (art. 58 do ADCT e seu parágrafo único).

Em 1990, houve uma defasagem muito grande de reajuste de 147%, que, porém, foi paga pelo sistema.

Em 8 de dezembro de 1993, foi publicada a Lei n. 8.742, que estabelece regras sobre a Assistência Social. A partir da vigência da referida norma ficam extintos os benefícios auxílio-natalidade e auxílio-funeral (art. 40). A renda mensal vitalícia passa a se chamar benefício de prestação continuada, sendo devido apenas à razão de um salário mínimo para o idoso ou deficiente cuja renda *per capita* da família seja inferior a ¼ do salário mínimo (art. 20).

Ao ser feita a conversão do valor dos benefícios em Unidade Real de Valor (URV), em fevereiro de 1994, houve perda de 11,77% na aposentadoria ou pensão.

No período entre fevereiro de 1994 e fevereiro de 1997, no cálculo da renda mensal inicial do benefício, o INSS adotou o índice de 15,12% para o mês de fevereiro de 1994. Deveria ser usado o Índice de Reajuste do Salário Mínimo (IRSM) de 39,67%. A perda pode ter sido de 50%.

Em 1994, foi desatrelada a correção dos benefícios do porcentual aplicado para o reajuste do salário mínimo.

A Lei n. 9.032, de 28 de abril de 1995, fez reforma previdenciária na legislação ordinária:

a) excluiu a pessoa designada da condição de dependente;

b) alterou o critério de cálculo dos benefícios acidentários, que passam a ser calculados como os benefícios comuns;

c) a aposentadoria especial passou a ser devida apenas se o segurado provar que exerceu o trabalho em contato com elementos químicos, físicos ou biológicos que lhe causem prejuízo à saúde;

d) não mais permitiu a conversão de atividade comum em especial;

e) vedou a acumulação da pensão deixada por cônjuge ou companheiro, salvo o direito de opção pela mais vantajosa;

f) não mais permitiu a incorporação de 50% do auxílio-acidente ao valor da pensão por morte.

A Lei n. 9.528, de 10 de dezembro de 1997, trouxe as seguintes alterações:

a) excluiu o menor sob guarda da condição de dependente;

b) excluiu o auxílio-acidente dos benefícios do aposentado que permanece ou retorna ao exercício de atividade;

c) determinou que os agentes nocivos para efeito de aposentadoria especial sejam estabelecidos em norma do Poder Executivo e não por lei específica;

d) o pensionista tem 30 dias para requerer a pensão, sob pena de o benefício ser concedido a partir da data do requerimento e não da data do óbito.

O STJ tem entendido que os resíduos relativos aos meses de novembro e dezembro de 1993 foram incorporados no reajuste efetivado em janeiro de 1994 (5ª T., REsp 497.897/RN, j. 26-8-2003, Rel. Min. Jorge Scartezzini, *DJU* 1 13-10-2003, p. 421).

Entre março de 1994 e fevereiro de 1997, o governo congelou os salários de contribuição e os benefícios foram reduzidos pelo teto de aposentadoria. Há perdas entre 2 e 39%.

O STF e o STJ têm entendido que "os índices de reajustamento de benefícios previdenciários são aqueles razoavelmente definidos pelo legislador – o que não desrespeita o constitucional comando de manutenção do valor real –, não cabendo diferenças favoráveis aos segurados em razão da discussão de escolha do melhor índice ou de pretendida e indevida equiparação com reajustamento dos salários de contribuição" (TRF 4ª Região, 6ª T., AgRg na AC 2001.71.00.020374-6-RS, j. 20-5-1983, Rel. Des. Fed. Néfi Cordeiro, DJU 2 28-5-2003, p. 566).

O Conselho de Justiça Federal aprovou algumas Súmulas pela Turma de Uniformização das Decisões das Turmas Recursais dos Juizados Especiais Federais.

A Súmula 19 esclareceu que:

> para o cálculo da renda mensal inicial do benefício previdenciário, deve ser considerada, na atualização dos salários de contribuição anteriores a março de 1994, a variação integral do IRSM de fevereiro de 1994, na ordem de 39,67%.

A conversão dos benefícios previdenciários em URV, em março de 1994, obedece às disposições do art. 20, I e II, da Lei n. 8.880/94 (Súmula 1). O STJ entende que a conversão dos benefícios previdenciários em URV, a partir de março de 1994, não acarretou redução do valor do benefício (5ª T., REsp 497.896/ RN, j. 26-8-2003, Rel. Min. Jorge Scartezzini, DJU 1 13-10-2003).

Os benefícios previdenciários, em maio de 1996, deverão ser reajustados na forma da Medida Provisória n. 1.415, de 29 de abril de 1996, convertida na Lei n. 9.711, de 20 de novembro de 1998 (Súmula 2).

Os benefícios de prestação continuada, no Regime Geral de Previdência Social, devem ser reajustados com base no IGP-DI nos anos de 1997, 1999, 2000 e 2001 (Súmula 3).

Isso mostra que o benefício não vem sendo corrigido de forma a preservar o seu valor real (§ 4º do art. 201 da Constituição), embora a Lei Maior remeta ao critério na forma da lei.

Várias alterações foram feitas para pior nos direitos dos segurados.

O abono de permanência em serviço, chamado popularmente de pé na cova, foi extinto pela Lei n. 8.870, de 15 de abril de 1994.

O pecúlio foi extinto pelas Leis n. 8.870/94, 9.032/95 e 9.129/95.

A Lei n. 9.032/95 excluiu a pessoa designada da condição de dependente.

A partir da vigência da Lei n. 9.032/95, o dependente não pode mais acumular mais de uma pensão deixada pelo cônjuge ou companheiro, ressalvado o direito de opção pela mais vantajosa.

A aposentadoria especial passou a ser devida apenas em virtude de trabalho permanente, não ocasional nem intermitente, em condições adversas à saúde do segurado. Não é mais permitida a conversão de tempo comum em especial, conforme a Lei n. 9.032/95.

De acordo com a Lei n. 9.528/97, o aposentado que voltar a exercer atividade sujeita ao Regime Geral de Previdência Social não terá mais direito ao auxílio-acidente e pecúlios.

O fator previdenciário, criado pela Lei n. 9.876, na prática, determinou que, quanto mais cedo a pessoa se aposentar, menor será o seu benefício, porque o segurado mais tempo irá recebê-lo.

O governo vinha adotando o IGP-DI para a correção dos benefícios. No ano de 2003, como o IGP-DI foi mais alto, adotou outro índice para corrigir os benefícios.

As pessoas acabam usando a aposentadoria como complementação da renda, pois o valor do benefício é insuficiente para as despesas normais da pessoa. Logo, ela não deixa de trabalhar e não vai para os seus aposentos.

As diferenças decorrentes de expurgos inflacionários dos segurados com o INSS, já reconhecidas pelo governo, são estimadas em R$ 12,3 bilhões. Essas diferenças são devidas a 1,8 milhão de aposentados e pensionistas.

Declara o inciso IV do art. 7º do Estatuto Supremo que é vedada a vinculação do salário mínimo para qualquer fim. A exceção diz respeito temporariamente às determinações do art. 58 do ADCT.

O § 2º do art. 201 da Constituição é claro no sentido de que nenhum benefício que substitua o salário de contribuição ou o rendimento do trabalho do segurado terá valor mensal inferior ao salário mínimo. Assim, somente por emenda constitucional poderá ser feita a desvinculação do limite mínimo de um salário mínimo para o pagamento do benefício. Do contrário, o prejuízo do aposentado ou do pensionista é certo.

O reajuste dos benefícios tem sido inferior ao do salário mínimo, trazendo prejuízos ao poder de compra do segurado. Foram feitos reajustes do teto do valor da contribuição nas reformas, mas os reajustes seguintes não foram feitos na mesma proporção. O salário mínimo em muitos anos teve reajuste real, além da inflação, enquanto os benefícios não tiveram.

A não correção do benefício na mesma proporção do salário mínimo viola a existência digna da pessoa, preconizada no inciso III do art. 1º da Constituição, e a preservação real do valor dos benefícios (§ 4º do art. 201 da Constituição).

O aposentado não deveria receber aumento real no seu benefício, pois o sistema não tem esse objetivo, mas tê-lo corrigido efetivamente pela inflação do período, de modo a preservar o valor real do benefício. É sabido que isso nem sempre aconteceu. Aumento real pode ser dado no salário das pessoas na ativa.

Na França, a reforma de 1993 impôs perdas aos trabalhadores do setor privado. Aumentou para 40 anos o tempo de contribuição e reduziu o valor dos benefícios.

O segurado não tem segurança jurídica, em razão das constantes modificações no sistema. Quando entra no sistema, a regra é uma. Quando vai se aposentar, a regra é outra.

4. A REFORMA ESTABELECIDA PELA EMENDA CONSTITUCIONAL N. 20/98

A reforma da Previdência Social vinha sendo discutida no Congresso desde aproximadamente 1993. Foi ao final estabelecida pela Emenda Constitucional n. 20, publicada no *Diário Oficial da União* em 16 de dezembro de 1998.

Foram várias as leis ordinárias que visaram a sua implementação, como as Leis n. 9.701, 9.703, 9.711, 9.715, 9.718, 9.720, 9.732. Muitas dessas leis foram editadas antes da Emenda Constitucional, em razão de que o art. 246 da Constituição vedava a adoção de medidas provisórias para a regulamentação de artigo da Constituição cuja redação tenha sido alterada por meio de emenda promulgada a partir de 1995.

O Decreto n. 3.048, de 6 de maio de 1999, que é o regulamento da Previdência Social, faz as adaptações decorrentes da reforma, regulamentando as Leis n. 8.212 e 8.213.

As principais modificações foram as expostas a seguir.

4.1 CARÁTER CONTRIBUTIVO

O regime de Previdência Social já era de caráter contributivo, isto é, quem não contribuísse não teria direito a benefício proporcionado pelo regime geral.

Acrescenta o art. 201 da Constituição, na redação da Emenda Constitucional n. 20/98, o fato de que há filiação obrigatória. Entretanto, o § 5º do art. 201 da Constituição admite indiretamente a existência do segurado facultativo, ao mencionar que é vedada a filiação ao Regime Geral de Previdência Social, na qualidade de segurado facultativo, de pessoa participante de regime próprio de previdência. Logo, não existem apenas segurados obrigatórios ao sistema, mas também segurados que podem filiar-se facultativamente ao sistema, como a dona de casa, o síndico de condomínio, o estudante e o desempregado.

Passa a haver necessidade de serem observados critérios que preservem o equilíbrio financeiro e atuarial.

Com o objetivo de assegurar recursos para pagamento dos benefícios concedidos pelo Regime Geral de Previdência Social, em adição aos recursos de sua arrecadação, a União poderá constituir fundo integrado por bens, direitos e ativos de qualquer natureza, mediante lei que disporá sobre a natureza e administração desse fundo (art. 250 da Constituição).

Dispõe o art. 68 da Lei Complementar n. 101:

> Na forma do art. 250 da Constituição, é criado o Fundo do Regime Geral de Previdência Social, vinculado ao Ministério da Previdência e Assistência Social, com a finalidade de prover recursos para o pagamento dos benefícios do regime geral da previdência social.
>
> § 1º O Fundo será constituído de:
>
> I – bens móveis e imóveis, valores e rendas do Instituto Nacional do Seguro Social não utilizados na operacionalização deste;
>
> II – bens e direitos que, a qualquer título, lhe sejam adjudicados ou que lhe vierem a ser vinculados por força de lei;
>
> III – receita das contribuições sociais para a seguridade social, previstas na alínea *a* do inciso I e no inciso II do art. 195 da Constituição;
>
> IV – produto da liquidação de bens e ativos de pessoa física ou jurídica em débito com a Previdência Social;
>
> V – resultado da aplicação financeira de seus ativos;
>
> VI – recursos provenientes do orçamento da União.
>
> § 2º O Fundo será gerido pelo Instituto Nacional do Seguro Social, na forma da lei.

4.2 CÁLCULO DOS BENEFÍCIOS

Previa o art. 202 da Constituição que o cálculo do benefício seria feito de acordo com a média dos 36 últimos salários de contribuição, corrigidos monetariamente mês a mês, sendo feitos reajustes de modo a preservar o seu valor real. O objetivo do constituinte, ao estabelecer o citado dispositivo, foi de o legislador ordinário não poder alterar ao seu livre-alvedrio o cálculo do benefício. Estabeleceu-se uma garantia ao segurado, pois o governo vinha estabelecendo artifícios para o cálculo do benefício que, na prática, reduziam o seu valor.

Com a Emenda Constitucional n. 20, desapareceu a garantia do segurado contida na Constituição no sentido de que o benefício deve ser calculado de acordo com os 36 últimos salários de contribuição. Os arts. 201 e 202 da Constituição não mais trataram do tema, sendo que o segundo passou a versar sobre previdência privada complementar.

Atualmente, apenas existe a previsão do § 3º do art. 201 da Constituição, determinando que todos os salários de contribuição considerados para o cálculo do benefício serão devidamente atualizados, na forma da lei.

4. A REFORMA ESTABELECIDA PELA EMENDA CONSTITUCIONAL N. 20/98 | 61

A Lei n. 9.876/99 fez várias alterações nas Leis n. 8.212 e 8.213/91, alterando questões relativas a benefícios e instituindo o fator previdenciário. Este estabelece o cálculo do valor do benefício não mais tomando por base a média dos últimos 36 salários de contribuição corrigidos, mas a média de 80% das maiores contribuições desde julho de 1994, tomando por base a expectativa de vida do segurado.

Prevê o § 4º do art. 201 da Constituição que é assegurado o reajustamento dos benefícios para preservar-lhes, em caráter permanente, o valor real, conforme critérios definidos em lei. Critérios são os parâmetros ou métodos para ser feito o reajustamento dos benefícios, visando a preservação do valor real do benefício.

O art. 11 da Lei n. 9.711/98 determinou que os benefícios da Previdência Social fossem reajustados em junho de cada ano. Anteriormente, as leis previdenciárias ou salariais especificavam o índice a ser utilizado, como IRSM (Lei n. 8.542), IPC-r (Lei n. 8.880). Agora, de propósito não é especificado o índice de correção do benefício, permitindo que o governo utilize o IQQ (o índice que eu quero), podendo ser usado o menor índice que apurar a inflação do período, como já ocorreu. As coisas, portanto, são feitas de propósito.

O valor dos benefícios em manutenção será reajustado, anualmente, na mesma data do reajuste do salário mínimo, *pro rata*, de acordo com suas respectivas datas de início ou do último reajustamento, com base no Índice Nacional de Preços ao Consumidor – INPC, apurado pelo IBGE (art. 41-A da Lei n. 8.213).

4.3 APOSENTADORIA POR IDADE

Em países de língua espanhola é empregada a palavra *jubilación*. Em Portugal usa-se a palavra reforma. Nos países de língua inglesa, são usadas as expressões *pension* ou *retiring*. Em outros países se fala pensão ou pensão por retirada. Em francês, a palavra empregada é *retraite*.

Em sentido amplo, a palavra aposentadoria quer dizer retirar-se para os seus aposentos, deixar de trabalhar, ficar em casa. Indica dar pouso, repousar.

Mencionava o inciso I do art. 201 da Constituição que os planos da Previdência Social cobririam eventos decorrentes de velhice.

A atual redação do inciso I do art. 201 da Lei Magna prescreve que a Previdência Social cobrirá eventos decorrentes de idade avançada.

No sistema anterior, falava-se em aposentadoria por velhice. A expressão *aposentadoria por idade* surge com a Lei n. 8.213. A denominação utilizada atualmente é mais correta, pois o fato de a pessoa ter 60 ou 65 anos não quer dizer que seja velha. Há pessoas com essa idade que têm aparência de 10, 20 anos mais moça, além do que a expectativa de vida das pessoas hoje tem atingido muito mais do que 60 anos. Daí por que se falar em aposentadoria por idade, quando a pessoa atinge a idade especificada na lei.

Em 2001, 9% da população (15,5 milhões) era de idosos. Em 2011, 12,1% (23,5 milhões) de idosos.

Em 2000, 3,3 milhões de pessoas com mais de 60 anos. Em 2001 os idosos eram 9% da população. Em 2004, 9,7% da população total tinha mais de 60 anos. Em 2010, 5,4 milhões de pessoas. Em 2009, 11,3%. Em 2011, 12,1%. Em 2014 eram 14%.

O IBGE afirma que 2,5 milhões de pessoas têm idade superior a 80 anos em 2010. Um milhão em 1990.

É comum a pessoa se aposentar por idade, tendo contribuído com apenas 15 anos.

No Japão, está havendo problemas pelo fato de o homem passar mais tempo em casa em virtude da aposentadoria.

Quanto mais cedo a pessoa se aposenta e não tem outra atividade, mais cedo vem a falecer.

4.4 APOSENTADORIA NO REGIME GERAL

É assegurada aposentadoria no Regime Geral de Previdência Social, nos termos da lei, obedecidas as seguintes condições:

- 35 anos de contribuição, se homem, e 30 anos de contribuição, se mulher;
- 65 anos de idade, se homem, e 60 anos de idade, se mulher, reduzido em cinco anos o limite para os trabalhadores rurais de ambos os sexos e para os que exerçam suas atividades em regime de economia familiar, nestes incluídos o produtor rural, o garimpeiro e o pescador artesanal.

Esse dispositivo dá origem à interpretação do ponto e vírgula. Há quem entenda que a regra se refere a duas questões distintas: a primeira da aposentadoria por tempo de contribuição e a segunda da aposentadoria por idade, pois esta era a intenção do constituinte.

A intenção do constituinte, porém, pouco importa na interpretação final da norma, diante da interpretação literal ou gramatical. Vale o que está escrito na norma. Na norma está escrito que existem duas condições, que são, portanto, cumulativas e não alternativas. Não se pode, portanto, interpretar o ponto e vírgula como se estivesse escrita a conjunção alternativa *ou*, pois os requisitos são cumulativos, em razão de serem condições que devem ser cumpridas.

Por volta do dia 20 de maio de 1999, a questão foi resolvida, pois o governo entendeu que são duas condições distintas e não mais passou a exigi-las como cumulativas.

4. A REFORMA ESTABELECIDA PELA EMENDA CONSTITUCIONAL N. 20/98

Quem estava no sistema, quando da promulgação da Emenda Constitucional n. 20, tem de observar a idade de 53 anos (homem) e 48 anos (mulher). Para quem entrou no sistema a partir da aprovação da referida emenda, não há limite de idade mínimo para a pessoa ter direito ao benefício, apenas tempo de contribuição. A situação de quem está no regime transitório é muito pior do que a da pessoa que ingressou no sistema, de acordo com a nova regra.

Foi instituído o fator previdenciário pela Lei n. 9.876/99, combinando fatores como idade mínima, tempo de contribuição e expectativa de vida do segurado. Tem fundamento no art. 201 da Constituição, que determina a observância de critérios que preservem o equilíbrio financeiro e atuarial. Exatamente isso foi disciplinado na Lei n. 9.876/99.

O fator previdenciário trouxe maior justiça no cálculo do valor do benefício, de acordo com aquilo que o segurado contribuiu para o sistema, mas foi pior para os segurados, pois o valor do benefício pode ser menor, em razão de ser feita a média de contribuições de vários anos, a partir de julho de 1994, inclusive em períodos em que o segurado não recolheu pelo teto.

O STF não concedeu liminar na postulação relativa à inconstitucionalidade do fator previdenciário, pois a preservação do equilíbrio financeiro e atuarial está prevista na própria Lei Maior, dando respaldo ao fator previdenciário ser instituído por lei ordinária[1].

4.5 APOSENTADORIA ESPECIAL

O § 1º do art. 201 da Lei Maior reza que o trabalho em condições especiais que prejudique a saúde ou a integridade física será definido em lei complementar.

Até que a lei complementar a que se refere o citado § 1º seja publicada, permanecem em vigor os arts. 57 e 58 da Lei n. 8.213/91, que tratam da aposentadoria especial (art. 15 da Emenda Constitucional n. 20/98).

4.6 PROFESSORES

Apenas os professores de educação infantil, ensino fundamental e médio têm direito a aposentadoria com 30 anos (homens) e 25 anos (mulheres) de contribuição. Professores universitários terão direito a aposentadoria comum, sem diferenciação quanto ao tempo de contribuição.

---

1 STF, Pleno, ADIN MC 2.110-DF e ADIN MC 2.111-DF, j. 16-3-2000, Rel. Min. Sydney Sanches, *Informativo STF* n. 181, de 13 a 17-3-2000.

O tempo de serviço até a Emenda Constitucional n. 20/98 será contado com o acréscimo de 17% para o homem e de 20% para a mulher, desde que seja de exercício efetivo no magistério.

4.7 SALÁRIO-FAMÍLIA

A redação original do inciso XII do art. 7º da Lei Maior previa "salário-família para os seus dependentes". O benefício era do segurado, mas decorria do fato de aquela pessoa ter dependentes.

O salário-família era pago para qualquer valor de salário percebido pelo trabalhador.

A atual previsão do inciso XII do art. 7º da Constituição é de "salário-família pago em razão do dependente do trabalhador de baixa renda nos termos da lei". Determina, ainda, o inciso IV do art. 201 da Constituição o salário-família para os dependentes dos segurados de baixa renda. Agora, somente o trabalhador de baixa renda é que faz jus ao benefício. Reza o art. 13 da Emenda Constitucional n. 20/98 que, até que a lei discipline o acesso ao salário-família, o benefício será concedido apenas àqueles que tenham renda bruta mensal igual ou inferior a R$ 360,00, que, até a publicação da lei, será corrigido pelos mesmos índices aplicados aos benefícios do regime geral de previdência social.

A partir de 1º de janeiro de 2019, para quem ganha até R$ 907,77, o valor do salário-família é de R$ 46,54 por filho. Para quem ganha de R$ 907,77 a R$ 1.364,43, o valor é de R$ 32,80. Acima de R$ 1.364,43 não há direito ao benefício.

O objetivo da modificação é que no conjunto o valor do salário-família tinha representação para a Previdência Social. Para o segurado de salário mais alto o valor pago era muito ínfimo e não servia para nada, mas no conjunto representava despesas para o sistema. Assim, apenas o segurado de baixa renda é que passa a ter direito ao benefício.

4.8 AUXÍLIO-RECLUSÃO

O inciso I do art. 201 da Constituição previa como uma das contingências a ser cobertas pelo sistema de Previdência Social a reclusão.

A atual redação do art. 201 da Constituição, conforme a Emenda Constitucional n. 20/98, não mais previu a reclusão como contingência a ser amparada pela Previdência Social. Entretanto, é preciso fazer a interpretação sistemática com o art. 13 da referida emenda que trata do tema.

Determina, ainda, o inciso IV do art. 201 da Constituição o auxílio-reclusão para os dependentes dos segurados de baixa renda.

No meu modo de ver, a reclusão nunca foi uma contingência. Não é possível que a pessoa fique presa e ainda a sociedade como um todo tenha de pagar um

4. A REFORMA ESTABELECIDA PELA EMENDA CONSTITUCIONAL N. 20/98 | 65

benefício à família do preso, como se este tivesse falecido. De certa forma, o preso é que deveria pagar por estar nessa condição, principalmente por roubo, furto, tráfico, estupro, homicídio etc.

Se o recluso tem remuneração decorrente de seu trabalho, não deveria existir auxílio-reclusão, pois a pessoa tem rendimento.

Representa o auxílio-reclusão um benefício de contingência provocada, razão pela qual não deveria ser pago, pois o preso dá causa, com seu ato, em estar nessa condição. Na indenização por acidente do trabalho, se o acidente é provocado, o trabalhador não tem direito a indenização. O mesmo deveria ocorrer aqui. No auxílio-reclusão o segurado dá causa à prisão, pelo ilícito que cometeu e faz jus ao benefício. Logo, não se justifica, sob o meu ponto de vista, a manutenção desse benefício.

A ideia do benefício é o fato de que o preso deixa de ter uma renda. Sua família fica desamparada, razão pela qual deveria ser pago um valor para esse fim.

Determinou o art. 13 da Emenda Constitucional n. 20/98 que, até que a lei discipline o acesso ao auxílio-reclusão, o benefício será concedido apenas àqueles que tenham renda bruta mensal igual ou inferior a R$ 1.364,43, que, até a publicação da lei, será corrigido pelos mesmos índices aplicados aos benefícios do regime geral de previdência social. Quem ganha acima de R$ 1.364,43 não tem direito ao benefício.

4.9 SALÁRIO-MATERNIDADE

No princípio era o empregador quem pagava o salário da gestante no período em que esta ficava afastada para dar à luz. Em consequência, a contratação de mulheres era mais escassa, pois o empregador não se interessava em ter esse encargo. Havia necessidade de a legislação determinar que o pagamento da licença-maternidade ficaria a cargo da Previdência Social, principalmente como uma forma de incentivar a contratação de mulheres como empregadas.

A Convenção n. 3 da OIT, de 1919, foi promulgada pelo Decreto n. 51.627, de 18 de dezembro de 1962. Prevê o pagamento das prestações para a manutenção da empregada e de seu filho, que serão pagas pelo Estado ou por sistema de seguro. O Brasil aprovou também a Convenção n. 103 da OIT, de 1952, promulgada pelo Decreto n. 58.020, de 14 de junho de 1966, que reviu a Convenção n. 3, dispondo que "em caso algum o empregador deverá ficar pessoalmente responsável pelo custo das prestações devidas à mulher que emprega" (art. IV, 8). As prestações devidas à empregada gestante, tanto antes como depois do parto, devem ficar a cargo de um sistema de seguro social ou fundo público, sendo que a lei não pode impor esse ônus ao empregador, inclusive com o objetivo de evitar a discriminação do trabalho da mulher.

Apenas com a edição da Lei n. 6.136, de 7 de novembro de 1974, é que o salário-maternidade passou a ser uma prestação previdenciária, não mais tendo o empregador que pagar o salário da empregada que vai dar à luz. O custeio do salário-maternidade era de 0,3% sobre a folha do salário de contribuição (art. 4º da Lei n. 6.136), que foi extinto pela Lei n. 7.787/89, pois ficou englobado no porcentual de 20% que a empresa deve recolher sobre a folha de pagamento (§ 1º do art. 3º da Lei n. 7.787). Desde a Lei n. 7.787/89, há custeio específico para o salário-maternidade e o pagamento dos 120 dias. Essa orientação foi repetida no inciso I do art. 22 da Lei n. 8.212/91.

Disciplinou o inciso XVIII do art. 7º da Constituição que a gestante passa a ter direito a 120 dias de licença-maternidade, sem prejuízo do emprego e do salário.

Limita o art. 14 da Emenda Constitucional n. 20, de 15 de dezembro de 1998, os benefícios do Regime Geral de Previdência Social a R$ 1.200,00. O salário-maternidade também será pago pela Previdência Social, porém no valor máximo de R$ 1.200,00. A dúvida diz respeito a quem ganha acima desse valor.

Criou-se uma polêmica muito grande em torno do salário-maternidade.

O STF entendeu que o salário-maternidade não está sujeito ao limite de R$ 1.200,00, que foi especificado na Emenda Constitucional n. 20/98. Os ministros do STF afirmaram que a limitação contraria a Constituição, em razão de que a gestante tem garantido o direito à licença-maternidade, sem prejuízo do emprego e do salário, com duração de 120 dias (art. 7º, XVIII). Haveria:

> discriminação que a Constituição buscou combater, quando proibiu diferença de salários, de exercício de funções e de critérios de admissão, por motivo de sexo (art. 7º, XXX, da CF/88), proibição, que, em substância, é um desdobramento do princípio da igualdade de direitos, entre homens e mulheres[2].

O INSS deve pagar o benefício integralmente, independentemente do valor do salário da trabalhadora gestante.

A Lei n. 9.876/99 determinou a alteração do salário-maternidade, que, em vez de ser pago pela empresa e descontado da guia de recolhimento da Previdência Social, passou a ser pago diretamente pelo INSS à empregada. Isso ocasionou uma série de problemas, entre eles a pessoa ficar sem remuneração alguns meses, no período em que o INSS vai verificar o valor a ser pago à segurada. O sistema anterior era melhor, pois o pagamento era feito na própria empresa.

Pela mesma lei, houve a extensão do salário-maternidade a trabalhadora avulsa e a segurada especial, desde que tenham um período de carência de dez contribuições.

---

2 STF, Pleno, ADIN 1.946-5, j. 3-4-2003, Rel. Min. Sydney Sanches, DJU 1, 16-5-2003, p. 90.

Atualmente, o pagamento voltou a ser feito pela empresa.

4.10 ACIDENTE DO TRABALHO

Reza o inciso XXVIII do art. 7º da Lei Magna sobre seguro contra acidentes do trabalho, a cargo do empregador, sem excluir a indenização a que está obrigado, quando incorrer em dolo ou culpa.

Não mais menciona o inciso I do art. 201 da Constituição que o acidente do trabalho é uma das contingências a serem cobertas pela Previdência Social.

O § 10 do art. 201 da Constituição, de acordo com a Emenda Constitucional n. 20/98, dispõe que "lei disciplinará a cobertura do risco de acidente do trabalho, a ser atendida concorrentemente pelo regime geral de previdência social e pelo setor privado".

A lei especificada é a ordinária. Não se exige, portanto, lei complementar. Enquanto não existir lei tratando do assunto, é recebida a Lei n. 8.213/91, que é lei ordinária.

O estabelecimento do regime concorrente entre o INSS e o setor privado vem a ser um retrocesso. A existência de um regime privado outrora não deu certo, pois não atendia às necessidades dos acidentados, principalmente quando se estabelecia a indenização tarifada. Os sindicatos combateram o regime de seguro privado no sistema de acidente do trabalho, dando origem à Lei n. 5.316, de 14 de setembro de 1967, que passou a estabelecer um regime de responsabilidade objetiva, atribuído ao Estado. A partir da edição da referida norma, temos um sistema público de acidente do trabalho. A determinação da Constituição implica retrocesso ao sistema anterior a 14 de setembro de 1967, que não deu certo.

Afirma-se que o Brasil é o campeão mundial de acidentes do trabalho.

O país gasta cerca de R$ 30 bilhões por ano com prestações de acidente do trabalho.

Os privatistas do sistema asseveram que seria melhor deixar a matéria para a iniciativa privada. As empresas seguradoras fiscalizam a prevenção dos acidentes para que não tenham de pagar benefícios ou o façam no menor valor possível. O objetivo seria economizar dinheiro público.

A alíquota de contribuição de 1, 2 ou 3%, destinada ao financiamento do benefício de aposentadoria especial ou daqueles concedidos em razão do grau de incidência de incapacidade laborativa decorrente dos riscos ambientais do trabalho, poderá ser reduzida, em até 50%, ou aumentada, em até 100%, conforme dispuser o regulamento (art. 10 da Lei n. 10.666). Isso irá depender se a empresa evita acidentes do trabalho; quando haverá redução da alíquota ou tem muitos acidentes, quando ela será aumentada.

O desempenho da empresa em relação à respectiva atividade econômica será apurado de acordo com os resultados obtidos a partir dos índices de frequência, gravidade e custo, calculados segundo metodologia aprovada pelo Conselho Nacional de Previdência Social (art. 10 da Lei n. 10.666).

O regulamento não pode dispor sobre redução ou aumento de alíquota. Essa matéria é reservada à lei, diante do princípio da legalidade em matéria tributária (art. 150, I, da Constituição). A contribuição previdenciária tem natureza tributária. A Lei Maior não traz exceção para essa contribuição.

A majoração ou redução de tributo só pode ser feita por lei (art. 97, II, do CTN). Há apenas exceções para os arts. 21, 26, 39, 57 e 65 do CTN, que não tratam da contribuição previdenciária.

Logo, a redução ou ampliação da alíquota só podem ser feitas por lei e não por norma administrativa. Inconstitucional se mostra a medida.

4.11 TEMPO DE CONTRIBUIÇÃO

Afirmava-se que a aposentadoria por tempo de serviço deveria ser mantida, pois os trabalhadores mais simples começavam a trabalhar mais cedo e, em consequência, aposentavam-se mais cedo. Se se estabelecesse limite de idade para essas pessoas, elas iriam morrer antes de obter a aposentadoria.

O Ministério da Previdência Social mostrava que a aposentadoria por tempo de serviço era concedida a pessoas com pouca idade. Essas pessoas percebiam o benefício por muito tempo. Geralmente, as pessoas que se aposentavam nessas condições eram mais esclarecidas e tinham um benefício maior do que a média. Em torno de 64,5% das pessoas se aposentavam com menos de 54 anos e viviam, em média, 18 a 20 anos com as aposentadorias.

Agora, fala-se em tempo de contribuição e não mais em tempo de serviço para efeito da concessão de aposentadoria.

A Emenda Constitucional n. 20/98 acabou com a aposentadoria por tempo de serviço, que apenas fica mantida num regime transitório, para as pessoas que já estavam no sistema até a data da promulgação da referida emenda.

Para o trabalhador o tempo de contribuição é muito pior, pois antes só precisava provar ter trabalhado, que indicaria o seu tempo de serviço. A anotação na CTPS prova o tempo de serviço. Agora, precisa provar que o empregador recolheu a contribuição, o que é um contrassenso.

Passados 30 ou 35 anos, será que o trabalhador vai achar a empresa para quem trabalhou para lhe pedir os comprovantes do recolhimento das contribuições para fazer jus ao benefício? Isso não é tarefa do trabalhador, é da fiscalização. Se a fiscalização é inerte e insuficiente, o trabalhador não pode ser punido pelo fato.

4. A REFORMA ESTABELECIDA PELA EMENDA CONSTITUCIONAL N. 20/98

O trabalhador analfabeto ou de poucos estudos vai-se lembrar, na data da rescisão de seu contrato de trabalho, de pedir ao empregador cópia do recolhimento das contribuições para no futuro pedir a sua aposentadoria? Com certeza não vai. Como vai conseguir comprovar o tempo de contribuição no futuro? Só Deus sabe.

Felizmente, foi mantido o art. 55 da Lei n. 8.213 e o art. 60 do Regulamento da Previdência Social, que permitem contar tempo de serviço como tempo de contribuição. Do contrário, o trabalhador seria prejudicado.

Foi extinta a aposentadoria proporcional a partir de 16 de dezembro de 1998, no Regime Geral de Previdência Social, salvo para quem tinha direito adquirido, ou seja, para a mulher que tinha 25 anos de tempo de serviço e o homem 30 anos.

A Emenda Constitucional n. 20 acrescentou o § 3º do art. 114 da Constituição, estabelecendo a competência da Justiça do Trabalho para executar, de ofício, as contribuições da empresa sobre a folha de salários e as dos trabalhadores, inclusive seus acréscimos legais (juros, multa e correção monetária), em decorrência das sentenças que proferir. A Emenda Constitucional n. 45/2004 deu nova redação ao art. 114 da Constituição, estabelecendo no inciso VIII: a execução, de ofício, das contribuições sociais previstas no art. 195, I, *a*, e II, e seus acréscimos legais, decorrentes das sentenças que proferir.

4.12 PREVIDÊNCIA PRIVADA

O regime de previdência privada, de caráter complementar e organizado de forma autônoma em relação ao Regime Geral de Previdência Social, será facultativo, baseado na constituição de reservas que garantam o benefício contratado e regulado por lei complementar (art. 202 da Constituição).

Lei Complementar disciplinará a relação entre a União, Estados, Distrito Federal ou Municípios, inclusive suas autarquias, fundações, sociedades de economia mista e empresas controladas direta ou indiretamente, enquanto patrocinadoras de entidades fechadas de previdência privada, e suas respectivas entidades fechadas de previdência privada (§ 4º do art. 202 da Lei Maior).

A lei complementar mencionada no parágrafo anterior estabelecerá os requisitos para a designação dos membros das diretorias das entidades fechadas de previdência privada e disciplinará a inserção dos participantes nos colegiados e instâncias de decisão em que seus interesses sejam objeto de discussão e deliberação.

A Lei Complementar n. 109, de 29 de maio de 2001, regulamentou o art. 202 da Constituição. A referida norma revogou a Lei n. 6.435/77. O Decreto n. 4.942, de 20 de dezembro de 2003, regulamenta a Lei Complementar n. 109 quanto ao processo administrativo para apuração de responsabilidade.

Observado o disposto no art. 202 da Constituição, lei complementar disporá sobre as normas gerais para a instituição de regime de previdência complementar pela União, Estados, Distrito Federal e Municípios (§ 15 do art. 40 da Lei Maior).

A previdência privada fechada da União, dos Estados, do Distrito Federal e dos municípios, inclusive suas autarquias, fundações, sociedades de economia mista e empresas controladas direta ou indiretamente, enquanto patrocinadoras de entidades fechadas de previdência complementar, é disciplinada pela Lei Complementar n. 108, de 29 de abril de 2001. Essas entidades de previdência privada fechada serão organizadas sob a forma de fundação ou sociedade civil, sem fins lucrativos.

Havia uma terceira lei complementar que estava em discussão no Congresso Nacional, por volta de 2002, porém ela foi retirada de pauta pelo governo e não mais foi discutida.

4.13 CAPITALIZAÇÃO

O nosso modelo de Previdência Social é de repartição simples. Os ativos contribuem para o benefício dos inativos. Há solidariedade entre as pessoas na cotização do sistema para a concessão do futuro benefício. A massa arrecadada por todos é que paga os benefícios dos trabalhadores.

Fala-se em se estabelecer um sistema de capitalização individual, em que o segurado vai fazendo a sua contribuição numa conta individual, como se fosse uma conta de poupança.

Não há dúvida de que poupar é necessário para melhor prover o amanhã. Entretanto, há certas pessoas que não têm o que poupar, pois o salário já é irrisório e mal dá para sobreviver. Essas pessoas não vão poupar nada, pois não têm como.

Essa é a razão pela qual o sistema deve ser de repartição, envolvendo a solidariedade entre as pessoas, pois serão poucos os que poderão poupar e muitos os que nada terão, por não terem o que poupar.

Muitos trabalhadores ora estão empregados, ora são autônomos, ora não têm atividade. Isso indica que a solidariedade e o sistema de repartição simples são essenciais para essas pessoas terem, no futuro, direito ao benefício.

Poucos no futuro, se implantado o sistema, terão direito aos benefícios.

4.14 SISTEMA PÚBLICO

A Emenda Constitucional n. 20/98 também trouxe algumas alterações no serviço público.

O inciso III do § 1º do art. 40 da Constituição passou a permitir a aposentadoria voluntária do servidor com tempo mínimo de dez anos de efetivo exercício no serviço público e cinco anos no cargo efetivo, observadas as seguintes condições:

4. A REFORMA ESTABELECIDA PELA EMENDA CONSTITUCIONAL N. 20/98

a) 60 anos de idade e 35 de contribuição, se homem, e 55 anos de idade e 30 de contribuição, se mulher;

b) 65 anos de idade, se homem, e 60 anos de idade, se mulher, com proventos proporcionais ao tempo de contribuição.

Os proventos de aposentadoria, por ocasião da sua concessão, serão calculados com base na remuneração do servidor no cargo efetivo em que se der a aposentadoria e, na forma da lei, corresponderão à totalidade da remuneração.

O tempo de contribuição federal, estadual ou municipal será contado para efeito de aposentadoria e o tempo de serviço correspondente para efeito de disponibilidade.

A reforma extinguiu a contagem de tempo fictício, pois o § 10 do art. 40 da Constituição passou a prever que "a lei não poderá estabelecer qualquer forma de contagem de tempo de contribuição fictício". Com isso, não é mais possível a contagem de licença-prêmio em dobro para efeito de aposentadoria e de tempo de serviço em que não houve recolhimento de contribuição.

O servidor que já tiver todos os requisitos para a obtenção do benefício integral em 16 de dezembro de 1998 e que optar por permanecer em atividade fará jus à isenção da contribuição previdenciária até completar as exigências para a aposentadoria: aos 60 anos para o homem com 35 anos de contribuição e 55 anos para a mulher com 30 anos de contribuição.

4.15 CONCLUSÃO

Havia necessidade de ser feita uma reforma da Previdência Social.

Não há dúvida de que se não fosse feita uma reforma da Previdência Social chegaríamos ao ponto em que dois ativos estariam sustentando um inativo, o que evidentemente iria inviabilizar o sistema em pouco tempo.

A Emenda Constitucional n. 20/98, contudo, não trouxe modificações de fundo. Houve uma inquietação muito grande com as mudanças que iriam ocorrer, sem que houvesse uma diretriz fundamental a ser seguida. Como já disse Andrea Calabi: "não há bons ventos para uma nau sem rumo". O projeto estava no Congresso Nacional desde aproximadamente 1992, porém nada do que era preciso foi feito, ou seja, aumentar a fiscalização para diminuir a sonegação, combatendo-a; fiscalizar a concessão de benefícios fraudulentos, que continua ocorrendo; desvios de verbas que são direcionados até para amparo a bancos insolventes, mas não para onde deveria. Tais questões não precisavam de reforma, mas de vontade. Quem quer fazer faz. Quem não quer pede, reclama.

Talvez a única mudança de relevo foi a introdução no sistema transitório da idade mínima para a pessoa se aposentar, que não tinha previsão na legislação até então vigente, permitindo que pessoas se aposentassem até com 37 anos de forma proporcional, como a mulher que tivesse começado a trabalhar com 12 anos e somasse 25 anos de tempo de serviço. Realmente era necessário estabelecer um limite de idade para a aposentadoria por tempo de contribuição, que foi fixado no regime de transição em 53 anos para o homem e 48 anos para mulher para os segurados que já estavam no sistema antes da reforma.

Na prática, o que se constatou é que foram reduzidos direitos previdenciários e dificultada a obtenção de benefícios, como na combinação de tempo de contribuição com idade mínima. O governo ampliou o período de cálculo para muito mais do que os 36 salários de contribuição. O fator previdenciário utiliza vários critérios para o cálculo do benefício, como da média das contribuições vertidas para o sistema desde julho de 1994. Para o segurado, a reforma foi muito pior, pois perdeu certos direitos.

A reforma feita até aqui é como perfume francês para quem não toma banho. Vai dar uma tapeada por algum tempo. Depois tudo volta ao que era antes e há necessidade de ser feita outra reforma.

5. FATORES A CONSIDERAR PARA AS REFORMAS

Há quatro fatores que devem ser considerados para as reformas previdenciárias, mas que muitas vezes não são levados em conta:
a) expectativa de vida da pessoa;
b) número de filhos por mulher;
c) relação entre ativos e inativos;
d) desemprego e informalidade.

5.1 EXPECTATIVA DE VIDA

A expectativa de vida da pessoa é algo fundamental a ser considerado para o cálculo atuarial para pagamento do benefício. O aumento da expectativa de vida está ocorrendo em todo o mundo, inclusive no Brasil.

As pessoas com mais de 65 anos não representavam 2% ou 3% da população mundial em 1853.

Em 1950, havia 8% de pessoas no mundo com mais de 60 anos. Em 1970, 8,3%. Em 1990, 9,2%[1]. Em 2009, 11%.

Em 1962, 30 milhões de pessoas tinham até 15 anos, num universo de 70 milhões.

Estima-se que em 2050 uma em cada três pessoas terá 65 anos.

Em 2003, 8% da população tinha mais de 60 anos. Estima-se que a população de idosos chegue a 25% em 2030. No Brasil, em 2003 era de 8%, compreendendo 13 milhões de habitantes. Em 2030, seria de 20%.

No Japão, em 2004, 1,016 milhão tem mais de 90 anos; 23.000 têm mais de 100 anos.

Na Europa tem havido muito mais mortes do que nascimentos.

---

1 LEITE, Celso Barroso. *O século da aposentadoria*. São Paulo: LTr, 1993, p. 14.

No Brasil, em 2002, havia 7,3% de idosos.

A partir de 2050, a população brasileira não terá a média de idade entre 15 e 60 anos. Haverá um incremento maior de pessoas acima de 60 anos. Inicialmente, os idosos viviam poucos anos após aposentados. Em 1950 a expectativa de vida mundial era de 48 anos. Em 2009 era de 68 anos. Em 1900, a expectativa de vida do brasileiro era de 31 anos. Em 1930, a expectativa de vida do brasileiro era no máximo de 40 anos. Entre os anos 30 e 40, era de 41,5 anos. Em 1940, 45,5 anos. Entre os anos 1950 e 1955, a expectativa de vida do trabalhador era de 49 anos. Entre os anos 1950 e 1960, era de 51,6 anos. Em 1960 era de 48 anos. Antes de 1966 havia alta natalidade e baixa expectativa de vida (5 anos homem e 7 anos para mulher). Entre os anos 60 e 70, era de 53,5 anos. Em 1970 era de 52,7 anos. Em 70/75, passou a ser 57,57 para homens e 62,17 para mulheres.

Em 1980, a expectativa de vida geral era 62,6 anos. Para homem era de 59,7 anos e para mulher, 65,7 anos. Em 1990, era de 66,9 anos. Em 1991, a expectativa de vida geral era de 66,9 anos. Para o homem era de 63,2 anos e para mulher, de 70,9 anos.

Em 1997 a expectativa de vida era de 69,3 anos. Em 1998, era de 68,1 anos. Em 2000, a expectativa de vida geral era de 70,5 anos. Para o homem era de 66,7 anos e para a mulher, de 74,4 anos. Em 2001, era de 68,9 anos. Em 2002, a expectativa de vida geral era de 71 anos. Para o homem era de 67,3 anos e para a mulher, de 74,9 anos. Em 2003, a expectativa de vida geral era de 71,3 anos. Para o homem, era de 67,6 anos e para a mulher, 75,2 anos. Em 2004, era de 71,59 anos. Em 2005, 71,9 anos. Em 2007, 72,57 anos. Em 2008, 72 anos, 10 meses e 10 dias. Em 2010, 73,8 anos. Em 2014, 75,2 anos. Em 2015, 76,1 anos. Em 2016, 75,8 anos, Em 2017, 76 anos.

Entre 1980 a 2003, a expectativa média de vida do brasileiro aumentou 8,7 anos.

Em 2001, a expectativa de sobrevida de um homem de 50 anos era de mais 23,4 anos, ou seja, 73,4 anos. Um homem de 53 anos tinha uma sobrevida de 21,1 anos. Uma mulher de 48, a sobrevida de 29,5 anos.

Em razão do progresso da medicina as pessoas passaram a viver mais ou ter expectativa de vida maior. Os trabalhadores obtinham, porém, a aposentadoria mais cedo, pois comprovavam o recolhimento necessário. Entretanto, recebem por mais tempo o benefício.

A média da idade é feita mediante a soma das idades das pessoas e dividindo-se pelo número de pessoas.

Outra forma poderia ser estabelecer a média das idades. Em 1960, no Japão, 50% das pessoas tinha menos de 25 anos de idade e o restante mais de 25 anos. Em 2005, esse número é de 44 anos. Esse sistema pode ser positivo no sentido de mostrar que a metade da população sustenta a outra metade para aposentadoria.

Outra medida é a expectativa do número de anos de vida no nascimento da pessoa.

Se a mortalidade infantil for reduzida, cresce também o número de anos de expectativa de vida.

A expectativa de vida deveria ser verificada na data da aposentadoria e não ao nascer, pois a primeira é mais correta. O certo é verificar a expectativa de vida da pessoa em relação ao período que vai receber de aposentadoria e não quando nasce.

Uma forma de fazer programação não é usar a expectativa de vida da pessoa quando ela nasce, mas a da idade mediana da população. Assim, no exemplo do Japão, significava em 1960 que uma pessoa com 25 anos tinha uma expectativa de vida de 46 anos além dos 25, isto é, 71 anos. Em 2005, a média é de 44 anos e a expectativa mais 40 anos, totalizando 84 anos[2].

A estimativa é que até 2040 a idade das pessoas aumente, mas depois irá começar a diminuir progressivamente.

Os países industrializados ficaram ricos antes de ficarem com pessoas idosas. O Brasil está ficando com pessoas idosas, sem estar rico.

5.2 NÚMERO DE FILHOS POR MULHER

As mulheres brasileiras tinham vários filhos, que, num primeiro momento, iam trabalhar e contribuíam para o sistema. Em 1950, cada mulher tinha 6,21 filhos. Em 1960, cada mulher tinha em média 6,28 filhos. Na década de 1960, as mulheres tinham em média 5,8 filhos. Em 1970, 5,76.

O empregado recolhia 8% da sua remuneração e o empregador 12%, totalizando 20%. Multiplicado o valor obtido pelos 5 filhos dava para pagar o porcentual de 100% da aposentadoria do pai dessa família.

Posteriormente, o número de filhos por mulher passa a declinar, em razão dos métodos modernos de evitar a gravidez, da dificuldade econômica de criar e educar os filhos, do desemprego etc. Em 1980, 4,35. Em 1982, 3,9. Em 1984, 3,6. Em 1990, 2,85. Em 1991, a taxa foi de 2,85. Em 1995, 2,52. Em 1997, 2,40. Em 2000, 2,38. Em 2001, 2,33. Em 2004, 2,31. Em 2005, 2,1% Em 2006, 2,0. Em 2007, 1,95. Em 2008, 1,89. Em 2009, 1,94. Em 2010, 1,9. Em 2013, 1,8[3].

No fim da década de 70, a taxa de natalidade média mundial era de 5,4 filhos por mulher. Em 2000, de 2,9. Na Itália, em 2000, havia 1,2 filho por mulher.

No Japão, em 2004, havia, em média, 1,28 filho por mulher.

---

2 REINACH, Fernando. Pessoas mais velhas, população mais jovem. *O Estado de S. Paulo*, São Paulo, 2005.
3 Fonte: IBGE.

Em 1940 havia 146,6 mortes por mil. Em 2014, 14,4 mortes por mil. Isso ocorreu em razão de vacinação em massa, melhoria do saneamento básico aleitamento materno.

Houve diminuição da arrecadação da contribuição previdenciária, pois um número menor de segurados ingressou no sistema pagando a respectiva contribuição.

A comparação da longevidade das pessoas com um número menor de filhos por mulher significa que a população mundial chegará a um limite máximo e depois começará a diminuir, como se espera na metade do século XXI.

5.3 RELAÇÃO ENTRE ATIVOS E INATIVOS

O sistema de repartição simples, que é o empregado no Regime Geral de Previdência Social, implica que os ativos financiam os inativos ou, como se diz, há um contrato entre gerações. A geração atual financia a aposentadoria da geração anterior.

Quando foi idealizado o sistema de Bismarck, em 1883, havia 20 ativos para um inativo.

Entre 1923 e 1930, o número de segurados ativos cresceu seis vezes, atingindo 140.000.

Em 1930, em cada 100 ativos, 5,62 eram aposentados e 4,92 eram pensionistas.

Em 1938, houve diminuição de aposentados e pensionistas, pois aumentou a massa de trabalhadores ativos. Em cada 100 ativos, 1,22 era aposentado e 2,08 eram pensionistas.

Até 1945, havia 2.800.000 segurados em atividade[4].

Na área privada, na década de 1950, oito contribuintes financiavam um aposentado. Em 1960, 3,8 para 1. Na década de 1970, a relação era de 4,2 para 1. Na década de 1980, 3,2 para 1. Na década de 1990, 2,5 para 1. Em 2002, 1,74 para 1, com 28,1 milhões de contribuintes em dezembro de 2002. Em 2003, a relação era de 1,3 para 1, com 21,8 milhões de beneficiários em janeiro de 2004.

Os números acima são preocupantes, pois estamos quase chegando à relação um por um, o que torna inviável o sistema.

No Uruguai, existe 1,4 contribuinte para cada inativo.

Não há dúvida, porém, de que há necessidade de reforma, mas ela deve ser feita para melhorar a condição social das pessoas e não para piorá-la. Para esse fim se destina a Previdência Social.

---

4 Oliveira, Jaime A. de Araújo; TEIXEIRA, Sonia M. Fleury. (Im)Previdência social: 60 anos de história da previdência social no Brasil. 2. ed. Petrópolis: Vozes, 1989, p. 59.

5.4 DESEMPREGO E INFORMALIDADE

O desemprego importa que o trabalhador nada recolha para o sistema, porém dele usufrua sob a forma de seguro-desemprego e sistema de saúde, implicando gastos para o regime.

Hoje, as empresas conseguem produzir muito mais, com melhor qualidade, utilizando-se da automação, exigindo um número muito menor de trabalhadores.

A globalização já teria acarretado 150 milhões de desempregados e 850 milhões de subempregados, o que corresponderia a 1/3 da População Economicamente Ativa mundial[5].

Segundo a OIT, em 1993 havia no mundo 140,5 milhões de desempregados; em 1998, 170,4 milhões; em 2000, 174 milhões; em 2001, 176,9 milhões; em 2002, 185,4 milhões; em 2003, 185,9 milhões.

Na América Latina, em 1990, 6,9% das pessoas estavam sem emprego. Em 2003, 9,9%.

As novas tecnologias aumentam a produtividade no trabalho, mas com um número menor de trabalhadores.

O DIEESE mostrou que entre 1989 e 1999 houve redução do número de empregados nos bancos no país de 802.451 para 408.209, quase 50%. O maior banco privado do país tinha 104.269, passando a ter 47.049 empregados. A maior montadora de veículos chegou a ter 40.000 trabalhadores, tendo hoje em torno de 16.000.

Em 1989, havia 1,8 milhão de desempregados. Em 2002, eram 7,9 milhões de desocupados.

O IBGE apurou as seguintes médias anuais de taxas de desemprego no Brasil:

Ano	Taxa	Ano	Taxa	Ano	Taxa	Ano	Taxa
1982	6,27%	1990	4,28%	1998	7,59%	2009	6,7%
1983	6,7%	1991	4,83%	2002	11,7%	2010	6%
1984	7,12%	1992	5,76%	2003	12,3%	2011	5,5%
1985	5,25%	1993	5,31%	2004	11,5%	2012	5,4%
1986	3,59%	1994	5,06%	2005	9,9%	2013	4,8%
1987	3,73%	1995	4,64%	2006	10%	2017	12,7%
1988	3,85%	1996	5,42%	2007	9,3%	2018	12,3%
1989	3,35%	1997	5,66%	2008	8,1%		

---

5   *Prensa OIT*, Genebra, p. 1 e 2, 21 jun. 2000.

	Jan.	Fev.	Mar.	Abr.	Maio	Jun.	Jul.	Ago.	Set.	Out.	Nov.	Dez.
2012	–	–	7,90	7,80	7,50	7,50	7,40	7,30	7,10	6,90	6,80	6,90
2013	7,20	7,70	8,00	7,80	7,60	7,40	7,30	7,10	6,90	6,70	6,50	6,20
2014	6,40	6,80	7,20	7,10	7,00	6,80	6,90	6,90	6,80	6,60	6,50	6,50
2015	6,80	7,40	7,90	8,00	8,10	8,30	8,60	8,70	8,90	9,00	9,00	9,00
2016	9,50	10,20	10,90	11,20	11,20	11,30	11,60	11,80	11,80	11,80	11,90	12,00
2017	12,60	13,20	13,70	13,60	13,30	13,00	12,80	12,60	12,40	12,20	12,00	11,80
2018	12,20	12,60	13,10	12,90	12,70	12,40	12,30	12,10	11,90	11,70	–	–

Há um crescimento anual do índice de desempregados.

Em torno de 60% das pessoas estão na informalidade, sem contrato de trabalho. Seis em cada dez brasileiros ativos nada contribuem para a Seguridade Social. São 48 milhões de pessoas.

É necessária a incorporação das pessoas que estão na informalidade, que usam o sistema de saúde, mas nada pagam para a Seguridade Social, embora sejam segurados obrigatórios. Camelô é contribuinte obrigatório do sistema, na condição de segurado individual, mas na maioria das vezes não recolhe a contribuição.

Em 2001, os contribuintes do INSS eram 73.345.531 ou 42,3% da População Economicamente Ativa. Isso significa que 54,3% da População Economicamente Ativa não contribui para o sistema. No Nordeste, 72,3% não têm Seguridade Social. Isso significa que 35,3 milhões de contribuintes não contribuíam para o sistema.

Em 2002, 54,8% da População Economicamente Ativa, cerca de 40,2 milhões de trabalhadores, estava fora do sistema de Previdência Social. Em torno de 18,8 milhões de pessoas que não contribuem estariam em condições de pagar a contribuição previdenciária.

Em 1992, 34,7 milhões de pessoas estavam no setor de serviços, 28,4 milhões no setor agrícola, 15,5 milhões no setor da indústria e 14,6 milhões no comércio. Em 1997, 37,9 milhões estavam no setor de serviços, 24,4 milhões no setor agrícola, 14,6 milhões na indústria e 15,9 milhões no comércio. Em 2001, 40,5 milhões estavam no setor de serviços, 20,9 milhões no setor agrícola, 17 milhões no setor do comércio e 14,5 milhões no setor da indústria. Em 2002, 40,6 milhões estavam no setor de serviços, 20,6 milhões na agricultura, 17,2 milhões no comércio e 14,2 milhões na indústria.

Há necessidade de formalizar a relação dos trabalhadores autônomos que estão na informalidade, conscientizando-os de que não pagam a contribuição e

5. FATORES A CONSIDERAR PARA AS REFORMAS | 79

que estão prejudicando outras pessoas e o sistema. Esses trabalhadores, no futuro, vão precisar do sistema, pois não terão mais condições de trabalhar e precisarão de renda para sobreviver. Se eles não contribuírem, não terão direito a benefícios da Previdência Social, mas irão socorrer-se da assistência social, o que aumentará os pagamentos de benefícios nesse segmento.

A recuperação da atividade econômica pode aumentar o recolhimento da contribuição previdenciária se os trabalhadores forem trazidos para o setor formal.

Entre 1968 e 1973, a taxa de crescimento do produto interno bruto passou de 10% ao ano, quando eram criados muitos empregos, o que não vem ocorrendo atualmente.

Há necessidade de crescimento econômico para gerar empregos.

Deve haver investimentos para determinadas áreas que empregam muita mão de obra, como na construção civil e no turismo, que podem gerar empregos. A alta taxa de juros inibe, porém, investimentos.

Em países desenvolvidos, criar um emprego custa US$ 100 mil de investimentos.

A participação de trabalhadores com carteira assinada na população ocupada pode ser assim indicada:

1989	58,9%
1990	57,0
2000	46,7
2001	46,4
2002	45,9
2003	44,2
2004	41,85

O PNAD atestou que entre 1999 e 2001 houve crescimento de 8,5% do contingente de trabalhadores com carteira assinada, que passou de 29,26 milhões para 31,74 milhões.

Quase 40% dos trabalhadores não têm carteira de trabalho anotada, segundo o PNAD de 2001. São 18,2 milhões de empregados no setor informal.

Com base no Cadastro Geral de Empregados e Desempregados (CAGED) constataram-se os seguintes dados. Em 2000, houve a criação de 657,5 mil novos empregos. Em 2001, o número alcançou 591 mil. Entre janeiro e julho de 2002 foram criados 741.997 postos de trabalho, 11,5% a mais do que em idêntico período anterior.

Com o ingresso das pessoas que estão na informalidade, haveria aumento da arrecadação.

As regras relativas à contribuição previdenciária acabam incentivando a informalidade, como no início da relação de emprego, pois se o trabalhador começa a trabalhar com 14 anos, vai contribuir por 35 anos e não pode se aposentar por precisar ter 53 anos. Após se aposentar, não quer ser registrado para não voltar a contribuir para o sistema.

De modo geral, 18 milhões de pessoas não contribuem para o sistema de previdência social e não recebem seus benefícios.

A aposentadoria é uma forma de promover emprego com a saída das pessoas, atenuando o desemprego. Na década de 1970, utilizava-se da aposentadoria como forma de criação de postos de trabalho, pois a aposentadoria era causa da cessação do contrato de trabalho.

Houve aumento da terceirização em certos casos. As empresas optaram pela terceirização para evitar que seus empregados fiquem ociosos na redução da demanda ou ter de incorrer em custos na dispensa ou admissão de trabalhadores.

A terceirização abre oportunidades para novas iniciativas, transformando empregados em autônomos ou microempresários. Entretanto, é preciso que eles recolham as contribuições previdenciárias.

O Regime Geral de Previdência Social, administrado pelo INSS, pretende repartir renda. Envolve a inclusão social das pessoas ou um sistema de aceitação social quando do pagamento do benefício, mas, ao mesmo tempo, há muita rejeição social das pessoas em não querer pagar a contribuição ou em sonegar. Todos querem receber os benefícios, mas alguns nada querem pagar e são poucos os que contribuem de forma obrigatória, pois muitas pessoas estão no sistema informal, por não serem registradas, ou no sistema informal previdenciário, como camelôs, que são contribuintes obrigatórios do regime, mas nada recolhem.

Aumentar as contribuições pode causar a diminuição da contratação de trabalhadores ou até a dispensa dos que já estão empregados. A solução é a diminuição da informalidade, mediante o aumento da atividade econômica e a inclusão previdenciária de trabalhadores que são contribuintes obrigatórios do sistema, mas nada recolhem. Uma solução pode ser diminuir a contribuição para pessoas de baixa renda, como prevê o § 12 do art. 201 da Constituição. Ao recolher mediante uma alíquota menor, as pessoas poderão querer recolher para o sistema para, no futuro, terem direito ao benefício previdenciário.

6. REFORMA NO SETOR PRIVADO

Havia necessidade de ser feita a reforma da Previdência Social. Chegaríamos ao ponto de que um ativo estaria sustentando um inativo, o que evidentemente iria inviabilizar o sistema em pouco tempo.

As soluções que vinham sendo empregadas eram reduzir o valor do benefício, aumentar o tempo de contribuição ou a idade para a pessoa ter direito ao benefício.

Não há dúvida de que o número de benefícios tende a aumentar, com os dados anteriormente mencionados, principalmente pelo fato de a população brasileira estar envelhecendo. Com o aumento da concessão de benefícios, haverá redução no recolhimento das contribuições dos trabalhadores para o sistema.

Preocupa-me a falta de estatística confiável e elaborada de forma científica no sentido de se saber qual é o valor necessário para custear os benefícios do sistema ou qual é a idade mínima necessária para o segurado se aposentar.

Não tem segurança jurídica o segurado em relação à futura obtenção do benefício previdenciário. No curso de um período de 30 ou 35 anos, várias podem ser as alterações das regras para a aquisição do benefício. É certo que não se pode falar em direito adquirido, mas em mera expectativa de direito, pois há direito em formação (*ius in fieri*).

O segurado constantemente é apanhado de surpresa, estando em certos casos completamente indefeso. Ora sua aposentadoria pode chegar até 20 salários mínimos, de acordo com o maior valor teto. Quando foi promulgada a Emenda Constitucional n. 20, o teto do benefício era de 10 salários mínimos. Em maio de 2003, quando o teto era R$ 1.561,56, correspondia a 6,5. Em junho de 2003, com o teto em R$ 1.869,34, o teto representa 7,78 salários mínimos. Em 1º de maio de 2004, com o teto em R$ 2.508,72, este valor representava 9,64 salários mínimos. Em maio de 2005, com o teto de R$ 5.839,45, representava 8,89 salários mínimos. Isso mostra que no curso do tempo não se está preservando o valor real do benefício, que acaba ficando defasado. Como orientar o segurado em relação a esses mecanismos que vão surgindo no curso do tempo? Ele não entende. Pensa que está sendo ludibriado.

Menciona o Barão de Itararé que "não é triste mudar de ideia. Triste é não ter ideia para mudar". Não há dúvida a respeito da necessidade de mudanças. A inovação é necessária, mas deve ser feita para melhor (*reformatio in mellius*), para aperfeiçoar e não para pior (*reformatio in peius*), como em certos casos se viu nas reformas, principalmente em detrimento do trabalhador.

É deprimente escutar que o aposentado é "vagabundo", como afirmou um presidente da República, que não quer trabalhar, que as pessoas idosas deveriam trabalhar mais, principalmente quando já adquiriram o direito a se aposentar e podem decidir livremente o que fazer, quando não têm mais condições de trabalhar ou então para receber um valor ínfimo de aposentadoria que é insuficiente para se manter e por esse motivo precisam trabalhar para sobreviver. Infelizmente, o aposentado não tem várias aposentadorias e mais: não tem aposentadoria se não contribuir para adquiri-la, ao contrário de quem fez as afirmações, pois não custeou o suficiente para ter direito ao benefício. É necessário, portanto, mais respeito com a pessoa que já pagou o necessário para se aposentar, de acordo com a previsão da lei da época dos fatos.

O atual presidente da República também tem aposentadoria de anistiado em torno de R$ 3.000,00, sem ter vertido a contribuição integral necessária para fazer jus ao benefício.

O bom exemplo deve vir de cima para que possa ser seguido.

O aposentado volta a exercer atividade para complementar a renda porque recebe benefício insuficiente.

7. REFORMA NO SETOR PÚBLICO

Alguns benefícios excessivos que os funcionários públicos tinham foram sendo revogados no curso do tempo.

O art. 253 da Lei n. 8.112/90 revogou a Lei n. 1.711, de 28 de outubro de 1952, que previa o direito do servidor de receber 20% a mais sobre seus vencimentos ao passar para a inatividade.

A partir de 19 de janeiro de 1995, por meio da Medida Provisória n. 1.160, convertida na Lei n. 9.527/97, foi extinta a vantagem que o servidor levava para a inatividade, de ter seus proventos calculados com base no valor da maior função.

De 16 de outubro de 1996 em diante, com a Medida Provisória n. 1.573-13/97, que convalidou a Medida Provisória n. 1.522/96, que foram convertidas na Lei n. 9.527/97, foi extinta a licença-prêmio e a incorporação da retribuição pelo exercício de função de direção, chefia ou assessoramento, cargo de provimento em comissão ou de natureza especial (arts. 3º e 10 da Lei n. 8.911, de 11-7-1994), conforme art. 15, além do adicional por tempo de serviço a cada cinco anos, também chamado de quinto. A partir da referida data não existe mais contagem em dobro da licença-prêmio para a aposentadoria.

A Lei n. 9.962/2000 disciplinou o regime de emprego público para contratação de pessoal na administração federal, autárquica e fundacional. Esse fator implicou que as contratações serão feitas pela CLT e o empregado estará incluído no Regime Geral de Previdência Social. Significa que o valor do benefício fica sujeito ao teto de R$ 5.839,45 e não de acordo com o último salário. O objetivo principal da lei foi evitar pagar aposentadoria do empregado público com base no último salário, mas com fundamento no teto do Regime Geral de Previdência Social.

O déficit da previdência social do Regime Geral de Previdência Social era:

1997	5,6 bi
1998	7,10 bi
1999	9,41 bi
2000	10,07 bi
2001	12,84 bi
2002	17,00 bi
2003	26,40 bi
2004	31,98 bi
2005	37,58 bi

2006	42,065 bi
2007	18,6 bi
2008	36,2 bi
2009	43,6 bi[1]
2010	42,89 bi
2011	36,5 bi
2012	42,3 bi, 0,86% do PIB
2013	51,2 bi

Na área da previdência pública, o déficit do sistema teria sido de 3,51% do PIB em 1996 e 4,09% do PIB em 2001. Em 2002, o déficit foi de R$ 75 bilhões, correspondendo a 5,6% do PIB. Em 2003, o déficit foi de R$ 79 bilhões, correspondendo a 5,1% do PIB. Em 2004, o déficit foi de R$ 89,4 bilhões, correspondendo a 5,1% do PIB. Em 2005, 32,99 bilhões. Em 2006, 35,1 bi. Em 2008, 41,1 bi. Em 2009, 47 bilhões. Em 2010, 51,24 bilhões. Em 2011, 56 bilhões.

Estes números, porém, não são absolutamente corretos e podem ser discutidos.

Em média, em 2004, o servidor ganhava no Poder Executivo da União R$ 2.372,00. Os militares, R$ 4.368,00. No Judiciário, R$ 10.140,00. No Legislativo, R$ 10.658,00.

Estima-se que em torno de 2.100 municípios têm regime próprio de Previdência Social.

O sistema estimulava aposentadorias precoces, pois a remuneração era igual à do servidor em atividade. O líquido dos proventos era maior do que o líquido do trabalhador quando estava na ativa, em razão de não incidir a contribuição previdenciária.

Propaga-se a necessidade de se extinguir a aposentadoria integral do servidor público, que não existe da mesma forma em outros países.

Na maioria dos países, o benefício é de 60% do salário.

Na Alemanha, exige-se idade mínima de 65 anos, com um benefício máximo de 71% sobre a média salarial dos dois últimos anos de trabalho, com 40 anos de contribuição.

---

1 FONTE: Ministério da Previdência Social.

Na Argentina, exige-se idade mínima de 65 anos para homens e 60 anos para mulheres, além de 30 anos de contribuição. Na área privada a contribuição é de 7% sobre o salário. Os funcionários públicos contribuem com 11%. O prazo mínimo de contribuição é de 30 anos e o benefício máximo é de 50%. As empresas recolhem 16% sobre o salário. O benefício mínimo é de US$ 72.

No Chile, a contribuição é de 10% sobre o salário. O benefício será de 70% do último salário, exigindo-se 65 anos para homens e 60 anos para mulheres.

Na Costa Rica, exige-se idade de 65 anos, com 20 anos de contribuição à razão de 7,5% sobre o salário. O benefício é concedido com o coeficiente de 70% do último salário.

Na França, houve unificação dos regimes público e privado em 2003. O segurado recolhe 7,85% sobre seu salário. Há exigência de 40 anos de contribuição. A partir de 2008 serão exigidos 41 anos de contribuição. Os aposentados recebem 75% do salário. O beneficiário passa a contar com um plano de capitalização.

A aposentadoria do servidor é integral na Grécia.

Na Holanda, o benefício atinge até 70% do último salário com 40 anos de contribuição. A idade mínima é de 65 anos, com um mínimo de contribuição de 25 anos com a alíquota de 10,1%.

Na Itália, o benefício chega a 80% da média do salário da ativa. São considerados os vencimentos recebidos durante toda a carreira. O tempo de contribuição é de 40 anos. A idade para aposentadoria é de 65 anos.

No México, o teto de benefício é de 20 salários mínimos. A idade exigida é de 65 anos, com 24 anos de contribuição, com a alíquota de 12,5% sobre os vencimentos.

No Reino Unido, a idade exigida é de 65 anos para homens e 60 para mulheres, com 40 anos de contribuição. O benefício é de 50% do último salário.

Na Suíça, o benefício pode ser obtido proporcionalmente a partir dos 60 anos de idade. Para a aposentadoria integral, exige-se 65 anos. O teto da aposentadoria é de 10% para quem recebe altos salários e 65% para quem recebe baixos salários.

Há, porém, distorções que ocorreram e não foram corrigidas, mas que geraram déficit. O funcionário público não teve culpa dessas distorções nem das fraudes que ocorreram no sistema.

A Lei n. 7.850, de 23 de outubro de 1989, entendia que a atividade da telefonista era penosa, concedendo aposentadoria especial aos 25 anos de serviço na atividade.

Permitia a Lei n. 6.903, 30 de abril de 1981, que os juízes classistas da Justiça do Trabalho se aposentassem com cinco anos de trabalho na Justiça Laboral, desde que no total tivessem 30 anos de contribuição em outro sistema. Em tese, eles poderiam ter recolhido 25 anos com base em um salário mínimo. Nos últimos cinco anos de prestação de serviços na Justiça do Trabalho recolhiam sobre a sua remuneração. Tinham direito a aposentadoria integral, com base no último salário. Evidentemente que não houve custeio suficiente para esse fim e proporcionava déficit a concessão de aposentadoria aos classistas.

A Lei n. 9.528, de 10 de dezembro de 1997, extinguiu várias aposentadorias especiais por causa da idade muito baixa que se estabelecia para obter o benefício, permitindo que as pessoas fossem exercer outras atividades, mas continuassem a perceber o benefício previdenciário. Foram extintas as aposentadorias do aeronauta, da telefonista, do jogador de futebol, do jornalista e do juiz classista da Justiça do Trabalho.

Antes da reforma de 1998, foi usado tempo fictício para aposentadoria, em que a pessoa era inscrita no registro profissional e considerava-se esse tempo para adquirir o benefício, mas não houve contribuição. Hoje, isso é proibido (§ 10 do art. 40 da Constituição).

Em 1974, 80% dos servidores foram transferidos para o Regime Geral. A contribuição era de 8% a 10% sobre, no máximo, o teto de 20 salários mínimos.

Os que entraram como servidores públicos no regime da CLT e foram considerados estatutários pelo art. 19 do Ato das Disposições Constitucionais Transitórias aposentaram-se com o benefício integral. Não houve contribuição suficiente para esse fim. Estima-se que mais de 500 mil pessoas se beneficiaram desse dispositivo, recolhendo a contribuição no máximo sobre o teto do INSS até 5 de outubro de 1988 e não sobre a efetiva remuneração. O dinheiro arrecadado pelo INSS a título de contribuições dos celetistas não foi, porém, transferido para os cofres da União.

O servidor público já recolhia 5% da sua remuneração para custear a pensão a seus dependentes desde o decreto de Regente Feijó, de 10 de janeiro de 1835, que criou o Montepio Geral Econômico dos Servidores. Em 1938, a alíquota estava entre 4% e 7% sobre a remuneração e era destinada ao Instituto de Previdência e Assistência dos Servidores do Estado (IPASE). Em 1952, a alíquota passou para 6% sobre os vencimentos para custear a pensão, com adicional de 1,2% para a saúde.

Não existe exatamente um fundo que serve para vincular os valores arrecadados de contribuições do servidor público, mas apenas uma conta no Tesouro Nacional.

Atualmente, o servidor público federal recolhe contribuição de 11% sobre o total de sua remuneração. Servidores que entraram no regime a partir de 23 de outubro de 1993 sempre contribuíram sobre o total da sua remuneração e até com 12% em certo período (art. 2º da Lei n. 8.688/93) e não com percentual inferior. Quem entrou na vigência dos fundos de previdência privada dos funcionários públicos recolhe 11% sobre R$ 5.839,45.

Não tem o servidor direito ao FGTS para assegurar seu tempo de serviço. O FGTS serve para garantir o tempo de serviço do trabalhador. Esse tempo não é garantido ao funcionário público quando se aposenta. Não forma patrimônio. Suas garantias são a estabilidade e a aposentadoria integral como forma de compensação.

O servidor tem direito a aposentadoria com base no último salário por estar proibido de exercer outras atividades, visando dedicação integral ao serviço público. Isso objetiva compensar outros direitos a que o trabalhador da iniciativa privada faz jus, como de exercer quantas atividades quiser. Não possui o servidor privilégio. Tem um direito assegurado constitucionalmente, uma garantia constitucional.

A aposentadoria do servidor não é um privilégio, mas uma prerrogativa, em razão do exercício da função, que, inclusive, tem previsão na Constituição. O privilégio é uma situação imoral ou ilícita.

A garantia do servidor poderia ser considerada cláusula pétrea, que não pode ser alterada por emenda constitucional, por se tratar de um direito e garantia individual (art. 60, § 4º, IV, da Constituição), tendo por objetivo compensar outros direitos que o trabalhador da iniciativa privada tem.

O trabalhador comum pode ter mais de um emprego, cumpre jornada de 8 horas, não leva serviço para casa à noite e nos finais de semana. O juiz não tem jornada de trabalho, não pode exercer outra atividade, nem ser sócio de empresa ou advogar, salvo o magistério, que remunera mal. Trabalha à noite, nos finais de semana e nas férias para dar conta do seu serviço.

As garantias atribuídas à magistratura, na verdade, não são dela, mas de toda a sociedade, de forma que o juiz possa ficar julgando os processos sem qualquer ingerência e sem se preocupar em formar patrimônio. Uma dessas garantias é a aposentadoria integral, depois de tantos anos de serviços prestados à sociedade e ao Estado.

Alguns dos motivos pelos quais o servidor entrou no serviço público são a estabilidade e a aposentadoria integral. Se não existissem, talvez não teria interesse em assim proceder. Se, por exemplo, a aposentadoria integral for extinta, muitos candidatos a juiz, por exemplo, não vão querer entrar no regime público, pois poderão ganhar mais no setor privado e os quadros para essa carreira não serão completados.

Os contribuintes do serviço público eram, em 2001, 3.345.068, incluindo União, Estados e Municípios. Os inativos e pensionistas eram 2.621.253. Há uma relação de 1,27 contribuintes ativos para um inativo. Em alguns municípios, há oito ativos para financiar um inativo.

No tocante aos magistrados, há estudo da Associação dos Magistrados Brasileiros indicando que há em torno de 4,5 ativos sustentando um inativo, o que é ainda uma média boa.

No Rio de Janeiro, um juiz estadual se aposenta, em média, com 69 anos.

Na Justiça do Trabalho, 65% dos juízes estão na faixa entre os 21 e os 40 anos. Na Justiça Federal há 130 juízes aposentados e 1.098 na ativa. A idade média é de 34 anos. Há uma relação de 8,44 ativos para um inativo.

Em 2002, os servidores públicos ativos eram 3.745.068 e os inativos eram 2.621.253. A relação é de 1,42 para 1.

A União não recolhe sua parte sobre o pagamento feito ao servidor público, que deveria ser de pelo menos 20% sobre sua remuneração, como acontece com as empresas no setor privado.

Afirma-se que tal recolhimento viria da mesma fonte, que é o Tesouro Nacional. Entretanto, o dinheiro seria destinado especificamente para o custeio da previdência pública e não seria direcionado para outros fins, ao alvedrio do governo.

O governo já economiza 20% da contribuição sobre a remuneração do servidor público e não recolhe o FGTS.

Em 2004, as despesas com publicidade do governo federal passaram de R$ 867,1 milhões. É um gasto inútil, que poderia ser destinado para qualquer outro fim, até para pagar um benefício social mais digno aos funcionários públicos e do RGPS. A propaganda poderia ser usada para conscientizar as pessoas que, se houver um número maior de contribuintes, o benefício será de todos, inclusive com maior arrecadação.

Nos últimos dez anos o Brasil perdoou R$ 176 bilhões em juros e multa de tributos em nove programas de parcelamento tributário. O valor é o dobro do rombo previdenciário do regime próprio de servidores públicos da União[2]. Foram feitos vários REFIS para perdoar juros e multas.

Maílson da Nóbrega afirmou que a remuneração do servidor aumenta na aposentadoria, pois ele deixa de contribuir[3]. Na verdade, o que aumenta é a renda do trabalhador, que não tem o desconto da contribuição, e não a sua remuneração, que é a mesma.

As mudanças, porém, devem ser feitas para quem entrar no serviço público a partir da promulgação da alteração.

Antes de se discutir o direito do servidor, é preciso realmente saber qual é o déficit, se é que ele existe, que não é o informado pelo governo, mas que serve apenas para fazer alarde na imprensa e colocar a população contra os servidores públicos.

Alguns absurdos continuam existindo e precisavam ser eliminados, como o pagamento de pensão para a filha solteira de militares e determinados funcionários

---

2 *O Estado de S. Paulo*, 25 de fevereiro de 2018, p. B-7.
3 NÓBREGA, Maílson. A previdência dos servidores. *O Estado de S.Paulo*, p. B-3, 2 fev. 2003.

públicos. Nesses casos, muitas vezes, a pessoa deixa de oficializar o casamento para não perder o referido benefício, o que acaba por torná-lo vitalício. Militares recolhem a contribuição de 11% sobre a remuneração, sendo 3,5% para a saúde. Do porcentual de 7,5%, 1,5% é destinado para custear pensão das filhas solteiras. O benefício das filhas é, porém, pago pelo Tesouro Nacional e não pelo sistema de previdência, mas não há o necessário custeio individual para esse fim. Logo, o pagamento é feito pelos impostos de todas as pessoas. O servidor público não recolhe 3,5% para a saúde e 1,5% para o custeio da pensão das filhas. A contribuição de 1,5% rendeu R$ 107 milhões, enquanto a pensão para as filhas solteiras montou a R$ 5 milhões.

Em torno de 518 pessoas recebem benefícios especiais entre R$ 17 mil e R$ 53 mil.

O princípio da eficiência da Administração Pública, contido no art. 37 da Constituição, indica a possibilidade de o administrador eficiente empregar o dinheiro arrecadado em aplicação financeira, para que preserve seu valor e haja até rendimento. A Constituição e a legislação não proíbem a aplicação financeira do numerário da administração pública. Logo, é permitido.

No caso de um salário de R$ 10.000,00, a contribuição do funcionário público é de 11% sobre o referido valor, no importe de R$ 1.100,00 por mês.

Se a aplicação fosse de 1% ao mês a título de um cálculo simples de juros, seria possível a pessoa receber a aposentadoria no mesmo valor por 20 anos:

1.100,00 x 35 anos = 462.000,00
420% de juros   1.940.400,00
                     2.402.400,00 : 10.000,00 = 240,24
                     vezes : 12 meses = 20 anos

> A pessoa poderia se aposentar com 65 anos e receber o pagamento por 20 anos, o que incluiria provável pensão.
>
> A parte do governo deveria ser de 20%.
>
> 20% de 10.000,00 = 2.000,00
> 2.000,00 x 35 anos x 12 = 840.000,00 x 420% de juros = 3.528.000,00
> totalizando 4.368.000,00.
>
> Somando-se com 2.402.400,00 é igual a 6.770.400 : 10.000,00 = 677,04 vezes : 12 = 56 anos.

Se for aplicado o valor de R$ 1.100,00 todo mês durante 35 anos à taxa de juros compostos de 0,5% ao mês, supondo-se que não houvesse inflação, teríamos:

> Cálculo do valor presente (hoje), referente a contribuição mensal (sem ser considerada a contribuição relativa a 13° salário, bem como os aumentos salariais do período):
>
> Método antecipado
>
> $$C = \text{Contrib.} \times \frac{\{[(1+i)\wedge n] -1\}}{i \times (1+i)\wedge(n-1)}$$
>
> $$C = 1.100{,}00 \times \frac{\{[(1+0{,}005)\wedge 420] -1\}}{0{,}005 \times (1+0{,}005) \wedge (420-1)}$$
>
> $$C = 1.100{,}00 \times \frac{\{8{,}1236 -1\}}{0{,}0404}$$
>
> $$C = 1.100{,}00 \times 176{,}3267$$
>
> $$C = R\$\ 193.959{,}41$$
>
> Se aplicarmos C durante 35 anos a uma taxa de juros de 0,5% ao mês, o resultado final será equivalente à contribuição mensal de R$ 1.100,00 durante o mesmo período na mesma taxa de juros.

> Cálculo do valor futuro (daqui a 35 anos), sobre o valor presente da contribuição (juros compostos):
>
> $$M = C \times [(1+i)\wedge n]$$
> $$M = 193.959{,}41 \times [(1+0{,}005) \wedge 420]$$
> $$M = 193.959{,}41 \times 8{,}1236$$
> $$M = R\$\ 1.575.639{,}26$$
>
> Dividindo-se R$ 1.575.639,26 : 12, o benefício poderia ser pago por 13,13 anos.

Demonstração do fluxo de caixa

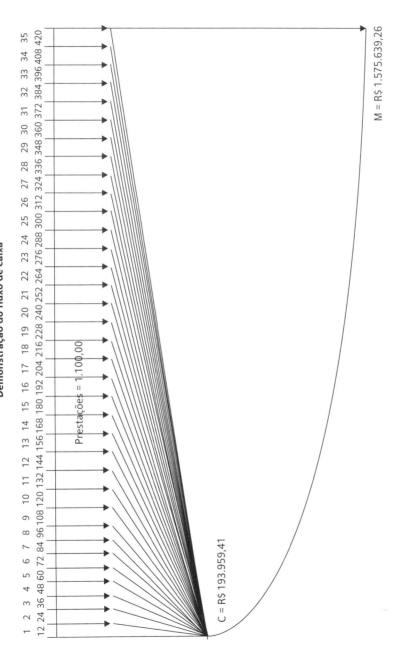

Cálculo do valor presente (hoje), referente a contribuição mensal (sem ser considerada a contribuição relativa a 13° salário, bem como os aumentos salariais do período):

Método antecipado

$$C = \text{Contrib.} \times \frac{\{[(1+i)\wedge n]-1\}}{i \times (1+i)\wedge(n-1)}$$

$$C = 1.100,00 \times \frac{\{[(1+0,01)\wedge 420]-1\}}{0,01 \times (1+0,01)\wedge(420-1)}$$

$$C = 1.100,00 \times \frac{\{65,3096-1\}}{0,6466}$$

$$C = 1.100,00 \times 99,4581$$

$$C = R\$\ 109.403,89$$

Se aplicarmos C durante 35 anos a uma taxa de juros de 1% ao mês, o resultado final será equivalente à contribuição mensal de R$ 1.100,00 durante o mesmo período na mesma taxa de juros.

Cálculo do valor futuro (daqui a 35 anos), sobre o valor presente da contribuição (juros compostos):

$$M = C \times [(1+i)\wedge n]$$
$$M = 109.403,89 \times [(1+0,01)\wedge 420]$$
$$M = 109.403,89 \times 65,3096$$
$$M = R\$\ 7.145.123,71$$

Dividindo-se o valor de R$ 7.145.123,71 pelo salário de R$ 10.000,00, seria possível pagar o benefício 714,51 vezes. Dividindo-se esse valor em relação a cada período de 12 meses ou um ano temos que o benefício pode ser pago por 59,54 anos.

Demonstração do fluxo de caixa

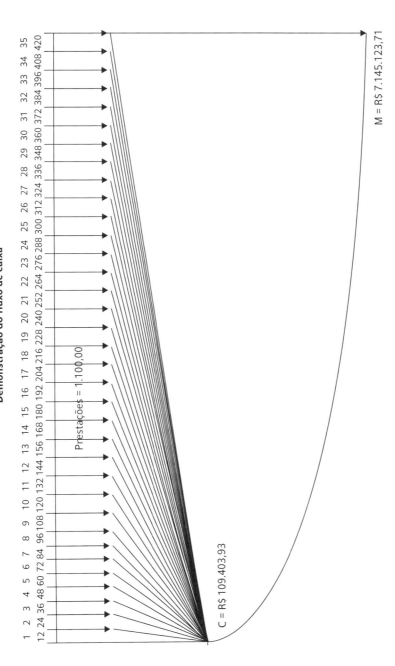

A partir do momento em que é formado o capital, só os juros gerados por esse capital pagam o benefício do segurado todos os meses.

O valor também é suficiente para pagar até benefícios temporários, como auxílio-doença.

É uma grande falácia dizer que o servidor público não contribui o suficiente para ter direito ao benefício.

Por que é inviável o pagamento integral da aposentadoria do servidor público? Por causa do interesse do FMI? Por que não pagar aposentadoria integral para todas as pessoas, desde que haja custeio específico para esse fim, inclusive na área privada?

Os dados acima mencionados mostram que, com contribuição incidente sobre o salário integral, durante 30 ou 35 anos, é possível pagar aposentadoria integral para qualquer pessoa, tanto da área pública como privada.

Na Previdência Privada, os recursos não têm sido utilizados na produção, mas de forma especulativa, como no mercado de ações.

Ultimamente, quem "paga o pato" em tudo são os aposentados e os servidores públicos. Está na hora de se entender que o sistema previdenciário é social e feito para a sociedade e não para ideias preconcebidas de uns ou outros para os interesses de plantão, principalmente para direcionar o sistema para a previdência complementar, para as seguradoras e bancos lucrarem milhões ou bilhões, sem garantir que essas empresas existirão quando o segurado vier a se aposentar. Na verdade, estamos entregando o ouro ao bandido ou ao inimigo.

Toda vez que se fala em reforma, as pessoas entram com pedido de aposentadoria. Algumas são precoces, com a alegação de que podem perder direitos.

8. REFORMA DA EMENDA CONSTITUCIONAL N. 41/2003

O Banco Mundial tem proposta de mudança na economia dos países, denominada três pilares. O primeiro pilar é a manutenção de um sistema de assistência social pública. O segundo pilar compreende o seguro social mediante previdência privada obrigatória e fechada. O terceiro pilar indica a formação de poupança no país, que pode ser feita por meio da previdência privada aberta e individual.

A Reforma da Emenda Constitucional n. 41, de 31 de dezembro de 2003, cumpre as determinações do Banco Mundial, por meio da transformação para um sistema de previdência privada para formar poupança no país.

Em razão do suposto déficit previdenciário, a ideia da reforma é cortar despesas.

Quando se iniciava a discussão para votação na Câmara dos Deputados sobre a reforma previdenciária, no começo de agosto de 2003, o Ministério da Previdência Social não tinha determinados dados que são importantes, como do número de funcionários do Poder Legislativo e de metade dos funcionários do Poder Judiciário e em relação a pelo menos um terço dos funcionários da União. Também não possuía informações pessoais em relação aos integrantes das Forças Armadas. No final de 2003, o Ministério da Previdência Social só tinha dados em relação a funcionários públicos de três Estados (Tocantins, Sergipe e Ceará). Posteriormente, obteve informações de outros seis Estados (Maranhão, Amazonas, Goiás, Minas, Rio Grande do Sul e Paraná). Quanto aos municípios, somente quatro haviam mandado dados. Dos cerca de 5.570 municípios, 2.100 têm regime previdenciário próprio[1].

Como é que o governo diz que há déficit no sistema e quanto haverá de economia com a reforma se não tem dados importantes para fazer os cálculos?

---

1 MING, Celso. Simulações do impacto da reforma previdenciária. *O Estado de S. Paulo*, p. B2, 28 jul. 2003.

Evidentemente que é impossível e as afirmações acima mostram que não existem dados confiáveis para dizer se existe déficit no sistema.

Aristóteles dizia que "o hábito de alterar levianamente as leis é um mal; e quando a vantagem é pequena, é melhor enfrentar certos defeitos, quer da lei, quer do governante, com uma tolerância filosófica"[2].

A reforma tributária pretende instituir a cobrança da contribuição previdenciária do empregador sobre o faturamento e não mais sobre a folha de salários. Entretanto, as empresas podem mascarar o faturamento, subfaturar, não fornecer nota fiscal de venda, e assim não se conseguirá efetivamente uma arrecadação que seria a adequada. Em abril de 2004, havia 4.124.000 empresas formais, das quais 4.080.000 eram micro e pequenas empresas, que correspondiam a 98,93% das empresas no Brasil.

A contribuição previdenciária sobre a folha de salários prejudica as micro e pequenas empresas, que têm poucos funcionários, pois não têm a mesma capacidade contributiva das grandes empresas e empregam a maior parte da população ativa.

8.1 REGIME PRIVADO

Estabelece a Emenda Constitucional n. 41 reforma previdenciária no setor público. Apenas um item trata do Regime Geral de Previdência Social, que é direcionado aos segurados da área privada, elevando o teto das aposentadorias e pensões para R$ 2.400,00 (art. 5º da Emenda Constitucional n. 41), hoje, R$ 5.839,45, que corresponde a 10 salários mínimos na data da publicação da emenda.

Os tetos alterados pelas Emendas Constitucionais n. 20 e 41 não implicam a alteração dos benefícios, que foram concedidos de acordo com a lei vigente à época dos fatos, constituindo ato jurídico perfeito. A revisão ou correção dos valores só pode ser feita por lei.

O teto de R$ 5.839,45 vai implicar que o governo arrecade mais, pois as pessoas irão querer recolher sobre o novo teto para ter direito a um benefício maior, mas com a média de 80% das maiores contribuições a partir de julho de 1994 em diante. No início da sua vida laboral, o segurado contribui com valores inferiores aos do teto e, muitas vezes, sobre um salário mínimo.

A reforma transfere o problema para daqui a alguns anos, quando certas pessoas terão condições de se aposentar com valores próximos a R$ 5.839,45. Haverá um aumento de quase 55% e uma arrecadação de R$ 2 bilhões por ano.

---

2 Aristóteles. *Política*, II, 8.

Pode-se dizer que, para as mulheres, 80% das maiores contribuições em 30 anos é 24 anos de contribuição sobre o teto. Isso implica contribuição entre 2004 e 2028. Para os homens, 80% de 35 anos são 28 anos, importando que o homem deverá recolher a contribuição até 2032, quando certas pessoas terão condições de se aposentar com valores próximos ao teto. Haverá, porém, um aumento de quase 55% e uma arrecadação de R$ 2 bilhões por ano.

Estudo da Watson Wyatt mostra o valor máximo da aposentadoria nos próximos 20 anos de acordo com a inflação anual de 8%:

Mês de concessão	INFLAÇÃO ZERO			INFLAÇÃO 4% AO ANO			INFLAÇÃO 8% AO ANO		
	Teto do mês	Benef. máx.	% rel. teto	Teto do mês	Benef. máx.	% rel. teto	Teto do mês	Benef. máx.	% rel. teto
31.1.2004	2.400	2.094,65	87,3	2.400,00	2.094,65	87,3	2.400,00	2.094,65	87,3
31.3.2004	2.400	2.103,08	87,6	2.400,00	2.116,79	88,2	2.400,00	2.130,06	88,8
31.1.2005	2.400	2.136,08	89,0	2.431,58	2.219,09	91,3	2.462,37	2.302,05	93,5
31.1.2013	2.400	2.297,13	95,7	3.327,79	3.240,72	97,4	4.557,67	4.513,43	99,0
31.3.2013	2.400	2.298,28	95,8	3.327,79	3.262,89	98,0	4.557,67	4.557,67	100,0
31.1.2015	2.400	2.316,75	96,5	3.599,34	3.531,81	98,1	5.316,06	5.299,77	99,7
31.1.2020	2.400	2.350,39	97,9	4.379,14	4.352,23	99,4	7.811,04	7.811,04	100,0
31.3.2020	2.400	2.350,79	97,9	4.379,14	4.379,14	100,0	7.811,04	7.811,04	100,0
31.5.2024	2.400	2.368,80	98,7	5.327,90	5.193,52	97,5	11.476,98	11.055,59	96,3

Dificilmente o segurado irá receber o teto, pois, aplicando-se a média dos 80% dos maiores salários de contribuição e depois o fator previdenciário, o valor sempre ficará abaixo do limite máximo do benefício.

A tabela mostra que com inflação zero o segurado jamais alcançaria o teto.

Com inflação de 4% ao ano o segurado somente irá receber o teto em março de 2020.

Com inflação de 8% ao ano o segurado somente irá receber o teto do benefício em alguns meses de março de 2013.

Dispõe o art. 5º da Emenda Constitucional n. 41/2003 que é fixado o teto de R$ 2.400,00, devendo, a partir de 31 de dezembro de 2003, ser reajustado de forma a preservar, em caráter permanente, seu valor real, atualizado pelos mesmos índices aplicados aos benefícios do regime geral de previdência social. Na prática, não tem havido a preservação real do valor do benefício, pois está havendo necessidade de dobrar o teto de R$ 1.200,00 (dezembro de 1998) para R$ 2.400,00. Isso mostra que há defasagem na atualização do benefício no curso do tempo, podendo provocar redução do valor do benefício. Hoje, o teto é de R$ 5.839,45.

8.2 REGIME PÚBLICO

O art. 40 da Constituição passa a prever o princípio fundamental do sistema de Previdência Social, que é a solidariedade. No Regime Geral de Previdência Social não há previsão expressa na Lei Maior do referido princípio. Ele, entretanto, é básico, pois, sem solidariedade entre as pessoas, de forma que os ativos financiem os inativos, não há regime de repartição simples.

A Emenda Constitucional n. 41/93 alterou os direitos previdenciários dos servidores públicos para pior.

Os servidores que ingressarem no sistema público receberão o benefício previdenciário até o teto de R$ 5.839,45 a partir de maio de 2004. O restante dependerá de recolhimento para a previdência complementar. O § 14 do art. 40 da Constituição só permite a implantação do teto do Regime Geral depois de a União, Estados, Distrito Federal e Municípios instituírem, por lei própria, o regime de previdência complementar. A orientação é correta, pois a regra do jogo não pode ser mudada no meio da relação para as pessoas que já estavam no sistema. Somente mediante sua prévia e expressa opção, poderá ser aplicado ao servidor que tiver ingressado no serviço público até a data da publicação do ato de instituição do correspondente regime de previdência complementar (§16 do art. 40 da Constituição).

Estarão os servidores públicos diante de um sistema misto, pois parte é estabelecida no regime de repartição simples até R$ 5.839,45 e acima desse valor o regime é optativo pela capitalização.

Objetiva-se igualar o teto das aposentadorias no serviço público e no privado, mas apenas para os servidores públicos que ingressarem no sistema após a publicação da emenda.

O estabelecimento do teto de R$ 5.839,45 para futuros servidores implica que o governo vai arrecadar valor inferior da contribuição do servidor, porém vai pagar os antigos servidores pelo valor da última remuneração, mas vai deixar de arrecadar a contribuição dos novos servidores à razão de 11% sobre suas remunerações. Como vai pagar os atuais inativos da área pública que não ganham sobre o teto, mas sobre a última remuneração? Isso já mostra que, num primeiro momento, haverá déficit no sistema público.

Lei disporá sobre sistema especial de inclusão previdenciária para trabalhadores de baixa renda e àqueles sem renda própria que se dediquem exclusivamente ao trabalho doméstico no âmbito de sua residência, desde que pertencentes a famílias de baixa renda, garantindo-lhes acesso a benefícios de valor igual a um salário mínimo (§ 12 do art. 201 da Constituição). Essa regra está mais para assistência social do que para previdência social, pois nesta há necessidade de contribuição para o segurado ter direito ao benefício. Parece que é uma forma de assegurar renda mínima aos trabalhadores de baixa renda.

O art. 10 da Emenda Constitucional n. 41 revoga o art. 8º da Emenda Constitucional n. 20, que permitia a aposentadoria proporcional. Somente as pessoas que tiverem direito adquirido à aposentadoria proporcional, implementando todos os requisitos até 31 de dezembro de 2003, é que poderão requerê-la (art. 3º da Emenda Constitucional n. 41). Quem não tem direito adquirido não poderá mais requerer aposentadoria proporcional.

Fica vedada a existência de mais de um regime próprio de previdência social para os servidores titulares de cargos efetivos, e de mais de uma unidade gestora do respectivo regime em cada ente estatal (§ 20 do art. 40 da Constituição).

O servidor irá se aposentar com 60 anos, desde que tenha 35 anos de contribuição, e a servidora com 55 anos, desde que possua 30 anos de contribuição. O ideal é que não houvesse diferenciação entre homem e mulher, pois é sabido que a mulher vive mais do que o homem em torno de sete anos. Não se justifica tecnicamente que se aposente com cinco anos a menos do que o homem.

Deverá, ainda, o servidor em exercício antes de 31 de dezembro de 2003 ter 20 anos no serviço público, dez anos de carreira e cinco no efetivo exercício do cargo em que se der a aposentadoria (art. 6º da Emenda Constitucional n. 41/2003).

O procedimento é correto, pois em muitos casos o servidor só entrou no sistema público depois de muitos anos no Regime Geral de Previdência Social, contribuindo, no máximo, sobre o valor do teto.

Há argumentos no sentido de discutir a inconstitucionalidade das alterações para pior para o servidor público. Seriam cláusulas pétreas, que não poderiam ser alteradas por emenda constitucional.

Leciona Marcus Orione Gonçalves Correia, professor associado ao Departamento de Direito do Trabalho da Faculdade de Direito da USP, em sua tese de livre-docência, que:

> os direitos a benefícios, especialmente quando submetidos a requisitos legais, são direitos constitucionais. Portanto, desde o instante em que o segurado se inseriu no sistema que continha a sua previsão, já havia o direito se incorporado ao seu patrimônio jurídico. Logo, a ele se aplicam, quando satisfeitas as condições, as leis do momento em que o segurado ingressou no sistema. Assim, no caso das apo-

sentadorias por tempo de serviço, desde que o segurado tenha ingressado no regime antes do advento da Emenda Constitucional n. 20, já teria direito a este benefício, mesmo sem a implementação do tempo de serviço mínimo[3].

A condição a ser cumprida é apenas a idade e o tempo de contribuição. O mais o servidor já pode contar desde o momento em que entrou no sistema, que faria parte do seu patrimônio.

Maria Garcia, professora da Faculdade de Direito da PUC-SP, informa que:

> firmado pelas modalidades implantadas em 1988, integrou, desde esse momento, o patrimônio material e moral de seus titulares, como tal devendo ser preservado das modificações propostas pela Emenda Constitucional Previdenciária incidente, portanto, tão somente sobre as novas relações jurídicas ocorrentes após a sua promulgação[4].

A relação do servidor com a Previdência Social não é contratual, mas legal. Se fosse contratual, a regra integraria o contrato desde a pactuação, não podendo ser mudada unilateralmente pelo Estado. Não se pode invocar direito adquirido, mas mera expectativa de direito, pois o servidor tem de cumprir todos os requisitos previstos na legislação para a obtenção da aposentadoria.

Direito adquirido é o que faz parte do patrimônio jurídico da pessoa, que implementou todos os requisitos para esse fim, podendo exercê-lo a qualquer momento.

Não é esse o caso do servidor, pois quando entrou no sistema público ainda não tinha todos os requisitos para requerer a aposentadoria.

Afirma Rubens Limongi França que "a diferença entre expectativa de direito e direito adquirido está na existência, em relação a este, de fato aquisitivo específico já configurado por completo"[5].

Há orientação do STF no sentido de que a pessoa não precisa requerer a aposentadoria se já tinha direito a se aposentar (Pleno, RE 73.189/SP, Rel. Min. Luiz Gallotti, *RTJ* 65/435). Basta a implementação das condições necessárias sob império da lei velha. A Súmula 359 menciona que: "ressalvada a revisão prevista em lei, os proventos da inatividade regulam-se pela lei vigente ao tempo em que o militar, ou o servidor civil, reuniu os requisitos necessários".

---

3   CORREIA, Marcus Orione Gonçalves. *Teoria e prática do poder de ação na defesa dos direitos sociais*. São Paulo: LTr, 2002, p. 36.

4   GARCIA, Maria. A emenda previdenciária e os direitos adquiridos. *Cadernos de direito constitucional e ciência política*. São Paulo, n. 26, p 117-118, jan./mar. 1999.

5   FRANÇA, Rubens Limongi. Direito adquirido e expectativa de direito. In: *Enciclopédia Saraiva do Direito*. São Paulo: Saraiva, v. 256, p. 155-156.

8. REFORMA DA EMENDA CONSTITUCIONAL N. 41/2003 | 101

A interpretação do STF à Súmula 359 é de que:

> se, na vigência da lei anterior, o impetrante preenchera todos os requisitos exigidos, o fato de, na vigência, não haver requerido a aposentadoria, não o fez perder o seu direito, já que estava adquirido. Um direito já adquirido não se pode transmudar em expectativa de direito, só porque o titular preferiu continuar trabalhando e não requereu a aposentadoria antes de revogada a lei em cuja vigência ocorrera a aquisição do direito. Expectativa de direito é algo que antecede a aquisição; e não pode ser posterior a esta.

Já entendeu o STF que:

> o aposentado tem direito adquirido ao *quantum* de seus proventos calculado com base na legislação vigente ao tempo da aposentadoria, mas não aos critérios legais com base em que esse *quantum* foi estabelecido, pois não há direito adquirido a regime jurídico (RE 92.511, Moreira Alves, *RT* 99/1267).

Em outro julgado o STF afirmou existir direito adquirido à aposentadoria somente quando atendidos os requisitos previstos na lei de regência[6].

Para os magistrados, a estabilidade e a aposentadoria integral são garantias da sociedade para ter um juiz imparcial, em razão das restrições que têm de não poder exercer outra atividade, a não ser o magistério, e de não fazer jus ao FGTS, justamente para que possa se dedicar integralmente à judicatura. Uma das formas de se assegurar independência nos pronunciamentos do magistrado é conceder-lhe aposentadoria integral, após vários anos de serviços prestados à sociedade e de fazer justiça. A aposentadoria integral do juiz é uma garantia da sociedade de ter um magistrado imparcial, independente, que não pode estar sujeito a ser peitado no decorrer do seu mister. Modificada essa garantia, poucos irão querer ingressar na magistratura, pois não haverá atrativos para tanto, já que em muitos anos não houve correção de seus vencimentos. Poderá também ser entendido que a alteração da aposentadoria integral dos funcionários públicos e magistrados feriria o princípio da separação dos poderes, que não poderia ser alterado por emenda constitucional (art. 60, § 4º, III, da Lei Maior), em razão da tentativa de intervenção de um poder em outro.

Leciona Flávia Piovesan que, em decorrência:

> da obrigação da progressividade na implementação dos direitos econômicos, sociais e culturais decorre a chamada cláusula de proibição de retrocesso social, na medida em que é vedado aos Estados retrocederem no campo da implementação

---

6 STF, 1ª T., RE 262.082/RS, Rel. Min. Sepúlveda Pertence.

desses direitos. Vale dizer, a progressividade dos direitos econômicos, sociais e culturais proíbe o retrocesso ou a redução de políticas públicas voltadas à garantia destes direitos[7].

Nessa linha de raciocínio, o direito a aposentadoria integral do servidor é um direito fundamental, que, portanto, não poderia ser modificado por emenda constitucional, inclusive estabelecendo requisitos que não eram previstos quando da admissão do servidor.

Os direitos e garantias individuais são um núcleo intangível na Constituição, que não pode ser diminuído por meio de Emenda Constitucional.

Como afirma Konrad Hesse:

> a Constituição jurídica está condicionada pela realidade histórica. Ela não pode ser separada da realidade concreta de seu tempo. A pretensão de eficácia da Constituição somente pode ser realizada se se levar em conta essa realidade (...) A constituição jurídica logra conferir forma e modificação à realidade. Ela logra despertar a força que reside na natureza das coisas, tornando-a ativa. Ela própria converte-se em força ativa que influi e determina a realidade política e social. Essa força impõe-se de forma tanto mais efetiva quanto mais ampla for a convicção sobre a inviolabilidade da Constituição[8].

Em julgamento sobre imunidade tributária, questionava-se a inconstitucionalidade do art. 2º da Emenda Constitucional n. 3. O STF afirmou que:

> admitir que a União, no exercício de sua competência residual, pudesse excepcionar a aplicação desta garantia individual do contribuinte implica em conceder ao ente tributante poder que o constituinte expressamente lhe subtraiu ao vedar a deliberação de proposta de emenda à Constituição tendente a abolir os direitos e garantias individuais constitucionalmente assegurados.

Foi reconhecida a parcial inconstitucionalidade da Emenda Constitucional n. 3/93, que viola o princípio da anterioridade tributária (art. 150, III, *b*, da Constituição). Reconheceu-se a inconstitucionalidade da expressão "o art. 150, III, *b* e VI, nem", contida no § 2º do art. 2º da Emenda Constitucional n. 3/93[9].

O STF já entendeu que a imunidade constitui garantia individual protegida por cláusula pétrea (ADIn 939/DF, Rel. Min. Sydney Sanches, Tribunal Pleno, *RTJ* 151/755).

---

7 PIOVESAN, Flávia. *Direitos humanos e o direito constitucional internacional*. São Paulo: Max Limonad, 2002, p. 183.
8 HESSE, Konrad. *A força normativa da Constituição*. Porto Alegre: Sérgio Antonio Fabris, 1991, p. 24.
9 STF, Pleno, ADIn 939-7-DF, rel. Min. Sydney Sanches, *RTJ* 150/68-69.

8. REFORMA DA EMENDA CONSTITUCIONAL N. 41/2003

Já entendeu também o STF que não poderia ser estabelecido o limite de R$ 1.200,00 para o salário-maternidade por intermédio da Emenda Constitucional n. 20/98, por se entender que direitos e garantias individuais não podem ser alterados por emenda constitucional. O pagamento do salário-maternidade pode ser superior ao teto, pois, do contrário, haveria:

> discriminação que a Constituição buscou combater, quando proibiu diferença de salários, de exercício de funções e de critérios de admissão, por motivo de sexo (art. 7º, XXX, da CF/88), proibição, que, em substância, é um desdobramento do princípio da igualdade de direitos, entre homens e mulheres[10].

Segundo as orientações do STF, cláusulas pétreas não são apenas as contidas no art. 5º da Constituição, mas outros direitos e garantias individuais espalhados pela Lei Maior. Podem, portanto, ser os direitos contidos no art. 40 da Lei Fundamental e seus parágrafos.

Não penso dessa forma, pois para mim cláusulas pétreas são apenas as contidas no art. 5º da Constituição. O inciso IV do § 4º do art. 60 da Constituição menciona que não será objeto de deliberação a proposta de emenda tendente a abolir os direitos e garantias fundamentais. O art. 40 da Constituição não está na parte da Lei Maior que trata de direitos e garantias fundamentais, que estão consagrados no art. 5º da Lei Magna.

O art. 40 da Constituição menciona que a aposentadoria será concedida no cargo. Assim, as modalidades ali referidas dizem respeito a funcionário público e não para empregado público, que não tem cargo e é regido pela CLT.

As espécies de aposentadoria para o funcionário público são:

a) por invalidez;

b) compulsória;

c) voluntária.

A aposentadoria por invalidez será concedida com proventos proporcionais ao tempo de contribuição, exceto se decorrente de acidente em serviço, moléstia profissional ou doença grave, contagiosa e incurável, quando será integral (art. 40, § 1º, I, da Constituição).

A aposentadoria compulsória ocorrerá com 70 anos de idade, com proventos proporcionais ao tempo de contribuição.

Os magistrados, membros do Ministério Público e de Tribunais de Contas terão direito a contar o tempo de serviço até a vigência da Emenda Constitucional

---

10 STF, Pleno, ADIn 1.946-5, j. 3-4-2003, Rel. Min. Sydney Sanches, *DJU* 1 16-5-2003, p. 90.

n. 20/98 com o acréscimo de 17% (§ 3º do art. 2º da Emenda Constitucional n. 41), pois anteriormente se aposentavam com 30 anos de contribuição.

Se o servidor mudar de cargo no serviço público ou de carreira, tanto faz se no mesmo ente federado ou em outro, mediante a prestação de concurso público, sua aposentadoria será regulada pela regra nova, com limite do teto. A contribuição será sobre o teto e o benefício também será sobre o teto, pois trata-se de um novo cargo, que foi adquirido mediante concurso público. Não existe mais a possibilidade de prestar concurso interno para passar de uma função para outra, mas concurso público, acessível a todas as pessoas.

Caso a contribuição previdenciária continue a ser recolhida sobre o valor da remuneração, não haverá, porém, nenhum prejuízo atuarial.

O tempo anterior de contribuição do segurado e de serviço serão computados para o cálculo do futuro benefício.

Entretanto, não foi estabelecida nenhuma regra de transição para a situação acima, incidindo a regra geral do teto.

O Parecer GM n. 13, da Advocacia Geral da União, publicado no *Diário Oficial da União* de 13 de dezembro de 2000, que adota integralmente o Parecer AGU/WM n. 1/2000, esclarece na sua ementa que:

> não resulta na interrupção da condição de servidor público e, em decorrência, na elisão dos direitos garantidos pelo art. 3º da Emenda Constitucional n. 20/98, a mudança de cargos oriunda de posse e consequente exoneração, desde que os efeitos destas vigorem a partir de uma mesma data. Os cargos podem pertencer a uma mesma ou a diferentes pessoas jurídicas, inclusive de unidades da Federação diversas.

Se o juiz ingressar pelo quinto constitucional no Poder Judiciário antes de 31 de dezembro de 2003 e tiver mais de 60 anos, não lhe permitindo ter dez anos no cargo antes dos 70 anos, sua aposentadoria será proporcional e não integral.

O sistema pode implicar, a longo prazo, que muitos bons profissionais, principalmente auditores, especialistas em Direito Internacional, advogados etc., não irão querer entrar no serviço público, como para fiscalização, embaixadores, juízes, procuradores e membros do Ministério Público, pois a aposentadoria não será integral. A exceção pode ser o fato de não existirem vagas no mercado de trabalho, em que a pessoa irá se sujeitar ao que conseguir.

Nos tribunais, será mais difícil encontrar alguém que queira entrar no Poder Judiciário da classe dos advogados (o chamado quinto constitucional), pois o atrativo aposentadoria integral não existirá e a pessoa terá de ter 20 anos de serviço público, dez anos de carreira e cinco no efetivo exercício do cargo em que se der a aposentadoria. Para os membros do Ministério Público que entrarem no Poder Judiciário, terão de ter 20 anos de serviço público, mas ao mesmo tempo dez anos na carreira de juiz e cinco anos de efetivo exercício do cargo em que se der a aposentadoria.

No cálculo dos proventos de aposentadoria dos servidores titulares de cargo efetivo de qualquer dos Poderes da União, dos Estados, do Distrito Federal e dos Municípios, incluídas suas autarquias e fundações, será considerada a média aritmética simples das maiores remunerações, utilizadas como base para as contribuições do servidor aos regimes de previdência a que esteve vinculado, correspondentes a 80% de todo o período contributivo desde a competência julho de 1984 ou desde a do início da contribuição, se posterior àquela competência (art. 1º da Lei n. 10.887/2004).

As remunerações consideradas no cálculo do valor inicial dos proventos terão os seus valores atualizados mês a mês, de acordo com a variação integral do índice fixado para a atualização dos salários de contribuição considerados no cálculo dos benefícios do Regime Geral de Previdência Social.

A base de cálculo dos proventos será a remuneração do servidor no cargo efetivo nas competências a partir de julho de 1994 em que não tenha havido contribuição para o regime próprio.

Os valores das remunerações a serem utilizados no cálculo serão comprovados mediante documento fornecido pelos órgãos e entidades gestoras dos regimes de previdência aos quais o servidor esteve vinculado ou por outro documento público.

As remunerações consideradas no cálculo da aposentadoria, atualizadas, não poderão ser:

a) inferiores ao valor do salário mínimo;

b) superiores ao limite máximo do salário de contribuição, quanto aos meses em que o servidor esteve vinculado ao regime geral de previdência social.

É vedada a inclusão nos benefícios, para efeito de percepção destes:

a) de parcelas remuneratórias pagas em decorrência de local de trabalho, de função de confiança ou de cargo em comissão, exceto quando tais parcelas integrarem a remuneração de contribuição do servidor que se aposentar com fundamento no art. 40 da Constituição, respeitado, em qualquer hipótese, o limite previsto no § 2º do citado artigo (art. 1º, X, da Lei n. 9.717/98);

b) de inclusão nos benefícios, para efeito de percepção destes, do abono de permanência de que tratam o § 19 do art. 40 da Constituição, o § 5º do citado art. 2º e o § 1º do art. 3º da Emenda Constitucional n. 41, de 19 de dezembro de 2003 (art. 1º, XI, da Lei n. 9.717/98).

Os proventos, por ocasião de sua concessão, não poderão ser inferiores ao valor do salário mínimo nem exceder a remuneração do respectivo servidor no cargo efetivo em que se deu a aposentadoria.

8.2.1 Contribuição do ativo

A contribuição social do servidor público ativo de qualquer dos Poderes da União, incluídas suas autarquias e fundações, para a manutenção do respectivo regime próprio de previdência social, será de 11%, incidente sobre a totalidade da base de contribuição (art. 4º da Lei n. 10.887).

Entende-se como base de contribuição o vencimento do cargo efetivo, acrescido das vantagens pecuniárias permanentes estabelecidas em lei, os adicionais de caráter individual ou quaisquer outras vantagens, excluídas:

a) as diárias para viagens;

b) a ajuda de custo em razão de mudança de sede;

c) a indenização de transporte;

d) o salário-família;

e) o auxílio-alimentação;

f) o auxílio-creche;

g) as parcelas remuneratórias pagas em decorrência de local de trabalho;

h) a parcela percebida em decorrência do exercício de cargo em comissão ou de função de confiança; e

i) o abono de permanência.

O servidor ocupante de cargo efetivo poderá optar pela inclusão na base de contribuição de parcelas remuneratórias percebidas em decorrência de local de trabalho, do exercício de cargo em comissão ou de função de confiança, para efeito de cálculo do benefício a ser concedido, respeitado, em qualquer hipótese, o limite de não poder exceder a remuneração do respectivo servidor, no cargo efetivo em que se deu a aposentadoria ou que serviu de referência para a concessão da pensão.

8.2.2 Paridade

É assegurado o reajustamento dos benefícios para preservar-lhes, em caráter permanente, o valor real, conforme critérios estabelecidos em lei (§ 8º do art. 40 da Constituição). Essa regra vale para os novos funcionários públicos admitidos a partir de 31 de dezembro de 2003 desde o momento em que cada ente da federação instituir o sistema de previdência complementar. Não haverá mais paridade entre reajustes dos ativos e dos inativos para os novos servidores.

Para os servidores que tenham sido admitidos até 31 de dezembro de 2003, os proventos das aposentadorias serão revistos na mesma proporção e na mesma data, sempre que se modificar a remuneração dos servidores em atividade, na forma da lei (parágrafo único do art. 6º da Emenda Constitucional n. 41). A remissão à lei indica que o objetivo é não pagar o benefício integral.

Se a regra é estabelecida na Constituição, é mais difícil de ser mudada, pois o quórum de alteração é de 3/5 dos membros do Congresso Nacional. Sendo remetida para a lei ordinária, o quórum de alteração é de maioria simples. Pode, em tese, a regulamentação ser feita até por medida provisória, como pretende o governo fazer.

Quais as verbas que entrarão nesse cálculo? É sabido que o vencimento do servidor público é muito baixo. Há uma série de complementações com gratificações. Assim, basta fixar a paridade apenas com base no vencimento básico e o prejuízo será eminente.

Será inconstitucional a lei ordinária que estabelecer paridade com base em média, pois não estará havendo paridade, mas média.

Os futuros servidores não terão paridade entre os valores que receberiam se estivessem na ativa e os proventos de aposentadoria.

Uma solução poderia ser a incorporação de todas as gratificações ao salário-base, pois aí o aposentado iria receber o mesmo valor.

8.2.3 Integralidade

É mantida a integralidade da aposentadoria para os atuais servidores, com base no último salário. Entretanto, é aumentado o tempo no serviço público de dez para 20 anos, tendo 10 anos de carreira e cinco anos de efetivo exercício no cargo em que se der a aposentadoria. O tempo é no serviço público, podendo ter sido prestado para a União, Estados, Distrito Federal ou Municípios, para qualquer um dos três poderes. Exige-se que a pessoa esteja há 10 anos na carreira em que irá se aposentar, não sendo contado tempo na carreira de outro serviço público. Exemplo é o Procurador do Trabalho, que passa a integrar os tribunais trabalhistas pelo quinto constitucional. Deverá ter 10 anos na carreira de juiz para poder se aposentar, não importando quanto tempo tenha trabalhado para o Ministério Público do Trabalho. Haverá necessidade de cinco anos de efetivo exercício no cargo e não na função. Não mais será feita média de contribuições do serviço público e do serviço privado.

8.2.4 Teto e subteto

Na redação anterior da Constituição, havia necessidade de lei de iniciativa conjunta dos presidentes da República, da Câmara dos Deputados, do Senado Federal e do Supremo Tribunal Federal para a fixação do teto dos vencimentos dos funcionários públicos.

O valor máximo para os salários pagos para o poder público da União, incluindo os valores das aposentadorias e pensões, será a maior remuneração de ministro do Supremo Tribunal Federal.

A remuneração e o subsídio dos ocupantes de cargos, funções e empregos públicos da administração direta, autárquica e fundacional, dos membros de qualquer dos Poderes da União, dos Estados, do Distrito Federal e dos Municípios, dos detentores de mandato eletivo e dos demais agentes políticos e os proventos, pensões ou outra espécie remuneratória, percebidos cumulativamente ou não, incluídas as vantagens pessoais ou de qualquer outra natureza, não poderão exceder o subsídio mensal, em espécie, dos ministros do Supremo Tribunal Federal, aplicando-se como limite, nos municípios, o subsídio do prefeito, e nos Estados e no Distrito Federal, o subsídio mensal do governador no âmbito do Poder Executivo, o subsídio dos deputados estaduais e distritais no âmbito do Poder Legislativo e o subsídio dos desembargadores do Tribunal de Justiça, limitado a 90,25% do subsídio mensal, em espécie, dos ministros do Supremo Tribunal Federal, no âmbito do Poder Judiciário, aplicável este limite aos membros do Ministério Público, aos procuradores e aos defensores públicos (art. 37, XI, da Constituição).

Vencimento é a retribuição pecuniária pelo exercício de cargo público, com valor fixado em lei (art. 40 da Lei n. 8.112/90).

Remuneração é o vencimento do cargo efetivo, acrescido das vantagens pecuniárias permanentes estabelecidas em lei (art. 41 da Lei n. 8.112/90).

Subsídio era uma espécie de remuneração fixa e mensal paga a parlamentares.

Até que seja fixado o valor do subsídio previsto no inciso XI do art. 37 da Lei Maior, será considerado para fins do limite o valor da maior remuneração atribuída por lei em 31 de dezembro de 2004 a ministro do Supremo Tribunal Federal, a título de vencimento, de representação mensal e da parcela recebida em razão de tempo de serviço, aplicando-se como limite, nos municípios, o subsídio do prefeito, e nos Estados e no Distrito Federal, o subsídio mensal do governador no âmbito do Poder Executivo, o subsídio dos deputados estaduais e distritais no âmbito do Poder Legislativo e os subsídios dos desembargadores do Tribunal de Justiça, limitado a 90,25% da maior remuneração mensal de ministro do Supremo Tribunal Federal, no âmbito do Poder Judiciário, aplicável este limite aos membros do Ministério Público, aos procuradores e aos defensores públicos (art. 8º da Emenda Constitucional n. 41).

O teto de ministro do STF em janeiro de 2019 é de R$ 39.300,00. O teto dos desembargadores estaduais é de 90,25% de ministro do STF, ou seja, R$ 35.468,25.

Dispõe o art. 9º da Emenda Constitucional n. 41 que deve ser observado o art. 17 do Ato das Disposições Constitucionais Transitórias em relação aos vencimentos, remunerações e subsídios dos ocupantes de cargos, funções e empregos públicos da administração direta, autárquica e fundacional, dos membros de qualquer dos Poderes da União, dos Estados, do Distrito Federal e dos municípios, dos detentores de mandato eletivo e dos demais agentes públicos e os proventos, pensões ou outra espécie remuneratória percebidos cumulativamente ou não, incluídas as vantagens pessoais ou de qualquer outra natureza. Isso quer dizer, segundo o art. 17 do Ato das Disposições Constitucionais Transitórias, que os vencimentos, a remuneração, as vantagens e os adicionais, bem como os proventos de aposentadoria que estejam sendo percebidos em desacordo com a Constituição serão imediatamente reduzidos aos limites dela decorrentes, não se admitindo, nestes casos, invocação de direito adquirido ou percepção de excesso a qualquer título. Segundo essa orientação, não há direito adquirido contra a Constituição.

Entretanto, seria possível dizer que não há direito adquirido contra a Constituição se a mudança fosse decorrente de uma Assembleia Nacional Constituinte, do poder constituinte originário, de elaborar uma nova Constituição, mas não do poder constituinte derivado, de estabelecer emendas constitucionais, pois fere o inciso IV do § 4º do art. 60 da Lei Maior. A emenda constitucional não pode alterar direitos e garantias individuais, como ocorre com o direito adquirido e a coisa julgada.

O subsídio e os vencimentos dos ocupantes de cargos e empregos públicos são irredutíveis, conforme o inciso XV do art. 37 da Constituição.

A redução da remuneração do funcionário em decorrência da observância dos tetos da Emenda Constitucional n. 41 pode implicar alteração de cláusula pétrea do servidor, que é a irredutibilidade salarial, alterando direito adquirido do funcionário à sua remuneração.

Se a fixação de seus vencimentos foi estabelecida por meio de sentença que transitou em julgado, poderá haver violação à coisa julgada, garantida no inciso XXXVI do art. 5º da Constituição, que não pode ser alterada por meio de emenda constitucional.

Em torno de 518 pessoas recebem benefícios especiais entre R$ 17 e R$ 53 mil. Se a pessoa já percebe o benefício, não se pode falar na sua redução por dois motivos:

a) pelo fato de ter direito adquirido, pois já recebe o benefício e implementou todos os requisitos para esse fim;

b) porque o valor do benefício é irredutível. O valor é excessivo, mas infelizmente não pode ser modificado. Logo, não se pode falar em aplicar teto de R$ 39.300,00. A nova regra só vale para a frente, para os que se aposentarem na vigência da nova disposição. Não pode ter efeito retroativo.

8.2.5 Abono de permanência

Os servidores que tiverem 53 anos (homens) e 48 anos (mulheres) e optarem por não se aposentar terão direito a um abono de permanência equivalente ao

valor da sua contribuição previdenciária até completar as exigências para a aposentadoria compulsória (§ 5º do art. 2º da Emenda Constitucional n. 41).
Abono, na verdade, significa algo que se acrescenta. É um acréscimo.

O servidor ocupante de cargo efetivo que tenha completado as exigências para aposentadoria voluntária estabelecidas na alínea *a* do inciso III do § 1º do art. 40 da Constituição, no § 5º do art. 2º ou no § 1º do art. 3º da Emenda Constitucional n. 41, de 19 de dezembro de 2003, e que opte por permanecer em atividade, fará jus a abono de permanência equivalente ao valor da sua contribuição previdenciária até completar as exigências para aposentadoria compulsória aos 70 anos de idade, com proventos proporcionais ao tempo de contribuição.

O abono de permanência consistirá no pagamento do valor equivalente ao da contribuição previdenciária, de forma a neutralizá-la.

Entretanto, o imposto de renda será calculado sobre o salário mais o abono, fazendo com o que contribuinte pague mais imposto. O abono não poderia ter natureza de remuneração para não incidir o imposto de renda. A lei deve esclarecer tal questão.

Situação injusta e que pode ferir direito adquirido ou ato jurídico perfeito, pois trata de hipótese definida anteriormente, que é a dispensa do recolhimento da contribuição previdenciária para quem já tivesse o tempo para se aposentar e não o fizesse (§ 5º do art. 8º da Emenda Constitucional n. 20/98). Dispõe o art. 4º da Lei n. 9.783/99 que o servidor público civil ativo que permanecer em atividade após completar as exigências para a aposentadoria voluntária integral nas condições previstas no art. 40 da Constituição, ou nas condições descritas no art. 8º da Emenda Constitucional n. 20/98, fará jus à isenção da contribuição previdenciária até a data da publicação da concessão da sua aposentadoria, voluntária ou compulsória.

O abono de permanência não integra, porém, o cálculo da contribuição previdenciária (art. 1º-A, § 1º, VII, da Lei n. 9.783/99).

O § 1º do art. 4º da Lei n. 10.887/2004 estabelece que a contribuição previdenciária não incide sobre o abono pago ao segurado que já está em condições de se aposentar. O abono tem o fato positivo de evitar que o segurado se aposente. A Administração teria de pagar os proventos do aposentado e a remuneração da pessoa que irá sucedê-lo no cargo. Há, portanto, economia para a Administração Pública.

8.2.6 Redutor

Até 31 de dezembro de 2005, quem se aposentar antes de atingir a idade mínima de 55 anos (mulheres) e 60 anos (homens) terá o benefício sujeito a um redutor de 3,5% por ano de antecipação da aposentadoria. A partir de 1º de janeiro de 2006 o redutor será de 5% ao ano (§ 1º do art. 2º da Emenda Constitucional n. 41).

Assim, é possível estabelecer os seguintes quadros para aposentadorias requeridas até 31 de dezembro de 2005:

Homem entre 53 e 60 anos
- 59 anos, falta um ano, redutor: 3,5%
- 58 anos, faltam dois anos, redutor: 7,0%
- 57 anos, faltam três anos, redutor: 10,5%
- 56 anos, faltam quatro anos, redutor: 14%
- 55 anos, faltam cinco anos, redutor: 17,5%
- 54 anos, faltam seis anos, redutor: 21,0%
- 53 anos, faltam sete anos, redutor: 24,5%

Mulher entre 48 e 55 anos
- 54 anos, falta um ano, redutor: 3,5%
- 53 anos, faltam dois anos, redutor: 7,%
- 52 anos, faltam três anos, redutor: 10,5%
- 51 anos, faltam quatro anos, redutor: 14%
- 50 anos, faltam cinco anos, redutor: 17,5%
- 49 anos, faltam seis anos, redutor: 21,0%
- 48 anos, faltam sete anos, redutor: 24,5%

Os quadros seguintes mostram o redutor após 1º de janeiro de 2006:

Homem entre 53 e 60 anos
- 59 anos, falta um ano, redutor: 5%
- 58 anos, faltam dois anos, redutor: 10,0%
- 57 anos, faltam três anos, redutor: 15%
- 56 anos, faltam quatro anos, redutor: 20%
- 55 anos, faltam cinco anos, redutor: 25%
- 54 anos, faltam seis anos, redutor: 30%
- 53 anos, faltam sete anos, redutor: 35%

Mulher entre 48 e 55 anos
- 54 anos, falta um ano, redutor: 5%
- 53 anos, faltam dois anos, redutor: 10%

- 52 anos, faltam três anos, redutor: 15%
- 51 anos, faltam quatro anos, redutor: 20%
- 50 anos, faltam cinco anos, redutor: 25%
- 49 anos, faltam seis anos, redutor: 30%
- 48 anos, faltam sete anos, redutor: 35%

Há afirmações no sentido de que o servidor que tiver mais de 53 anos (homens) e menos de 60 anos e mais de 48 anos (mulheres) e menos de 55 anos entrará na regra da aplicação do redutor, o que viola direito adquirido de quem já tinha implementado a idade de se aposentar de acordo com a regra velha (§ 1º do art. 2º da Emenda Constitucional n. 41). Nem mesmo emenda constitucional pode violar direito adquirido, por se tratar de um direito individual do cidadão (art. 60, § 4º, IV, da Constituição).

8.2.7 Unificação da alíquota de contribuição

As alíquotas das contribuições previdenciárias dos funcionários públicos foram unificadas para 11%, valendo para a União, Estados, Distrito Federal e Municípios (art. 4º da Emenda Constitucional n. 41).

A partir de 31 de dezembro de 2003, os Estados, Distrito Federal e Municípios deverão adaptar suas legislações para cobrar a alíquota de 11%, editando lei específica para esse fim. Não poderá ser utilizada alíquota superior.

8.2.8 Contribuição da União

A Emenda Constitucional n. 3/93 estabeleceu no § 6º do art. 40 da Constituição que "as aposentadorias e pensões dos servidores públicos federais serão custeadas com recursos provenientes da União e da contribuição dos servidores, na forma da lei".

A Contribuição da União será de 22%, que é o dobro da contribuição do segurado. Resta saber se efetivamente ela será recolhida, porque em outras vezes isso não ocorreu.

A contribuição da União, de suas autarquias e fundações para o custeio do regime de previdência, de que trata o art. 40 da Constituição, será o dobro da contribuição do servidor ativo, isto é, 22%, devendo o produto de sua arrecadação ser contabilizado em conta específica (art. 8º da Lei n. 10.887).

A contribuição da União, dos Estados, do Distrito Federal e dos Municípios, incluídas suas autarquias e fundações, aos regimes próprios de previdência social a que estejam vinculados seus servidores, não poderá ser inferior ao valor da con-

8. REFORMA DA EMENDA CONSTITUCIONAL N. 41/2003 | 113

tribuição do servidor ativo, nem superior ao dobro desta contribuição (§ 2º do art. 2º da Lei n. 9.717/98).

A União, os Estados, o Distrito Federal e os Municípios são responsáveis pela cobertura de eventuais insuficiências financeiras do respectivo regime próprio, decorrentes do pagamento de benefícios previdenciários (§ 1º do art. 2º da Lei n. 9.717/98).

8.2.9 Militares

Os militares continuarão a ter regime próprio definido em lei. A eles continua mantido o sistema de paridade e de pensão integral, sem qualquer redutor. Essa é a conclusão da revogação do inciso IX do art. 142 da Constituição, que mandava aplicar os §§ 7º e 8º do art. 40 da Lei Maior.

Não há necessidade de reforma constitucional previdenciária em relação aos militares. Pode ser feita a reforma na lei ordinária.

8.2.10 Gestão

Fica vedada a existência de mais de um regime próprio de previdência social para os servidores titulares de cargos efetivos, e de mais de uma unidade gestora do respectivo regime em cada ente estatal.

A unidade gestora do regime próprio de previdência dos servidores:

a) contará com colegiado, com participação paritária de representantes e de servidores dos Poderes da União, cabendo-lhes acompanhar e fiscalizar sua administração, na forma do regulamento;

b) procederá, no mínimo a cada cinco anos, a recenseamento previdenciário, abrangendo todos os aposentados e pensionistas do respectivo regime;

c) disponibilizará ao público, inclusive por meio de rede pública de transmissão de dados, informações atualizadas sobre as receitas e as despesas do respectivo regime, bem como os critérios e os parâmetros adotados para garantir o seu equilíbrio financeiro e atuarial.

Os proventos de aposentadoria e as pensões serão reajustados na mesma data em que se der o reajuste dos benefícios do regime geral de previdência social (art. 15 da Lei n. 10.887).

8.2.11 Conclusão

Na prática, quatro situações podem ocorrer a partir de agora.

Funcionário público admitido antes da Emenda Constitucional n. 20/98, que terá direito a aposentadoria integral desde que a mulher tenha 30 anos de serviço e 48 de idade e o homem 35 anos de tempo de serviço e 55 de idade, com 20 anos de serviço público, 10 no cargo e cinco na última função.

O segundo funcionário é o que ingressou no sistema após a Emenda Constitucional n. 20/98, mas antes da Emenda Constitucional n. 41/2003, que terá 30 anos de serviço e 55 de idade (mulheres) e 35 anos de serviço e 60 de idade (homens), mas não terá paridade de vencimentos de ativo e inativo.

O funcionário público que for admitido a partir de 31 de dezembro de 2003 fará jus a aposentadoria de no máximo R$ 5.839,45, podendo fazer previdência complementar.

O quarto tipo de servidor é o empregado público, contratado pela CLT, que fica sujeito ao Regime Geral de Previdência Social do INSS e terá aposentadoria de R$ 5.839,45.

Em se tratando de questão social, as leis não deveriam ser alteradas para pior, mas para melhorar os direitos das pessoas ou solidificá-los, nem deveriam ser promovidas tantas mudanças no curso do tempo, que causam insegurança jurídica.

Temos que verificar se queremos uma verdadeira Previdência Social ou a Imprevidência Social. Pretendemos estabilidade das relações jurídicas, com segurança jurídica, ou a instabilidade constante das relações previdenciárias, que geram insegurança jurídica, com constantes modificações *in peius* para o segurado, que sempre está diante de expectativa de direito.

Deixou de ser tomada providência concreta para mudar para melhor a previdência social. Na verdade, estamos mesmo diante da imprevidência social, em razão de tantas mudanças no curso do período em que o segurado adquire o direito. Não há, muitas vezes, como estabelecer um planejamento do benefício, pois a regra vai mudando constantemente no decorrer da relação jurídica.

O segurado está sempre correndo atrás da aposentadoria. Quando está chegando a idade necessária, ela é mudada e a aposentadoria corre dele.

9. CONTRIBUIÇÃO DO INATIVO

A contribuição de inativos tinha sido instituída pelo Decreto-Lei n. 1.910/81 para o custeio da assistência médica, com as alíquotas de 3%, 3,5%, 4% e 5% incidentes sobre o benefício da aposentadoria, de acordo com a faixa salarial do segurado, que era de um a 20 salários mínimos. Incidia 3% sobre as pensões.

A contribuição dos servidores públicos inativos já tinha sido rejeitada três vezes no Congresso Nacional.

A Lei n. 9.873/99 também estabeleceu a contribuição dos inativos no serviço público.

A contribuição dos inativos já era cobrada antes da reforma previdenciária de 2003, nos seguintes Estados:

- Amapá: 8%;
- Bahia: 8%;
- Espírito Santo: 10%;
- Maranhão: 8 a 10%;
- Minas Gerais: 4,8%;
- Mato Grosso: 8 a 12%;
- Paraná: 10%;
- Rio de Janeiro: 11%;
- Rio Grande do Sul: 5,4% + 2%;
- Santa Catarina: 8 a 12%;
- Sergipe: 10%;
- São Paulo: 6%.

A Emenda Constitucional n. 41 prevê contribuição a ser cobrada do inativo ou pensionista do serviço público. Aposentados ou pensionistas do serviço público da União que ganham acima de R$ 5.839,45 e R$ 2.919,14, nos Estados e Municípios, passarão a pagar a contribuição de 11% sobre o que ultrapassar esse limite. Abaixo dos referidos tetos há isenção da contribuição.

A cobrança passa a ser feita em 90 dias a contar da promulgação da Medida Provisória n. 167/2004. Caso não exista a lei do ente específico, os 90 dias devem ser contados a partir da edição da referida lei.

A contribuição será cobrada do inativo ou pensionista do serviço público. Aposentados ou pensionistas do serviço público da União que ganham acima de R$ 5.839,45 terão a incidência da contribuição (art. 3º-A da Lei n. 9.783/99). Nos Estados e Municípios, o que exceder de R$ 2.919,14 terá a incidência da contribuição de 11% (parágrafo único do art. 4º da Emenda Constitucional n. 41). Isso significa que a contribuição não será exatamente de 11%, mas variará entre 3 e 8% dos proventos do aposentado.

Os aposentados e pensionistas de qualquer dos poderes da União, incluídas suas autarquias e fundações, em gozo desses benefícios em 31 de dezembro de 2003, isto é, na data de publicação da Emenda Constitucional n. 41/2003, contribuirão com 11% incidente sobre a parcela dos proventos de aposentadorias e pensões que supere 60% do limite máximo estabelecido para os benefícios do Regime Geral de Previdência Social, que é de R$ 5.839,45.

O § 4º do art. 12 da Lei n. 8.212 também prevê para o aposentado do Regime Geral de Previdência Social, que exerce ou volta a exercer atividade, a obrigação de recolher a contribuição previdenciária na forma de salário de contribuição.

Há vários argumentos no sentido de que as contribuições acima ferem diversos dispositivos da Constituição. Vamos examiná-los.

Não há direito adquirido do aposentado de não ser tributado pela contribuição da Seguridade Social. A relação entre o aposentado que passa a trabalhar, sendo, portanto, trabalhador, e o INSS não é de direito privado, como de um contrato, mas de direito público, decorrente de lei. Havendo o fato gerador previsto em lei, incide o tributo.

A relação entre o aposentado do servidor público e o Estado também não é contratual, mas decorre de lei. Não há direito adquirido de não ser tributado pela contribuição da Seguridade Social. Não se pode falar em direito adquirido à tributação futura. Do contrário, nunca poderia ser alterada a alíquota do imposto de renda para porcentual superior ao atual ou nunca poderia ser criado imposto novo.

O STF entende que o servidor "não se acha imune à incidência dos tributos e das contribuições dotadas desse caráter"[1].

---

1 STF, j. 28-6-1996, Rel. Min. Octávio Gallotti, no julgamento em que foi indeferida liminar na ação direta de inconstitucionalidade movida pelo PT.

9. CONTRIBUIÇÃO DO INATIVO | 117

Decidiu o STF que não há direito adquirido à manutenção de regras de tributação com base em normas que estavam em vigor no momento da consumação do ato ou da celebração de um negócio jurídico (AGRSS 775-1/SP, AGRSS 819-6/SP e RE 225.602/CE).

Assegura o inciso XV do art. 37 da Constituição a irredutibilidade dos subsídios e dos vencimentos dos servidores públicos. Dispõe o inciso III do art. 95 da Lei Magna sobre a irredutibilidade de subsídios dos juízes. Reza o inciso IV do parágrafo único do art. 194 da Constituição sobre a irredutibilidade do valor dos benefícios.

Não existe redução do valor do benefício quando há a incidência da contribuição para a Seguridade Social ou do imposto de renda. O valor do salário bruto permanece o mesmo. Logo, o valor real do benefício não foi reduzido.

A irredutibilidade da remuneração não é oponível à instituição de tributo (STF, RE 70.009/RS e AI 95.521-AgRg/RS). A irredutibilidade do valor do benefício envolve a não redução do valor do pagamento mensal que é feito ao segurado e não a dedução de tributo existente ou que for criado.

Não se está alterando o valor bruto da aposentadoria ou da pensão para se falar em ato jurídico perfeito. O ato jurídico perfeito é a concessão da aposentadoria ou da pensão, que não foram desconstituídas, e não de não ser tributado pela contribuição.

Se, porém, não forem concedidos os mesmos benefícios aos inativos em relação aos segurados da ativa, o valor do benefício acabará sendo reduzido e irá minguar com o tempo.

De acordo com o § 1º do art. 145 da Constituição, o princípio da capacidade contributiva será aplicado "sempre que possível". Logo, quando for impossível, não será observado. Entretanto, acaba dependendo da legislação ordinária para tratar do tema.

Não há prejuízo à capacidade contributiva do contribuinte, pois ela não foi exaurida, além do que depende da previsão legal para ser explicitada.

É claro, porém, o § 1º do art. 145 da Lei Maior no sentido de que o princípio da capacidade contributiva se aplica a impostos e não a contribuições. Logo, não está sendo violado.

Entendo, também, que a nova contribuição não representa confisco, de modo a ser aplicado o inciso IV do art. 150 da Constituição, pois a contribuição previdenciária tem natureza de tributo, na espécie contribuição social.

O confisco é a absorção pelo poder do Estado da propriedade do particular, sem pagar-lhe a justa indenização que a Lei Magna prevê.

Haverá confisco se o Estado exigir por meio de seu poder fiscal mais do que o indivíduo tem, absorvendo parcela considerável de sua propriedade, ou praticamente a sua totalidade, sem justa indenização[2].

Não é o que ocorre, no caso, se somarmos 11% de contribuição e mais 27,5% de Imposto de Renda, que importa em aproximadamente 38,5% de contribuição sobre a renda do trabalhador. Não irá representar mais de 50% da remuneração da pessoa. Logo, não há confisco.

Declarou o STF, porém, a inconstitucionalidade dos arts. 2º e 3º da Lei n. 9.783/99 em liminar e suspendeu as expressões "inativo e pensionistas" e "provento ou pensão" contidas no art. 1º da citada norma por ofenderem o inciso II do art. 195 da Constituição. Foi suspenso o parágrafo único do art. 2º da mesma norma, que institui alíquotas progressivas, por haver tributação com efeito de confisco, porque o imposto de renda mais a referida contribuição atingem a maior parte do rendimento da pessoa[3].

Esse parágrafo foi revogado pela Lei n. 9.988, de 19 de julho de 2000.

O STF julgou inconstitucional a exigência da contribuição, porque foi feita por lei ordinária. Agora, a matéria foi estabelecida por emenda constitucional.

O § 12 do art. 40 da Constituição prevê que, "além do disposto neste artigo, o regime de previdência dos servidores titulares de cargo efetivo observará, no que couber, os requisitos e critérios fixados para o regime geral de previdência social". Assim, é aplicável a regra do inciso II do art. 195 da Constituição.

Poderia ser argumentado que estava sendo alterado por emenda constitucional dispositivo que consiste em cláusula pétrea da Constituição.

Como afirma Carl Schmitt, a possibilidade de reforma da Constituição

> não quer dizer que as decisões políticas fundamentais que integram a substância da Constituição possam ser suprimidas e substituídas por outras quaisquer pelo Parlamento[4].

Nelson Sampaio leciona que "as emendas constitucionais não podem ser revolucionárias; elas devem estar em harmonia com o corpo do documento"[5].

---

2   MARTINS, Sergio Pinto. *Manual de direito tributário*. 4. ed. São Paulo: Atlas, 2005, p. 96.
3   ADIn 2.010-2/DF, Rel. Min. Celso de Mello, *DJU* 12-4-2002.
4   SCHMITT, Carl. Verfassungsleher. Apud CUNHA, Sérgio Sérvulo da. Revisão constitucional: o caso brasileiro. In: BATOCHIO, José Roberto (Coord.). *Revisão constitucional*. Porto Alegre: Sérgio Fabris, 1993, p. 96.
5   SAMPAIO, Nelson. *O poder de reforma constitucional*. 3. ed. Salvador: Nova Alvorada, 1995, p. 91.

A constitucionalidade da norma legal é presumida. A inconstitucionalidade só é proclamada quando é evidente.

Informa Canotilho que as normas constitucionais podem ser inconstitucionais quando apresentarem contradições transcendentes ou contradições positivas. Podem existir:

> contradições transcendentes, ou seja, contradições entre o direito constitucional positivo e os valores, directrizes ou critérios materialmente informadores da modelação do direito positivo (direito natural, direito justo, ideia do direito)[6].

As contradições positivas ocorrem entre uma norma constitucional escrita e outra norma constitucional também escrita.

A inconstitucionalidade de uma norma constitucional resulta do fato de esta norma ser considerada hierarquicamente inferior (*rangniedere Norm*) e estar em contradição com outra norma da constituição julgada hierarquicamente superior (*ranghöhere Norm*)[7].

Otto Bachof afirma que podem as normas constitucionais ser inconstitucionais se houver contradição entre normas constitucionais de grau inferior com as de grau superior[8].

O Ministro Celso Mello já afirmou que:

> atos de revisão constitucional – tanto quanto as emendas à Constituição – podem, assim, também incidir no vício de inconstitucionalidade, configurado este pela inobservância de limitações jurídicas superiormente estabelecidas no texto da Carta Política por deliberação do órgão exercente das funções constituintes primárias ou originárias[9].

Veda o inciso II do art. 195 da Constituição, a exigência de contribuição sobre aposentadorias e pensões de trabalhadores do regime de Seguridade Social. Entretanto, em relação a funcionários públicos não há a mesma posição. Aqui seria possível arguir a desigualdade dos últimos em relação aos primeiros.

Joaquim B. Barbosa Gomes afirma que "remonta ao mundo antigo a ideia essencial à existência humana, de que todos os seres humanos são naturalmente iguais"[10].

---

6 CANOTILHO, José Joaquim Gomes. *Direito constitucional e teoria da Constituição*. 4. ed. Coimbra: Almedina, 2000, p. 1.194-5.
7 CANOTILHO, op. cit., p. 1.195.
8 BACHOF, Otto. *Normas constitucionais inconstitucionais?* Coimbra: Atlântida, 1977, p. 54-59.
9 STF, *RTJ* 153/786.
10 GOMES, Joaquim B. Barbosa. *Ação afirmativa e o princípio constitucional da igualdade*. Rio de Janeiro: Renovar, 2001, p. 1.

Assevera Cândido Motta Filho que:

> a igualdade, velha aspiração humana, constitui o tema principal do socialismo. Lembrada pelos filósofos gregos, focalizada por Sêneca e pelos primeiros cristãos, depois, pelos doutores da Igreja, torna-se a razão de ser da verdadeira felicidade social[11].

A igualdade era preocupação de Platão e Aristóteles. Na Idade Média, foi estudada por São Tomás de Aquino. "Com os filósofos racionalistas dos séculos XVII e XVIII, o princípio da igualdade adquire um novo vigor, sendo utilizado como uma arma ideológica contra o despotismo."

A Declaração dos Direitos do Homem e do Cidadão de 1789 mostra que "os homens nascem livres e iguais em direitos".

A igualdade é uma forma de assegurar o próprio Direito. A Revolução Francesa preconizava a igualdade como forma de oposição ao absolutismo da realeza. O objetivo era acabar com os privilégios.

Assegura o art. 5º da Constituição a igualdade de todos perante a lei, sem distinção de qualquer natureza.

Viola o princípio da igualdade (art. 5º da Lei Maior) estabelecer contribuição apenas para servidores públicos inativos e não para os segurados inativos sujeitos ao Regime Geral de Previdência Social. Aqui está havendo distinção.

Afirma Rui Barbosa, na célebre Oração aos Moços, que:

> a regra da igualdade consiste senão em aquinhoar desigualmente os desiguais, na medida em que se desigualam. Nesta desigualdade social, proporcionada à desigualdade natural, é que se acha a verdadeira lei da igualdade. Tratar como desiguais a iguais, ou a desiguais com igualdade, seria desigualdade flagrante, e não igualdade real. Os apetites humanos conceberam inverter a norma universal da criação, pretendendo, não dar a cada um, na razão do que vale, mas atribuir o mesmo a todos, como se todos se equivalessem[12].

Os funcionários inativos irão pagar a contribuição previdenciária, enquanto os aposentados e pensionistas do Regime Geral de Previdência Social não o farão, com base no inciso II do art. 195 da Constituição.

Leciona Celso Antônio Bandeira de Mello que:

---

11 MOTTA FILHO, Cândido. *O conteúdo político das Constituições*. Rio de Janeiro, 1950, p. 182.
12 BARBOSA, Rui. *Oração aos moços*. 8. ed. Rio de Janeiro: Ediouro, 1997, p. 55.

é agredida a igualdade quando fator diferencial adotado para qualificar os atingidos pela regra não guarda relação de pertinência lógica com a inclusão ou exclusão do benefício diferido ou com a inserção ou arredamento do gravame imposto[13].

De revés, ocorre imediata e intuitiva rejeição da validade à regra que, ao apartar situações para fins de regulá-la diversamente, calça-se em fatores que não guardam pertinência com a desigualdade de tratamento jurídico dispensado[14].

Não há fundamento para tratar de forma diferenciada o inativo do serviço público e o proveniente do Regime Geral de Previdência Social.

Afirma Francisco Campos que:

> enunciando o direito à igualdade em primeiro lugar, o seu propósito foi, precisamente, o de significar a sua intenção de prescrever, evitar ou proibir que em relação a cada indivíduo pudesse variar o tratamento quanto aos demais direitos que ela assegura e garante[15].

Viola cláusula pétrea da Constituição, consistente em direitos e garantias individuais, tratar desigualmente os aposentados e pensionistas do sistema público e do Regime Geral de Previdência Social, que não poderia ser alterada por emenda constitucional (art. 60, § 4º, IV, da Constituição). O constituinte derivado não pode exceder os limites estabelecidos pelo constituinte originário. A não ser que se queira utilizar da ideia de George Orwell de que "todos os animais são iguais, mas alguns animais são mais iguais do que os outros"[16]. Mostra que todos são iguais, mas alguns são mais iguais do que os outros.

Os iguais devem ser tratados igualmente para efeito de se obter justiça, assim como os desiguais devem ser tratados desigualmente para se poder falar em igualdade.

Não há justificativa para que pessoas que são segurados sejam tratadas de forma diferenciada para efeito de incidência da contribuição dos inativos, somente porque pertencem a regimes jurídicos diversos.

Deve ser observada a igualdade em todas as relações que digam respeito ao homem, inclusive em relação à contribuição de inativos, pois, para que se possa fazer justiça, os pratos da balança devem ser iguais, do contrário se comete injustiça.

---

13 MELLO, Celso Antônio Bandeira de. *O conteúdo jurídico do princípio da igualdade*. 6. ed. São Paulo: Malheiros, 1999, p. 38.
14 MELLO, Celso Antônio Bandeira de. *O conteúdo jurídico do princípio da igualdade*. 2. ed. São Paulo: Revista dos Tribunais, 1984, p. 47.
15 CAMPOS, Francisco. *Direito constitucional*. Rio de Janeiro: Freitas Bastos, 1956. v. 2, p. 12.
16 ORWELL, George. *A revolução dos bichos*. Rio de Janeiro: São Paulo: Record, 1962, p. 93.

Tratar desigualmente a iguais é injustiça. Tratar desiguais desigualmente é forma de fazer justiça.

A contribuição do inativo viola o princípio da igualdade tributária (art. 150, II, da Constituição).

No § 5º do art. 195 da Constituição, não está escrito que o custeio não será criado sem o correspondente benefício, mas que o benefício não será criado sem a correspondente fonte de custeio.

O § 1º do art. 149 da Constituição não mais faz referência ao fato de que a contribuição será destinada a custear a assistência social. Passa a haver harmonia entre o dispositivo citado e o art. 203 da Lei Maior, que estabelece que a assistência social independe de contribuição.

Qual a natureza da exigência a ser prevista na emenda constitucional?

A contribuição tem a característica de envolver uma contraprestação. A pessoa paga para ter direito a algo no futuro. Existe um benefício a que poderá fazer jus.

O imposto, ao contrário, não tem a natureza de contraprestação. O conceito contido no art. 16 do CTN é claro no sentido de que imposto é a prestação que independe de uma atividade estatal relativa ao contribuinte. Não será prestado nenhum serviço ao contribuinte, nem se lhe dará direito a algo. O imposto tem a característica da generalidade.

Qualquer sistema de seguridade social tem por objetivo que os ativos financiem os inativos. Envolve um sistema de solidariedade entre as pessoas, que fazem cotizações mútuas para terem direito a benefícios quando deles necessitarem.

A contribuição social exigida dos inativos não tem essa característica, justamente porque já contribuíram o suficiente para fazer jus ao benefício, do contrário não lhes seria concedido. A contribuição exigida do inativo tem natureza de imposto, porque é geral e não serve para custear a aposentadoria já obtida do segurado.

O Ministro Sepúlveda Pertence argumentou que:

> contribuição social é um tributo fundado na solidariedade social de todos para financiar uma atividade estatal. Assim como não aceito considerações puramente atuariais na discussão dos direitos previdenciários, também não as aceito para fundamentar o argumento básico contra a contribuição dos inativos, ou seja, a de que já cumpriram o quanto lhes competia para obter o benefício da aposentadoria. Contribuição social é um tributo fundado na solidariedade social de todos para financiar uma atividade estatal complexa e universal, como é a da Seguridade (ADIMC 1.441-2/DF).

Descabido o argumento de que deve existir solidariedade dos aposentados com os demais segurados do sistema, pois se a pessoa já recolheu o suficiente para ter direito ao benefício não há como se solidarizar com outras pessoas para que estas tenham direito ao benefício.

O STF entendeu constitucional o § 2º do art. 18 da Lei n. 8.213/91 (RE 827.833 e 661.256). É possível cobrar a contribuição do aposentado que retorna ao Regime Geral (ARE 1224327/ES). O STF também considerou a possibilidade de exigência da contribuição do aposentado com base no princípio da solidariedade, de que todos devem contribuir para o sistema.

O art. 201 da Constituição explicita que o regime de Previdência Social é contributivo, ao contrário do sistema de Assistência Social. O mesmo ocorre em relação aos servidores públicos. Logo, a pessoa contribui para ter direito ao benefício. Quando implementa todas as condições para esse fim, com as contribuições necessárias, passa a ter direito ao benefício. No período de carência a pessoa contribui, mas ainda não tem direito ao benefício. Num regime contributivo exige-se correlação de a pessoa pagar para ter direito ao benefício. É a característica da contribuição. Há correspondência entre a contribuição e o benefício.

Não há dúvida que exigir contribuição do aposentado é injusto. O segurado já contribuiu o suficiente para o sistema para fazer jus ao benefício, tanto que se aposentou. Do contrário, ele não seria concedido. Não há qualquer vantagem ao aposentado em contribuir. Sua aposentadoria não vai ser melhorada com a contribuição vertida após o jubilamento, nem vai ser concedida outra aposentadoria. Não há direito a pecúlio, com a devolução do que já pagou após se aposentar, quando parar de trabalhar. Logo, inexiste qualquer vantagem para o segurado pagar a contribuição, seja sobre o trabalho que volta a executar, seja a dos funcionários públicos inativos sobre os seus proventos. Por exemplo, o § 2º do art. 18 da Lei n. 8.213 dispõe que o aposentado que voltar a exercer atividade não fará jus a prestação alguma da Previdência Social, exceto ao salário-família e à reabilitação profissional, se empregado. Sendo autônomo, não faz jus nem mesmo ao salário-família e à reabilitação profissional. Que vantagem há, então, em contribuir? Nenhuma.

O aposentado já pagou a contribuição para fazer jus ao benefício. Isso mostra o princípio da contrapartida. Não há retribuição com a nova contribuição. A exigência é um tributo sem causa jurídica. Não há relação causal com o fato gerador da obrigação tributária. Nenhuma contraprestação é devida ao segurado com a exigência da contribuição do inativo. A contribuição previdenciária é um tributo vinculado a uma espécie de prestação: o benefício.

O Ministro Celso de Mello já afirmou: "o regime contributivo é, por essência, um regime de caráter eminentemente contributivo. Sem causa suficiente, não se justifica a instituição (ou a majoração) da contribuição de seguridade social, pois, no regime de previdência de caráter contributivo, deve haver, necessariamente, correlação entre custo e benefício. A existência de estrita vinculação causal entre contribuição e benefício põe em evidência a correção da fórmula segundo a qual não pode haver contribuição sem benefício, nem benefício sem contribuição" (ADIn 2.010/MC/DF, j. 30-9-1999, rel. Min. Celso de Mello, DJ 12-4-2002, p. 51).

O custeio implica o pagamento do benefício. Se a pessoa já recebe o benefício, não tem sentido falar em custear o próprio benefício.

O inativo tem sua situação definida pelas normas em vigor por ocasião da aposentadoria, não devendo mais pagar contribuições, porque já as pagou.

Não exerce cargo ou função, como ocorre com os servidores ativos, que, portanto, ficam sujeitos à contribuição previdenciária.

A natureza jurídica da exigência da contribuição de inativos é de imposto (art. 16 do CTN), porque é geral e não serve para custear a aposentadoria já obtida do segurado. Não há contraprestação, por parte do Estado, de no futuro conceder benefício ao segurado. Ocorre o pagamento de um valor sem que exista uma atividade estatal específica relativa ao contribuinte, justamente a característica de imposto.

Não se pode preconizar que os inativos financiem também os seus próprios benefícios, porque nesse caso não temos contribuição, mas imposto, pois o contribuinte nenhuma vantagem tem.

O imposto não pode ter o produto da sua arrecadação vinculado a órgão, fundo ou despesa (art. 167, IV, do CTN).

Dispõe o inciso I do art. 154 da Constituição que a União poderá instituir impostos não previstos no art. 153 da Lei Magna, mediante lei complementar e desde que não tenha fato gerador ou base de cálculo de impostos previstos na Constituição e também não seja cumulativo.

As Leis n. 8.212 e 9.783 não são leis complementares, mas ordinárias; além disso, o fato gerador e a base de cálculo acabam sendo a remuneração da pessoa. O art. 1º da Lei n. 9.783 é claro no sentido de que a "contribuição" incide sobre a remuneração da pessoa. O salário de contribuição incide sobre a remuneração. Na prática, o fato gerador e a base de cálculo acabam sendo os mesmos do imposto de renda: ter disponibilidade econômica ou jurídica (art. 43 do CTN) e o montante real da renda ou dos proventos (art. 44 do CTN), isto é, remuneração ou proventos. Logo, é vedada a cobrança da citada "contribuição" dos inativos, tanto no setor público como no setor privado, pois há exigência formal de lei complementar para a cobrança da exação. Não pode a "contribuição" ser exigida por lei ordinária. Inconstitucionais, portanto, as determinações das Leis n. 8.212 e 9.783.

Em relação aos direitos fundamentais, Canotilho afirma que não deve haver a "desconstitucionalização de matérias", em que os governantes, em nome da economia, diminuem ou suprimem direitos sociais constitucionalmente assegurados. É a proibição do retrocesso[17].

O núcleo essencial dos direitos sociais já realizado e efetivado através de medidas legislativas (...) deve considerar-se constitucionalmente garantido, sendo inconstitucionais quaisquer medidas que, sem a criação de esquemas alternativos ou compensatórios, se traduzam na prática em uma anulação, revogação ou aniquilação pura e simples desse núcleo essencial. A liberdade do legislador tem como limite o núcleo essencial já realizado[18].

No caso do inativo, é um tremendo retrocesso determinar que pague contribuição se já recebe o benefício.

O governo deveria investir no combate à sonegação e não criar contribuições para pessoas que já pagaram para ter direito ao benefício, de acordo com a previsão legal da época da sua concessão. Na prática, verifica-se que, quanto mais oneroso é o tributo, maior é a sonegação. Quanto mais se cobra, maior a rejeição social à exigência. Por que, então, não diminuir as contribuições e impostos? Seria menor a sonegação e as pessoas teriam maior vontade em contribuir.

Pretende o governo resolver o problema econômico à custa do desemprego, da exigência de mais impostos e contribuições e, principalmente, do "bode expiatório" que passa a ser o funcionário público e também os juízes.

A partir do momento em que a pessoa completou os requisitos para a concessão do benefício e este passa a ser percebido, não se pode mais falar que a contribuição do inativo serve para custear o benefício.

Afirma-se que o servidor público aposentado não recolheu o suficiente para ter direito ao benefício previdenciário, daí por que a exigência da contribuição. Se ele não recolheu o suficiente, sua aposentadoria não deveria ser concedida. Ressalte-se que o segurado da área privada também poderia ter recolhido contribuição durante 32 anos à razão de um salário mínimo e nos últimos 36 meses recolheu sobre o teto. Entretanto, se atendeu os requisitos legais, a aposentadoria lhe foi concedida. Há, portanto, desigualdade.

Há servidores que contribuíram e outros só pagaram a contribuição para custear a pensão. Não pode a contribuição ser estabelecida indistintamente. Deveria ser cobrada apenas de quem não contribuiu para a aposentadoria.

O fato de o servidor público inativo receber o valor líquido do benefício em importância superior ao do servidor ativo, em razão da inexistência da contribui-

---

17 CANOTILHO, José Joaquim Gomes. *Constituição dirigente e vinculação do legislador*. Coimbra: Coimbra Editora, 1994. p. 470.
18 CANOTILHO, José Joaquim Gomes. *Direito constitucional e teoria da constituição*. 5. ed. Coimbra: Almedina, p. 336-337.

ção previdenciária incidente sobre o provento, não quer dizer nada, pois o inativo não tem mais obrigação de contribuir, tanto que o benefício lhe foi concedido. O objetivo da contribuição do inativo é somente aumentar a arrecadação.

Muitos servidores irão ficar no serviço público até os 70 anos, quando se dá a aposentadoria compulsória, visando a não reduzir sua remuneração e não ter incidência da contribuição sobre o provento. Isso implica que não serão gerados postos de trabalho com as aposentadorias e distribuição de renda. Serão mantidas no serviço público muitas pessoas que não têm mais condição de trabalho, que estão desmotivadas, deixando de haver a renovação dos quadros.

Na área do contrato de seguro, se o contratante já pagou o prêmio para ficar segurado pelo sistema, não tem de pagar novo prêmio, se já obteve o benefício, a não ser para um benefício novo. O mesmo raciocínio se aplica em relação à exigência de contribuição do inativo.

O STF, julgando ação direta de inconstitucionalidade na vigência da Emenda Constitucional n. 41/2004, entendeu não ser inconstitucional a cobrança do inativo. Entendeu que não há direito adquirido a não ser tributado (ADIn 3.128-DF, Red. Min. Cezar Peluso).

Os aposentados e os pensionistas de qualquer dos Poderes da União, incluídas suas autarquias e fundações, contribuirão com 11%, incidentes sobre o valor da parcela dos proventos de aposentadorias e pensões, que supere o limite máximo estabelecido para os benefícios do regime geral de previdência social (art. 5º da Lei n. 10.887).

Os aposentados e os pensionistas de qualquer dos Poderes da União incluídas suas autarquias e fundações, em gozo desses benefícios na data de publicação da Emenda Constitucional n. 41, de 19 de dezembro de 2003, contribuirão com 11%, incidentes sobre a parcela dos proventos de aposentadorias e pensões que supere 60% do limite máximo estabelecido para os benefícios do Regime Geral de Previdência Social (art. 6º da Lei n. 10.887).

A contribuição incidirá sobre os proventos de aposentadorias e pensões concedidas aos servidores e seus dependentes que tenham cumprido todos os requisitos para obtenção desses benefícios com base nos critérios da legislação vigente até 31 de dezembro de 2003.

Estabelecer contribuição para o inativo é a mesma coisa que pagar um bem em prestações, quitar a última parcela e continuar a pagar o bem ou então estabelecer contribuição para financiar a aposentadoria da outra encarnação. Não há lógica alguma nisso.

Daí por que mister se faz concluir com Montesquieu, ao afirmar que "a injustiça feita a um só homem é uma ameaça feita a todos".

10. PENSÃO POR MORTE DO SERVIDOR

Em sentido amplo, pensão é a renda paga a certa pessoa durante toda a sua vida.

A palavra *pensão* tem significado muito amplo. É o gênero do qual são espécies a pensão alimentícia do Direito Civil e a pensão por morte do Direito Previdenciário. Daí por que a expressão *pensão por morte* é mais precisa, indicando o benefício previdenciário.

Determinava o art. 48 da Lei n. 3.807/60 que o valor da pensão por morte do segurado da área privada era devido ao conjunto de dependentes. Era constituído de parcela familiar de 50% do valor da aposentadoria e mais tantas parcelas de 10%, até o máximo de cinco. Era o que se falava em quota familiar e quota individual de cada dependente.

A redação original do art. 75 da Lei n. 8.213 estabeleceu uma parcela de 80% relativa à família no valor da aposentadoria que o segurado recebia ou a que teria direito se estivesse aposentado na data de seu falecimento, mais tantas parcelas de 10%, até o máximo de duas.

A Lei n. 9.032, de 28 de setembro de 1995, deu nova redação ao art. 75 da Lei n. 8.213, dispondo que o valor mensal da pensão por morte passa a ser de 100% do salário de benefício. Com isso, desapareceram a parcela familiar e as quotas individuais. A base de cálculo passa a ser o salário de benefício, em vez da aposentadoria do segurado falecido.

A Lei n. 9.528, de 10 de fevereiro de 1997, deu nova redação ao art. 75 da Lei n. 8.213, mantendo o coeficiente de 100%, porém modificando a base de cálculo, que passa a ser novamente a aposentadoria do segurado.

Agora, há um porcentual único de 100% sobre o salário de benefício, não mais se falando em um porcentual mínimo e mais outro relativo a dependentes. O porcentual agora se refere integralmente à família e não à família mais os dependentes, demonstrando que pouco importa o número de dependentes que o segurado tiver, apenas para o rateio. Não há mais também um porcentual diferenciado para caso de acidente do trabalho.

Prevê o art. 215 da Lei n. 8.112/90 que a pensão por morte do servidor público é devida mensalmente aos dependentes do segurado no valor correspondente ao da respectiva remuneração ou provento.

Afirma-se que o Brasil é um dos poucos países do mundo que paga a pensão no valor integral.

Em outros países, o benefício é pago levando em conta critérios de idade, renda, capacidade de trabalho do cônjuge ou seu rendimento, existência de filhos menores, recebimento de outros benefícios, necessidades da pessoa.

Na Argentina, o cônjuge sobrevivente tem direito a 90% da aposentadoria paga ou acumulada pelo segurado, porém, se voltar a casar recebe apenas um pagamento único de três anos de pensão.

No Canadá, a pensão é paga por no máximo 10 anos e somente se o cônjuge sobrevivente for responsável pela criação de filhos menores de sete anos.

Na França, as pensões equivalem a 50% do valor da aposentadoria.

Na Holanda, o beneficiário da pensão recebe 70% do salário ou da aposentadoria.

Na Suécia, a partir de 1990, no regime universal, as pensões por morte estão sendo substituídas por prestações de readaptação pagas aos sobreviventes de ambos os sexos por período igual ou superior a um ano, na hipótese de serem responsáveis por filhos menores de 12 anos. A pensão toma por base 50% do salário ou aposentadoria, mas limitado o pagamento a cinco anos.

No Uruguai, há um limite de idade de 40 anos para que o benefício seja vitalício.

Nos outros países, o valor do benefício é razoável. No Brasil, o valor da maioria dos benefícios é baixo. Não é possível limitar por baixo.

A Emenda Constitucional n. 41 estabelece que as pensões por morte do servidor público concedidas a partir de 1º de maio de 2005 serão integrais até R$ 5.839,45. O valor que exceder de R$ 5.839,45 terá um desconto de 30%.

Ainda será aplicada a contribuição previdenciária de 11% sobre o que exceder o teto da tabela do imposto de renda.

Os servidores que morrerem em atividade, antes de cumprirem as novas regras da emenda constitucional, também deixarão pensões integrais até R$ 5.839,45. O valor que exceder o teto terá redução de 30%.

O fundamento para exigir um desconto de 30% para o cálculo da pensão e não a pagar com o porcentual de 100% é o fato de que diminuem os gastos na família do segurado com sua morte. Existem, porém, vários tipos de família. Se a

10. PENSÃO POR MORTE DO SERVIDOR | 129

família é numerosa, a diminuição de uma pessoa da família não altera a necessidade de receber a pensão integral, principalmente porque muitos benefícios têm baixo valor. É o que ocorre com famílias de mais de cinco pessoas.

Na velhice é que a pessoa precisa do benefício integral, pois não pode trabalhar, tem maiores gastos com médicos e remédios.

Por que estabelecer o desconto de 30% para as pensões? Não há nenhum estudo estatístico e científico que demonstre esse número. Por que não 17, 24 ou 39%?

Parece que o número utilizado tomou por base apenas quanto seria possível economizar no pagamento da pensão, que seria de 30% do que exceder de R$ 5.839,45.

Em relação à pensão por morte na área privada não há alterações no porcentual, o que mostra inconstitucionalidade, pois está havendo tratamento diferenciado. Há violação de cláusula pétrea, pois a Emenda Constitucional não pode estabelecer procedimentos diferenciados para pessoas que estão em situações iguais.

Como afirma Pimenta Bueno:

> a lei deve ser uma e a mesma para todos; qualquer especialidade ou prerrogativa que não for fundada só e unicamente em uma razão muito valiosa do bem público será uma injustiça e poderá ser uma tirania[1].

Não há justificativa de ordem pública para haver esse tratamento diferenciado, pois, se existe déficit no regime privado, mais uma razão para que nesse regime também houvesse diminuição do valor das pensões no Regime Geral de Previdência Social.

A diferença do redutor na pensão entre servidores da União e de outros entes da federação viola o princípio da igualdade.

Há também violação ao princípio da igualdade, pois em relação aos pensionistas militares dos Estados, do Distrito Federal e dos Territórios, aplica-se o que for fixado em lei específica do respectivo ente estatal (§ 2º do art. 42 da Constituição).

Aos dependentes dos servidores titulares de cargo efetivo e dos aposentados de qualquer dos Poderes da União, dos Estados, do Distrito Federal e dos Municípios, incluídas suas autarquias e fundações, falecidos a partir de 21-6-2004, será concedido o benefício de pensão por morte, que será igual:

a) à totalidade dos proventos percebidos pelo aposentado na data anterior à do óbito, até o limite máximo estabelecido para os benefícios do regime geral de previdência social, acrescida de 70% da parcela excedente a este limite; ou

---

1 BUENO, Pimenta. *Direito público e análise da Constituição do Império*. Rio de Janeiro, 1857, p. 424.

b) à totalidade da remuneração do servidor no cargo efetivo na data anterior à do óbito, até o limite máximo estabelecido para os benefícios do regime geral de previdência social, acrescida de 70% da parcela excedente a este limite, se o falecimento ocorrer quando o servidor ainda estiver em atividade (art. 2º da Lei n. 10.887/2004).

A disposição estabelece condição alternativa, mostrando que se trata de outra situação e não as duas ao mesmo tempo.

A pensão não pode exceder a remuneração do respectivo servidor, no cargo efetivo em que se deu a aposentadoria ou que serviu de referência para a concessão da pensão (§ 2º do art. 40 da Constituição).

Para os fins do teto do servidor público, União, Estados, Distrito Federal e Municípios instituirão sistema integrado de dados relativos às remunerações, proventos e pensões pagos aos respectivos servidores e militares, ativos e inativos, e pensionistas, na forma do regulamento (art. 3º da Lei n.10.887).

11. PREVIDÊNCIA COMPLEMENTAR E A REFORMA

Pretende-se fazer uma transformação no sistema de Previdência Social do servidor público. Vai ser garantido um benefício mínimo de até R$ 5.839,45 ao funcionário público que for admitido na Administração Pública a partir da publicação da emenda constitucional, em 31 de dezembro de 2003, desde que a matéria seja regulada em lei pela Administração Pública. Se o funcionário quiser receber um benefício maior, deverá fazer um plano de previdência privada complementar.

A entidade pública que vai administrar o fundo não pode ser a própria Administração Direta, mas a Administração Indireta, sob a forma de autarquia ou fundação pública. Não pode ser feita por entidades que têm natureza privada e, principalmente, que visem ao lucro.

É inegável que a previdência privada complementar é uma forma de acumular recursos. Tem característica econômica e individualista, mas não social.

Estudo da OIT mostra a acumulação de poupança gerada pelos Fundos de Pensão no mundo:

PAÍS	POUPANÇA NACIONAL (% DO PIB)	FUNDOS DE PENSÃO (% DO PIB)
Alemanha	23	4
Austrália	18	39
Canadá	15	35
Dinamarca	19	60
EUA	15	66
França	21	3
Irlanda	20	37
Japão	34	8
Holanda	25	76
Reino Unido	14	73
Suíça	30	70

Em estudo mais recente, Suely Caldas mostra o patrimônio dos fundos de pensão em relação ao PIB de alguns países:

PATRIMÔNIO DO FUNDO EM RELAÇÃO AO PIB (%)		
1º	Holanda	113
2º	Suíça	102
3º	Reino Unido	85
4º	Islândia	83
5º	EUA	70
6º	Austrália	62
7º	Irlanda	52
8º	Chile	51
9º	Canadá	48
10º	Dinamarca	22
11º	Japão	21
12º	Bolívia	13
13º	Brasil	13
16º	Finlândia	9
24º	Argentina	4
29º	México	2

Se, porém, a maior parte do PIB ficar nas mãos do setor de previdência privada, as decisões políticas e de investimentos econômicos ficarão centralizadas nessas empresas.

Caso os próprios fundos de previdência privada dos empregados sejam titulares da maioria das ações das empresas empregadoras, os trabalhadores serão considerados patrões de seus empregadores.

No período de 1996 a 2002 houve expansão nos planos de previdência privada em 608%. Passaram os recursos acumulados de R$ 1 bilhão para R$ 7,1 bilhões.

Os planos de previdência privada cresceram 64% de janeiro a agosto de 2003 em relação ao mesmo período do ano anterior.

Há em torno de 364 fundos de pensão, que representam 11% do PIB, atingindo 6,63 milhões de beneficiários[1].

---

1 PEREIRA NETTO, Juliana Presotto. *A previdência social em reforma*. O desafio de inclusão de um maior número de trabalhadores. São Paulo: LTr, 2002, p. 156.

Em agosto de 2003 os recursos de previdência privada montaram R$ 42 bilhões. Em 2003, o sistema atingiu 6,2 milhões de planos. As receitas no mesmo ano foram de R$ 14,869 bilhões, com crescimento de 53,56% em relação a 2002. A carteira de investimento passou de R$ 31,7 bilhões em 2002 para R$ 48,5 bilhões em 2003, com aumento de 52,75%. As reservas técnicas passaram para R$ 44,3 bilhões, com 51,4% a mais do que em 2002.

O sistema beneficia, na verdade, as seguradoras ou bancos, inclusive multinacionais, que estiverem interessados em atuar na área, por ser muito rendosa.

O sistema público de concessão de benefícios deve ser mantido, pois o sistema privado não se tem mostrado adequado. Exemplos são as empresas que passaram a prestar serviços na área e posteriormente faliram, como Capemi, montepio da família militar e outras, em que o trabalhador pagou a contribuição por vários anos e depois não teve como receber o benefício, no momento em que mais necessitava. Quem garante que daqui a 30 ou 35 anos um grande banco ou seguradora vai existir?

Se a pessoa souber administrar a aplicação financeira mensal de valores destinados a formar uma poupança para futura aposentadoria, é mais barato do que adquirir plano de previdência privada, pois neste ainda existe a cobrança da taxa de administração pela empresa de previdência privada.

Uma das razões pelas quais as pessoas deixaram de fazer consórcios de automóveis foi exatamente a taxa de administração. É mais barato comprar o veículo do que pagar o veículo à administradora de consórcio e mais a taxa de administração.

Até 1978 os valores depositados no sistema de previdência privada não eram sequer corrigidos. Eles sumiam com a própria inflação e a desvalorização da moeda.

De 1994 a 1995 a insuficiência de cobertura do sistema de fundos de pensão de entidades estatais aumentou 6,9%. Nesse período os ativos diminuíram 1,82%. Os valores do déficit eram de R$ 20,9 bilhões em 1994 e R$ 22,4 bilhões em 1995.

A Secretaria de Previdência Complementar identificou nos primeiros meses de 2001 que havia um déficit de R$ 8,2 bilhões em 86 fundos de previdência privada. Se as pessoas requeressem os benefícios, não haveria dinheiro suficiente para pagá-los.

Há certos planos de previdência privada que pagam benefícios aos aposentados sem que eles tenham contribuído de forma suficiente para isso, como os do Banco do Brasil, Caixa Econômica Federal e Petrobras. A Petrobras, por exemplo, nos últimos quatro anos, teve de aportar R$ 9 bilhões para os fundos de seus funcionários para cobrir dois rombos[2].

---

2   CALDAS, Suely. Equívocos da previdência. *O Estado de S. Paulo*. Caderno de Economia.

A Petros teve quatro déficits em sete anos no total de 18,6 bilhões, que terá de ser bancado pela empresa. Em 2004, a Petros teve déficit de R$ 9,4 bilhões. O balanço da Petrobrás de 2005 mostra rombo da Petros de 9,351 bi.

A Varig deve a Aerus R$ 1,059 bilhão[3]. A Aerus não tem condições de pagar a complementação de aposentadoria no valor que seria correto, por falta de numerário.

O fundo de previdência do Correio também não teve condições de pagar a complementação integral para os funcionários da referida empresa. Houve déficit.

11.1 CHILE

O sistema chileno foi criado pelo Decreto-Lei n. 3.500, de 4 de novembro de 1980, implantando a CPI (Capitalização Plena Individual). O regime foi estabelecido na ditadura de Pinochet. Cada trabalhador tem uma conta individual. Ela só pode ser usada no momento da aposentadoria, em que a pessoa usufrui do montante acumulado mais a remuneração do capital investido.

Estabelece o art. 2º da citada norma que:

> a entrada do indivíduo no mercado de trabalho gera a filiação automática ao sistema e a obrigação de cotizar, em uma administradora de fundo de pensão, sem prejuízo do disposto para os trabalhadores independentes.

Não há mais contribuição da empresa. O trabalhador contribui para uma conta de aposentadoria pessoal.

Os empregados e os trabalhadores independentes contribuem com 7% da remuneração para um seguro de saúde, 10% para aposentadoria e 3,2% para a administração do sistema pela Administradora de Fundos de Pensão (AFP). É administradora privada. O empregador só contribui com 0,9% para o financiamento das prestações de acidente do trabalho.

Os trabalhadores podem contribuir com um adicional de até 10% sobre os salários antes dos impostos. Os chilenos pagam taxa de administração de 20%, sendo 12,3% sobre o salário.

Não houve oposição à criação do novo sistema, pois a ditadura dissolveu o Congresso, proibiu a existência dos partidos políticos e das confederações sindicais e controlou os meios de comunicação[4]. Logo, não houve orientação contrária à instituição do sistema.

---

3 *O Estado de São Paulo*, 17-7-2005, p. B7.
4 MESA-LAGO, Carmelo. As reformas da seguridade social na América Latina e os posicionamentos dos organismos internacionais. *Conjuntura Social*, Brasília, v. 8, p. 53, jul. 1997.

O economista chileno Orlando Caputo afirma que no seu país corre-se

> o risco de que ocorra um desequilíbrio entre os ativos e os passivos desses fundos no futuro, já que tiveram prejuízos de cerca de US$ 4 bilhões com a queda das bolsas[5].

Os recursos acumulados nos fundos chilenos correspondiam a 70% do PIB em 2004. Visam financiar o crescimento econômico. Em 2004, 95% dos trabalhadores eram cobertos pelo sistema.

No início dos anos 70, eram 71,2% os contribuintes do sistema. Até 1996, os contribuintes eram apenas 47% dos trabalhadores. Muitas pessoas não recolhem a contribuição para receber o benefício mínimo pago pelo Estado. Isso mostra que, apesar da privatização, não houve ampliação da cobertura em relação aos beneficiários. O sistema pode ser de previdência, mas não é social.

O governo tem de bancar benefícios de pessoas que não conseguem receber o benefício mínimo. Logicamente que isso acaba sendo financiado por meio de impostos.

Os militares permaneceram no sistema anterior, podendo se aposentar com 20 anos de serviço. O sistema é financiado pelo Estado.

Uma pessoa precisa ter contribuído por 240 meses ou 20 anos para ter direito ao benefício. A aposentadoria por invalidez ou por idade é concedida aos homens com 65 anos e para as mulheres com 60 anos.

A aposentadoria por idade envolve o retiro programado, a renda vitalícia e a renda temporal com renda vitalícia diferida.

No retiro programado, o trabalhador mantém seu fundo na administradora. Caso o dinheiro acabe antes do falecimento do segurado e ele tenha 20 anos de contribuição, recebe uma pensão mínima financiada pelo Estado. Caso desapareçam todas as pessoas com direito a pensão e sobre um saldo de capital na conta individual, o saldo será considerado herança para quem tinha direito a ela.

Na renda vitalícia, o dinheiro do trabalhador fica com uma companhia de seguros. O trabalhador tem direito a uma renda média, enquanto ele ou seus dependentes viverem. O cálculo será feito com base no saldo acumulado e na expectativa de vida do segurado e das pessoas da família.

A terceira hipótese envolve a opção por uma pensão temporária prestada pela AFP e, após certo tempo, a opção pela renda vitalícia por meio de uma companhia de seguro.

---

5 CAPUTO, Orlando. *O Globo*, 19-4-1998.

Dos 14 fundos existentes em 1976/77, existem apenas seis. Faliram oito fundos, não pagando os trabalhadores, ou foram incorporados por fundos maiores. Os empresários descontaram quase US$ 200 milhões dos empregados, mas não os repassaram aos fundos.

Atualmente, paga-se 15% dos últimos salários. O aumento da expectativa de vida e a queda do rendimento do sistema financeiro tendem a reduzir o benefício. Há pessoas que hoje estão recebendo menos do que um salário mínimo de benefício.

O dinheiro dos fundos é usado para financiar negócios empresariais, com juros baixos, comprar ações de empresas. Os donos das AFPs usam o dinheiro para financiar os negócios dos próprios empresários, comprar ações de empresas etc.

Os aposentados recebem menos de 30% do que recebiam antes. Tem havido muitos suicídios de idosos na última década.

Não adianta querermos importar para o Brasil sistemas como o chileno. Se a previdência chilena fosse boa, os militares não teriam sido os primeiros a ficar fora do sistema.

11.2 ARGENTINA

Foram feitas duas grandes reformas na Argentina, uma na década de 90 e outra nos anos 2000, que desfez a anterior.

A idade mínima para se aposentar é 60 anos para a mulher e 65 anos para o homem. Além disso, o trabalhador argentino precisa contribuir por 30 anos para se aposentar e o valor do benefício é definido pela média de contribuições dos últimos 10 anos.

Na Argentina, a reforma foi feita pela Lei n. 24.241, de 13 de outubro de 1993, determinando a compulsoriedade da contribuição a fundos de pensão. Se o trabalhador optar por escolher o fundo privado, não pode mais dele sair, mas pode mudar de empresa.

O governo Menen usou o dinheiro dos fundos previdenciários privados para pagar suas contas. O objetivo foi evitar a moratória de US$ 132 bilhões devidos ao FMI. Houve a transferência dos recursos para o Banco de La Nación, visando a que o governo pudesse administrar a dívida pública e continuar a fazer pagamentos. Não há, portanto, confiança nesse sistema, que é a base de tudo.

Recentemente, houve a redução da alíquota obrigatória de 11 para 5%, sendo que apenas 2,7% seriam capitalizados. Isso mostra que o benefício não será integral no futuro e os trabalhadores terão perdas.

Somente 40% da População Economicamente Ativa tem cobertura do sistema.

Os trabalhadores têm medo de denunciar a falta de pagamento das contribuições por parte do empregador, sob a alegação de perder o emprego.

A rentabilidade das Administradoras de Fundo de Aposentadorias e Pensões (AFJP) alcançou 40% sobre o patrimônio líquido, entre julho de 1999 e junho de 2000, segundo a OIT.

O governo estabeleceu um sistema de desconto para receber o benefício, que é de 75% sobre o valor de face do título. Em alguns casos, o trabalhador vai receber apenas 25% do que pagou e depois de 30 anos.

11.3   URUGUAI

O art. 4º da Lei n. 16.173, publicada em 3 de setembro de 1995, prevê um sistema misto. Há um regime de repartição administrado pelo Banco de Previdência Social. O regime de capitalização individual é administrado por empresas privadas. É um sistema misto.

O sistema tem contribuído para diminuir, gradativamente, os gastos com aposentadorias do Estado.

11.4   ESTADOS UNIDOS

A previdência pública dos americanos paga no máximo US$ 800 mensais.

No sistema de previdência privada americana, há estimativa de rombo de US$ 350 bilhões pela *Pension Benefit Guaranty Corporation (PBGC)*. Estão aplicados 60% da carteira em ações que caíram nas bolsas.

Os três piores fundos, que são ligados ao setor siderúrgico, acumularam até 2002 uma dívida de US$ 7,1 bilhões.

A falência da Enron, envolvendo fraude contábil, trouxe sérios prejuízos aos segurados. A contribuição da Enron era feita com ações da própria empresa e não em dinheiro. Houve a perda do valor das ações da empresa, prejudicando a previdência privada dos trabalhadores, pois as aplicações eram feitas em papéis da companhia. Certos funcionários mais antigos tinham em torno de US$ 1.500.000 no fundo da empresa e hoje não chegam a ter US$ 10.000. O prejuízo foi muito grande. Poucas pessoas têm entrado no sistema. Consequência é que há poucos compradores e os títulos têm um decréscimo de seu valor.

O maior fundo de pensão do mundo é o dos professores da Califórnia (EUA), criado pelo sindicato. Administra um patrimônio de US$ 140 bilhões[6].

Até 2014, a idade para aposentadoria para quem nasceu após 1955 era de 66 anos, para homens e mulheres.

---

6   CALDAS, Suely. Previdência privada deve triplicar no país em 2008. *O Estado de S. Paulo*, 15-6-2003, p. B2.

A partir de 2015, sobe em dois meses ao ano até alcançar 67 anos. É possível antecipar a aposentadoria para os 62 anos, mas com desconto do valor a ser recebido. Pode ser adiada até os 70 anos, nesse caso com acréscimo no benefício.

11.5 DINAMARCA

O sistema tem contribuição das empresas e dos segurados.

A idade mínima da aposentadoria básica aumentará de 65 anos para 67 anos entre 2024 e 2027 ao ritmo de seis meses por ano. Depois disso, vai se basear nos índices de longevidade da população.

11.6 GRÉCIA

Na reforma de 2010, a idade de aposentadoria das mulheres foi aumentada de 60 para 65 anos entre 2011 e 2013.

A partir de 2020 a aposentadoria terá relação com a expectativa de vida.

O tempo de contribuição para uma aposentadoria integral passou de 37 para 40 anos.

O Conselho de Estado, que é o Supremo Tribunal Federal grego, entendeu que as alterações feitas em relação aos funcionários públicos visavam o equilíbrio entre o interesse público e a necessidade de proteção aos direitos dos trabalhadores e dos aposentados. Haveria apenas uma restrição à propriedade.

11.7 CANADÁ

O Canadá adota um teto para o benefício pago na aposentadoria. No país, o plano de previdência do governo exige contribuição durante 35 anos e o trabalhador tem direito ao valor máximo do benefício a partir dos 65 anos de idade.

11.8 COLÔMBIA

Na Colômbia, a idade legal para aposentadoria subiu de 60 para 62 anos para homens e de 55 para 57 anos para mulheres.

11.9 JAPÃO

A idade mínima para a aposentadoria de homens e mulheres é de 65 anos. Para receber o valor integral da previdência é necessário ter contribuído por 40 anos.

11.10 ESPANHA

O país aprovou o aumento da idade de aposentadoria de 65 anos para 67 anos, com a transição sendo feita entre 2013 e 2027.

É possível se aposentar com 35 anos de contribuição e 65 anos de idade e continuar trabalhando, recebendo metade da aposentadoria. Essa modalidade é chamada aposentadoria ativa.

11.11 PORTUGAL

A idade legal de aposentadoria em Portugal foi aumentada em 2014 de 65 para 66 anos, com no mínimo 15 anos de contribuição.

No período de 2010 a 2012, foi instituída contribuição especial para aposentadorias com valor acima de 1.500 euros.

O Tribunal Constitucional de Portugal considerou válidas as alterações, como de suspensão de 90% do 14º benefício anual dos aposentados. Afirmou que a Constituição não garante determinando montante de pensão, pois o valor é fixado de acordo com normas infraconstitucionais.

A Corte Europeia, no caso Da Silva Carvalho contra Portugal, entendeu que o dispositivo questionado não garante qualquer valor de aposentadoria, assim como a Convenção Europeia de Direitos Humanos. Foi justificado o legítimo interesse público em possibilitar o cumprimento do acordo econômico português. A redução feita de 4,6% foi proporcional em relação à grave crise econômica do país. Admitiu o acerto das decisões do Tribunal Constitucional português.

11.12 BRASIL

Mesmo no Brasil, os recursos da Previdência Privada não têm sido utilizados, muitas vezes, para pagar os benefícios dos segurados, mas de forma especulativa, como no mercado de ações. Basta haver uma oscilação considerável e todo o patrimônio do trabalhador desaparece. Não há garantia da rentabilidade da aplicação financeira, de forma a assegurar o pagamento no futuro dos benefícios. Em outros casos, o numerário é aplicado em imóveis, que não têm liquidez na hora da venda. A Previdência Social serve para cobrir contingências sociais e não para participar de riscos econômicos, como na hipótese de o numerário ser empregado em ações.

Ainda que com todas as garantias da Lei Complementar n. 109, se o dinheiro for mal aplicado pela empresa administradora, não há como se falar em portabilidade. O numerário simplesmente pode ser inferior ao necessário.

A administração do sistema por um órgão público poderia resolver o problema, mas continua existindo o fato de que o dinheiro pode ser desviado para outros fins ou mal-empregado, ficando o trabalhador a ver navios. O mesmo ocorre se a administração do sistema for feita pelos sindicatos. Basta uma diretoria corrupta, que aplique o numerário para interesses próprios, e o segurado não irá receber o benefício.

Talvez, na área pública, uma das soluções seria estabelecer uma Lei de Responsabilidade Fiscal para controlar gastos e aplicações de previdência complementar do servidor público.

O sistema de previdência complementar não exige solidariedade, pois o regime é de capitalização. Na previdência complementar aberta, o objetivo da empresa administradora é o lucro. Logo, não se pode falar em solidariedade no sistema.

O regime de previdência complementar dos funcionários públicos admitidos a partir de 31 de dezembro de 2003 será instituído por lei de cada ente da federação por intermédio de "entidades fechadas de previdência complementar, de natureza pública, que oferecerão aos respectivos participantes planos de benefícios somente na modalidade de contribuição definida" (§ 15 do art. 40 da Constituição), caso queiram receber valor superior ao teto de R$ 5.839,45.

O fundo fechado tem o inconveniente de tolher a liberdade do funcionário de escolher o fundo que mais lhe interessar, inclusive pelos aspectos de solidez, confiança e rentabilidade, podendo transferir a poupança formada para outro fundo que tenha melhor rentabilidade.

Talvez o sistema passe a ser operado por intermédio de fundações públicas, que, evidentemente, não visam lucro. Entretanto, não será possível a utilização de sociedades de economia mista, pois há a participação de particulares na composição do capital, assim como essas empresas visam lucro.

Por se tratar de fundo fechado, segurados pertencentes à iniciativa privada não poderão participar do sistema.

O fundo terá natureza pública. Deverá ser observada licitação. Não será possível vender patrimônio público. Operacionalmente o sistema terá complicações para empregar o numerário arrecadado.

O governo pode empregar o dinheiro para obras ou fins eleitoreiros, como também para questões sociais. O fundo pode não ser empregado dessa forma, pois o importante é a rentabilidade da aplicação para pagamento no futuro das complementações de aposentadorias e pensões. É o que ocorre no FGTS, pois se todas as pessoas forem sacar seu fundo ao mesmo tempo, não haverá numerário suficiente para pagamento, em razão de que os valores estão empregados a longo prazo em obras de saneamento, financiamento da casa própria etc.

Nos casos do Banespa, Banerj, Produban (de Alagoas), os governos estaduais empregaram os depósitos para fins diversos dos necessários e depois não devolveram o numerário.

Os jornais notificaram que em 2002, antes de se afastar para concorrer à Presidência da República, o ex-governador Garotinho sacou irregularmente mais de R$ 100 milhões no RioPrevidência, que era o fundo para pagar os benefícios de ex-funcionários do Banerj. O dinheiro não foi devolvido ao fundo e criou um rombo no respectivo sistema.

Se os fundos de previdência foram empregados para fins diversos dos previstos, todos os segurados terão de ratear o prejuízo, com diminuição do valor do benefício no futuro.

Atualmente, 28% dos valores dos fundos são empregados em ações. Desse total, 40% são empregados em títulos públicos.

Na contribuição definida, o funcionário sabe quanto irá contribuir por mês e o período de contribuição, mas tem o inconveniente de desconhecer quanto será o benefício mensal no futuro. A contribuição definida evita o risco de desequilíbrio financeiro no sistema e déficits, pois há contribuição do que é necessário. O valor da prestação depende do desempenho das aplicações e da sua gestão.

No plano de benefício definido o período contributivo mínimo e o valor do benefício são estipulados quando da adesão ao plano.

Para que possa ser implantado o sistema de previdência complementar do servidor público, será preciso que os governos aportem capital inicial para ele, que seria a parte do ente público, o que pode não ser interesse de governadores e prefeitos.

É vedado o aporte de recursos a entidade de previdência privada pela União, Estados, Distrito Federal e Municípios, suas autarquias, fundações, empresas públicas, sociedades de economia mista e outras entidades públicas. O ente público não poderá ter contribuição na condição de patrocinador maior do que a do segurado (§ 3º do art. 202 da Constituição).

Enquanto não for editada a lei ou criados os fundos de previdência complementar na área pública, não pode o servidor passar a receber até R$ 5.839,45 do sistema público e o restante da previdência privada.

Ainda assim, prefiro o sistema público, que pode não ser o melhor, mas pelo menos sabe-se que no final do mês e no futuro haverá o recebimento, ainda que com atraso. É a sábia afirmação do caboclo: "é melhor pingado do que seco".

12. A EMENDA CONSTITUCIONAL N. 47/2005

A Emenda Constitucional n. 47, de 5 de julho de 2005, é chamada de emenda paralela à Emenda Constitucional n. 41, que instituiu a reforma previdenciária no serviço público.

Estabeleceu regra transitória para a aposentadoria das pessoas que já estavam no regime público em 16 de dezembro de 1998, entre outras coisas.

Foi firmado um compromisso pelo governo federal no sentido de promulgar do jeito que foi aprovada a Emenda Constitucional n. 41/2003. Na reforma paralela, iria ser assegurada aposentadoria integral a quem já estava no regime público até 16 de dezembro de 1998, e outros pontos controvertidos seriam debatidos nesse projeto.

É vedada a adoção de requisitos e critérios diferenciados para a concessão de aposentadoria aos abrangidos pelo regime público, ressalvados, nos termos definidos em leis complementares, os casos de servidores:

a) portadores de deficiência;

b) que exerçam atividades de risco;

c) cujas atividades sejam exercidas sob condições especiais que prejudiquem a saúde ou a integridade física.

A contribuição previdenciária sobre proventos de aposentadorias e pensões incidirá apenas sobre as parcelas de proventos de aposentadoria e de pensão que superem o dobro do limite máximo estabelecido para os benefícios do Regime Geral de Previdência Social, quando o beneficiário, na forma da lei, for portador de doença incapacitante.

O servidor que ingressou no serviço público até 16 de dezembro de 1998 poderá aposentar-se com proventos integrais, desde que preencha, cumulativamente, as seguintes condições:

1) 35 anos de contribuição, se homem, e 30 anos de contribuição, se mulher;

2) 25 anos de efetivo exercício no serviço público, 15 anos de carreira e cinco anos no cargo em que se der a aposentadoria;

3) idade mínima resultante da redução, relativamente aos limites previstos na letra *a* do inciso II do § 1º do art. 40 da Constituição, de um ano de idade para cada ano de contribuição que exceder a condição prevista no item 1 (art. 3º da Emenda Constitucional n. 47/2005).

Não mais se exige que a totalidade da remuneração do servidor seja definida na forma da lei. A matéria passa a ser regulada inteiramente na Constituição, indicando que haverá integralidade da aposentadoria, sem que exista nenhum critério a ser criado ou complementado pela lei ordinária.

Na Emenda Constitucional n. 41/2003, o servidor deveria ter 20 anos de efetivo exercício no serviço público, 10 anos de carreira e cinco anos de efetivo exercício no cargo em que se desse a aposentadoria.

Agora, o servidor deverá ter 25 anos de efetivo exercício no serviço público, não importando se o serviço foi prestado para qualquer ente da Administração Pública direta ou indireta da União, Estados, Distrito Federal e Municípios, 15 anos de carreira e cinco anos de cargo em que se der a aposentadoria. É uma forma de se assegurar a aposentadoria integral, aumentando o tempo de efetivo exercício no serviço público, para que certas pessoas não fiquem apenas cinco anos e se aposentem com proventos integrais, sem ter recolhido contribuição suficiente para o sistema, de forma a ter aposentadoria integral. Exige-se também que a pessoa tenha 15 anos de carreira, dedicando-se efetivamente ao serviço público e cinco anos no cargo em que se der a aposentadoria.

Não será computada, para efeito dos limites remuneratórios de que trata o inciso XI do art. 37 da Constituição, qualquer parcela de caráter indenizatório, assim definida pela legislação em vigor na data de publicação da Emenda Constitucional n. 41/2003, enquanto não for editada a lei para regular o citado inciso.

Devem ser observados os limites estabelecidos como teto de remuneração no serviço público. A revisão dos proventos será feita na mesma proporção e na mesma data, sempre que se modificar a remuneração dos servidores em atividade, inclusive quando decorrentes da transformação ou reclassificação do cargo ou função em que se deu a aposentadoria ou que serviu de referência para a concessão da pensão, na forma da lei.

13. DIREITO ADQUIRIDO E REFORMA PREVIDENCIÁRIA

13.1 HISTÓRICO

No período da Antiguidade oriental, especificamente no direito chinês e hindu, a regra era da retroatividade da lei, ainda que viesse a prejudicar a pessoa. Era a expressão da vontade do monarca, que não tinha limites no tempo.

Vigia no direito grego e romano a regra da irretroatividade. A exceção ocorria na existência de interesse do Estado.

O liberalismo elevou a nível constitucional a matéria da irretroatividade da lei, consagrando o direito adquirido, o ato jurídico perfeito ou consumado e a coisa julgada.

Determinava o inciso III do art. 179 da Constituição de 1824 que a lei não poderia ter efeito retroativo.

Vedava o § 3º do art. 11 da Lei Magna de 1891 aos Estados e à União prescrever leis retroativas.

Dispunha o número 3 do art. 13 da Constituição de 1934 que a lei não prejudicaria o direito adquirido, o ato jurídico perfeito e a coisa julgada.

A redação original do art. 6º da Lei de Introdução dispunha: "A lei em vigor terá efeito imediato e geral. Não atingirá, entretanto, salvo disposição expressa em contrário, as situações jurídicas definitivamente constituídas e a execução do ato jurídico perfeito". Seria a ideia de Paul Roubier da irretroatividade ampla.

Reza o art. 6º da Lei de Introdução que a lei em vigor terá efeito imediato e geral, respeitados o ato jurídico perfeito, o direito adquirido e a coisa julgada.

A mesma redação da Lei Magna de 1934 foi repetida no § 3º do art. 141 da Constituição de 1946, no § 3º do art. 150 da Carta Magna de 1967 e no § 3º do art. 153 da Emenda Constitucional n. 1, de 1969.

Prevê o inciso XXXVI do art. 5º da Constituição de 1988 que a lei não prejudicará o direito adquirido, o ato jurídico perfeito e a coisa julgada. A atual Constituição, nem as anteriores mencionadas no parágrafo anterior, não é expressa sobre a irretroatividade da lei.

A lei tributária aplica-se a ato ou fato pretérito:

I) em qualquer caso, quando seja expressamente interpretativa, excluída a aplicação de penalidade à infração dos dispositivos interpretados;

II) tratando-se de ato não definitivamente julgado:

a) quando deixe de defini-lo como infração;

b) quando deixe de tratá-lo como contrário a qualquer exigência de ação ou omissão, desde que não tenha sido fraudulento e não tenha implicado falta de pagamento de tributo;

c) quando lhe comine penalidade menos severa que a prevista na lei vigente ao tempo da sua prática (art. 106 do CTN). É uma forma de retroatividade benéfica a encontrada no Direito Tributário.

No direito penal é admissível a retroatividade da lei para beneficiar o réu (parágrafo único do art. 2º do Código Penal).

13.2 CONCEITO

O conceito legal de direito adquirido está no § 2º do art. 6º da Lei de Introdução, que tem a seguinte redação: "consideram-se adquiridos assim os direitos que seu titular, ou alguém por ele, possa exercer, como aqueles cujo começo de exercício tenha termo pré-fixo, ou condição preestabelecida inalterada ao arbítrio de outrem".

A ideia do conceito de direito adquirido é baseada, na maioria das vezes, nos ensinamentos de Gabba, que esclarece:

> é adquirido todo direito que:
> a) é consequência de um fato idôneo a produzi-lo, em virtude da lei do tempo no qual o fato se viu realizado, embora a ocasião de fazê-lo valer não se tenha apresentado antes da atuação de uma lei nova a respeito do mesmo, e que
> b) nos termos da lei sob o império da qual se verificou o fato de onde se origina, entrou imediatamente a fazer parte do patrimônio de quem o adquiriu[1].

Reynaldo Porchat afirma que direitos adquiridos "são consequências de fatos jurídicos passados, mas consequências ainda não realizadas, que ainda não se tornaram de todo efetivas. Direito adquirido é, pois, todo direito fundado sobre um fato jurídico que já sucedeu, mas que ainda não foi feito valer"[2].

---

1 GABBA, Carlo Francesco. *Teoria della retroattività delle leggi*. 3. ed. Milão-Roma-Nápolis: UTET, 1891, v. 1, p. 191.
2 PORCHAT, Reynaldo. *Retroatividade das leis civis*. São Paulo: Duprat, 1909, p. 15.

Rubens Limongi França propõe um conceito mais sintético de direito adquirido: "é a consequência de uma lei, por via direta ou por intermédio de fato idôneo; consequência que, tendo passado a integrar o patrimônio material ou moral do sujeito, não se faz valer antes da vigência de lei nova sobre o mesmo objeto"[3].

Direito adquirido é o que faz parte do patrimônio jurídico da pessoa, que implementou todas as condições para esse fim, podendo utilizá-lo de imediato[4].

O direito adquirido integra o patrimônio jurídico e não o econômico da pessoa. Esta não conta com algo concreto, como um valor a mais em sua conta bancária. O direito já é da pessoa, em razão de que cumpriu todos os requisitos para adquiri-lo, por isso faz parte do seu patrimônio jurídico, ainda que não integre o seu patrimônio econômico, como na hipótese de a aposentadoria não ter sido requerida, apesar de a pessoa já ter implementado todas as condições para esse fim.

13.3 DISTINÇÃO

É preciso fazer a distinção entre direito adquirido, faculdade e expectativa de direito.

A faculdade é anterior ao direito adquirido. É um meio de aquisição do direito.

Expectativa de direito ocorre quando o beneficiário ainda não reuniu todas as condições para adquirir o direito, que não faz parte do seu patrimônio jurídico, nem pode ser exercitado de imediato. Na expectativa de direito há a esperança, a probabilidade de adquirir o direito no curso do tempo.

O direito adquirido importa um fato consumado na vigência da lei anterior.

Ensina Agostinho Alvim que:

> quando o efeito com que se conta, ou se espera, não entrou ainda para o patrimônio do titular, diz-se que há expectativa. Nesse caso, a lei nova poderá impedir os efeitos que se aguardam. Assim, por exemplo, alguém espera aposentar-se com trinta anos de serviço, e conta já com vinte e nove. Sobrevém uma lei segundo a qual são necessários trinta e cinco anos para a aposentadoria. Esta lei atingirá aqueles funcionários que contavam vinte e nove anos de serviço, porque eles ainda não haviam adquirido o direito de aposentar-se. Tinham uma expectativa[5].

O direito adquirido, de certo modo, representa a não aplicação retroativa da lei. Não se confunde, porém, com o efeito imediato da norma legal, que é previsto

---

3 FRANÇA, Rubens Limongi. *A irretroatividade das leis e o direito adquirido*. São Paulo: Revista dos Tribunais, 1982, p. 208.
4 MARTINS, Sergio Pinto. *Direito da seguridade social*. 38. ed. São Paulo: Saraiva, 2019, p. 101.
5 ALVIM, Agostinho. *Comentários ao Código Civil*. São Paulo: Universitária, 1968, v. 1, p. 40.

no art. 6º da Lei de Introdução às Normas do Direito Brasileiro, apanhando as situações que estão em curso. A irretroatividade quer dizer a não aplicação da lei nova sobre uma situação já definitivamente constituída no passado. O que se pretende proteger no direito adquirido não é o passado, mas o futuro, de continuar a ser respeitada aquela situação já incorporada ao patrimônio jurídico da pessoa.

No direito adquirido, a nova norma deve respeitar a situação anterior, já definitivamente constituída, afastando para esse caso a aplicação da lei nova.

O ato jurídico perfeito está compreendido no direito adquirido. Não se pode admitir um direito adquirido que não seja decorrente de ato jurídico perfeito. Ato jurídico perfeito é o que se formou sob o império da lei velha. A questão tem de ser analisada se o ato já foi consumado sob a vigência da lei anterior. Dessa situação é que decorre o direito adquirido. Este implica fazer valer um direito que não está sendo respeitado pela lei nova.

13.4 CARACTERÍSTICAS

Reinaldo Porchat agrupa cinco características do direito adquirido:

> 1º um fato aquisitivo, idôneo a produzir direito, de conformidade com a lei vigente;
> 2º uma lei vigente no momento em que o fato se realize;
> 3º capacidade legal do agente;
> 4º ter o direito entrado a fazer parte do patrimônio jurídico do indivíduo, ou ter constituído o adquirente na posse de um estado civil definitivo;
> 5º não ter sido exigido ainda ou consumado esse direito, isto é, não ter sido ainda realizado em todos os seus efeitos[6].

Celso Bastos leciona que:

> não basta por exemplo uma emenda que se limite a suprimir o dispositivo constitucional sobre o qual se calcava o portador do direito adquirido. É da própria essência deste continuar a produzir efeitos, mesmo depois da revogação da norma sob a qual foi praticado[7].

13.5 DIVISÃO

Em razão da disposição do § 2º do art. 6º da Lei de Introdução, é possível fazer a seguinte divisão didática a respeito do direito adquirido:

1) os direitos que seu titular, ou alguém por ele, possa exercer;

---

6   PORCHAT, Reinaldo. *Da retroatividade das leis civis.*
7   BASTOS, Celso. *Comentários à Constituição do Brasil.* São Paulo: Saraiva, 1989, v. 2, p. 191.

2) aqueles cujo começo de exercício tenha termo pré-fixo;

3) outros que tenham condição preestabelecida para o exercício, inalterável ao arbítrio de outrem.

A primeira hipótese dispensa comentários, por ser bastante clara.

A segunda hipótese só pode ser exercitada dali a certo termo. O termo pré-fixo depende do estabelecimento de determinação que só pode ser exercitada depois do transcurso de certo tempo. Reza o art. 118 do Código Civil que: "subordinando-se a eficácia do ato à condição suspensiva, enquanto esta se não verificar, não se terá adquirido o direito a que o ato visa". É, por exemplo, o caso do salário, que só é considerado adquirido após a prestação do serviço, isto é, após o 30º dia da prestação do serviço. Antes disso a pessoa não adquiriu o direito ao salário, ou a qualquer reajuste salarial.

Na terceira hipótese, a condição preestabelecida não pode ser alterada pela vontade de outra pessoa, devendo ser respeitada. Condição é a cláusula, que subordina o efeito do ato jurídico a evento futuro e incerto (art. 114 do Código Civil). Não se considera, porém, condição a cláusula, que não deriva exclusivamente da vontade das partes, mas decorre necessariamente da natureza do direito a que acede (art. 117 do Código Civil).

13.6 TEORIAS

Windscheid, Dernburg e Ferrara professavam a teoria dos fatos cumpridos. Haveria retroatividade quando a lei nova suprime ou altera os efeitos já produzidos relativos a um fato anterior e na hipótese de alterar para o futuro um dos direitos em função de fatos pretéritos.

Na teoria formal de Paul Roubier e Planiol, a lei retroage se aplicada aos fatos consumados sob a égide de lei anterior (*facta pendentia*). Aplica-se às situações jurídicas que estão em curso, aos fatos pendentes (*facta pendentia*). Caso a lei nova seja observada em relação às consequências ainda não realizadas de um ato ocorrido sob o império da precedente, há aplicação imediata da norma e não retroatividade. Utiliza-se a referida teoria nos contratos de prestação sucessiva, como nos contratos de locação. A lei nova aplica-se ao contrato constituído sob lei pretérita, em relação aos efeitos não realizados.

Afirma Paul Roubier que:

> a base fundamental da ciência dos conflitos de leis no tempo é a distinção entre efeito retroativo e efeito imediato de uma lei. Parece um dado muito simples: o efeito retroativo é a aplicação no passado; o efeito imediato é a aplicação no presente... Se a lei pretender ser aplicada sobre fatos consumados, ela é retroativa; se ela pretende ser aplicada sobre situações em curso, será preciso distinguir entre as

partes anteriores à data da modificação da legislação e que não poderão ser atingidas sem retroatividade, e as partes posteriores, sobre as quais a lei nova, se aplicável, não terá senão um efeito imediato; enfim, diante de fatos futuros, é claro que a lei não pode jamais ser retroativa[8].

Leciona Paul Roubier que, nas situações jurídicas pendentes, a lei antiga deve se aplicar a todos os efeitos realizados até o início da vigência da lei nova, enquanto esta deve reger os efeitos ainda não produzidos. Prevendo a lei expressamente a possibilidade dos fatos realizados no passado, será retroativa, mas se sua incidência, implícita ou explicitamente for somente em relação aos fatos futuros, será de efeito imediato. Quanto aos fatos pendentes, para as situações em curso deverá ser estabelecida a separação entre as partes anteriores à data da modificação da lei (que não poderão ser atingidas sem retroatividade) e as partes posteriores (às quais a lei nova terá efeito imediato)[9]. Afirma que:

> a base fundamental da ciência dos conflitos de leis no tempo é a distinção entre efeito retroativo e efeito imediato de uma lei. Parece um dado muito simples: o efeito retroativo é a aplicação no passado; o efeito imediato é a aplicação no presente... Se a lei pretender ser aplicada sobre fatos consumados, ela é retroativa; se ela pretende ser aplicada sobre situações em curso, será preciso distinguir entre as partes anteriores à data da modificação da legislação e que não poderão ser atingidas sem retroatividade, e as partes posteriores, sobre as quais a lei nova, se aplicável, não terá senão um efeito imediato; enfim, diante de fatos futuros, é claro que a lei não pode jamais ser retroativa[10].

A teoria do efeito imediato informa que a lei entra em vigor na data de sua publicação, apanhando as situações que estavam em curso, não tendo efeito retroativo. Na retroatividade, a lei retroage para apanhar situações já consumadas, sendo vedada em nosso direito. O art. 6º da Lei de Introdução é expresso no sentido de que a lei em vigor terá efeito imediato e geral.

13.7 DIREITO ADQUIRIDO NA JURISPRUDÊNCIA

Uma maneira de se assegurar o Estado Democrático de Direito é respeitando o direito adquirido, o ato jurídico perfeito e a coisa julgada (art. 5º, XXXVI, da Constituição).

Representa o direito adquirido forma de outorgar segurança jurídica às pessoas dentro do Estado Democrático de Direito.

---

8   ROUBIER, Paul. *Le droit transitoire*. Paris: Dalloz e Sirey, 1960, p. 178.
9   ROUBIER, Paul. *Le droit transitoire* (Conflit des lois dans le temps). 2. ed. Paris: Dalloz et Sirey, 1960, p. 177.
10 ROUBIER, Paul. *Le droit transitoire* (Conflit des lois dans le temps). 2. ed. Paris: Dalloz et Sirey, 1960, p. 178.

O respeito ao direito adquirido, ao ato jurídico perfeito e a coisa julgada é cláusula pétrea de nossa Constituição, que não pode ser modificada por emenda constitucional, como se verifica do inciso IV do § 4º do art. 60 da Lei Maior.

Indica o art. 17 do ADCT que contra a Constituição não há direito adquirido, quando reza que os vencimentos, a remuneração, as vantagens e os adicionais, bem como os proventos de aposentadoria que estiverem sendo percebidos em desacordo como a Lei Maior, serão imediatamente reduzidos aos limites dela decorrentes, não se admitindo, nesse caso, invocação de direito adquirido ou percepção de excesso a qualquer título.

O STF já entendeu que não há direito adquirido a regime jurídico:

> Transposição do regime celetista para o estatutário. Inexistência de direito adquirido a regime jurídico. Possibilidade de diminuição ou supressão de vantagens sem redução do valor da remuneração (STF, 1ª Turma, RE 599.618 ED, Rel. Min. Carmen Lúcia, DJe 14-3-2011).

13.8 GENERALIDADES

O STF entende que não ofende o ato jurídico perfeito a aplicação imediata do art. 14 da Emenda Constitucional n. 20/98 e do art. 5º da Emenda Constitucional n. 41/2003 aos benefícios previdenciários limitados ao teto do regime geral de previdência estabelecido antes da vigência dessas normas, de modo a que passem a observar o novo Texto Constitucional (RE 564.3541-RG, Min. Carmen Lúcia).

O direito adquirido tem significativa importância para a Previdência Social, principalmente no que diz respeito às aposentadorias. Se houvesse uma mudança no prazo para a concessão de certo benefício e a pessoa já tivesse implementado todas as condições para requerê-lo, poder-se-ia dizer que a pessoa já havia adquirido o direito à concessão do benefício, de acordo com o prazo anteriormente estabelecido.

O segurado adquire direito à aposentadoria no momento em que reúne todos os requisitos necessários para obtê-la. A aposentadoria será regulada pela lei vigente naquele momento. As modificações posteriores não se lhe aplicam, pois, caso houvesse retroatividade, atingiria o direito adquirido[11].

---

11 MARTINS, Sergio Pinto. *Direito da Seguridade Social*. 10. ed. São Paulo: Atlas, 1999, p. 66.

O STF tem entendimento sumulado de que, "ressalvada a revisão prevista em lei, os proventos da inatividade regulam-se pela lei vigente ao tempo em que o militar, ou o servidor civil, reuniu os requisitos necessários" (Súmula 359). Passou a entender o STF que não há necessidade de a pessoa requerer a aposentadoria se já havia adquirido o direito a se aposentar (Pleno, RE 73.189/SP, Rel. Min. Luiz Gallotti, RTJ 65/435). O que deve ficar claro é que a aquisição do direito não se confunde com o seu exercício.

O direito à aposentadoria nasce desde que o segurado reúna as condições necessárias para tanto, de acordo com a prescrição legal. Nesse momento é que se pode dizer que houve a incorporação do direito de se aposentar ao seu patrimônio jurídico. O exercício desse direito é que é feito por meio do pedido de aposentadoria, não sendo elemento integrante do referido direito. Não importa, por conseguinte, a data em que a pessoa requereu a aposentadoria, mas sim se já adquiriu os requisitos para requerê-la.

Indica o art. 17 do ADCT que contra a Constituição não há direito adquirido, quando reza que os vencimentos, a remuneração, as vantagens e os adicionais, bem como os proventos de aposentadoria que estiverem sendo percebidos em desacordo como a Lei Maior, serão imediatamente reduzidos aos limites dela decorrentes, não se admitindo, nesse caso, invocação de direito adquirido ou percepção de excesso a qualquer título.

Mostra o art. 122 da Lei n. 8.213 regra de direito adquirido, ao mencionar que, se for mais vantajoso, fica assegurado o direito à aposentadoria, nas condições legalmente previstas na data do cumprimento de todos os requisitos necessários à obtenção do benefício, ao segurado que, tendo completado 35 anos de serviço, se homem, ou 30 anos, se mulher, optou por permanecer em atividade.

Na reforma previdenciária, implementada pela Emenda Constitucional n. 20/98, o art. 3º do referido dispositivo é claro no sentido de garantir expressamente o direito adquirido das pessoas:

> é assegurada a concessão de aposentadoria e pensão, a qualquer tempo, aos servidores públicos e aos segurados do regime geral de previdência social, bem como aos seus dependentes, que, até 16-12-1998, tenham cumprido os requisitos para obtenção destes benefícios, com base nos critérios da legislação então vigente.

Esse direito pode, portanto, ser exercitado a qualquer momento. Assim, trabalhador que tinha 30 anos de tempo de serviço antes da publicação da Emenda Constitucional n. 20/98 ou trabalhadora que tinha 25 anos de tempo de serviço, podem requerer a aposentadoria proporcional a qualquer tempo. O mesmo

13. DIREITO ADQUIRIDO E REFORMA PREVIDENCIÁRIA | 153

ocorre com homem que tinha 35 anos de tempo de serviço e mulher que possuía 30 anos de tempo de serviço, que poderão requerer a qualquer momento aposentadoria por tempo de serviço integral.

Na prática, o direito de opção, contido nos arts. 8º e 9º da Emenda Constitucional n. 20/98 de observar-se a nova norma, provavelmente não vai ser utilizado pelas pessoas, pois a lei anterior era muito mais vantajosa, principalmente pelo fato de que a lei velha não exigia idade mínima.

Mostra o § 2º do art. 3º da Emenda Constitucional n. 20/98 outra regra de direito adquirido:

> os proventos da aposentadoria a ser concedida aos servidores públicos, em termos integrais ou proporcionais ao tempo de serviço já exercido até a data de 16-12-1998, bem como as pensões de seus dependentes, serão calculados de acordo com a legislação em vigor à época em que foram atendidas as prescrições nela estabelecidas para a concessão destes benefícios ou nas condições da legislação vigente.

Tratando-se de emenda constitucional, esta não pode querer abolir direitos e garantias individuais, como se verifica no inciso IV do § 4º art. 60 da Constituição. Está inserido o inciso XXXVI do art. 5º da Constituição nos direitos e garantias individuais. Logo, aposentadorias ou pensões pagas em valores superiores ao teto estabelecido pela Emenda Constitucional não poderão ser por esta modificados, pois deve ser assegurado o direito adquirido dessas pessoas, mesmo que o valor do benefício possa parecer absurdo ou irreal, como de aposentadorias acima de R$ 39.000,00, como se teve notícia pela imprensa na cidade do Rio de Janeiro. A lei nova não poderia retroagir para prejudicar direitos já adquiridos pelos aposentados ou pensionistas e que já fazem parte do seu patrimônio jurídico.

Os critérios de aposentadoria e pensão devem ser os vigentes na data em que foram atendidos todos os requisitos para a concessão do benefício (Súmula 359 do STF). Não há necessidade de requerimento por parte do segurado (Pleno, RE 73.189/SP, Rel. Min. Luiz Gallotti, *RTJ* 65/435).

Se a pessoa tem direito adquirido, ela reuniu todas as condições para ter direito ao benefício, que deve observar as regras da data em que implementou todos os requisitos, inclusive para efeito do cálculo do benefício. O cálculo do benefício não pode ser feito com base na regra nova, mas com base naquela que a pessoa já tinha adquirido o direito.

Em matéria previdenciária, o STF entendeu que o direito adquirido ocorre quando a pessoa reuniu todos os requisitos para ter direito ao benefício:

(...) 2. Em questões previdenciárias, aplicam-se as normas vigentes ao tempo da reunião dos requisitos de passagem para a inatividade (ADIn 3.104, Rel. Min. Carmen Lúcia, j. 26-9-2007, *DJ* 9-11-2007, p. 29).

Celso Bastos leciona que:

não basta por exemplo uma emenda que se limite a suprimir o dispositivo constitucional sobre o qual se calcava o portador do direito adquirido. É da própria essência deste continuar a produzir efeitos, mesmo depois da revogação da norma sob a qual foi praticado[12].

---

12 BASTOS, Celso. *Comentários à Constituição do Brasil*. São Paulo: Saraiva, 1989, v. 2, p. 191.

14. REFORMA DA EMENDA CONSTITUCIONAL N. 103/2019

A Emenda Constitucional n. 103, de 12 de novembro de 2019, tem muitos artigos. São 36 artigos. Não é possível uma emenda constitucional ter 36 artigos. Vão colocando tudo na Constituição. A Constituição deve tratar de estrutura básica, de princípios e não de detalhes. Isso deveria ser objeto de lei infraconstitucional. É por isso que tudo acaba indo parar no STF, porque colocam tudo na Constituição.

A redação da Emenda Constitucional n. 103/2019 é bastante complexa, detalhada, com muitos parágrafos. É difícil de ser interpretada, pois há muitas repetições. É confusa. Vai dar ensejo a muitas ações judiciais para assegurar os direitos previdenciários.

O art. 1º altera os artigos da parte permanente da Constituição. O art. 2º altera o art. 76 do ADCT. Dos arts. 3º até o 36, são estabelecidas várias regras, inclusive de transição quanto a pessoas que estavam no sistema até a data da edição da Emenda Constitucional. Tem até na Emenda tabela de salário de contribuição com alíquotas progressivas (art. 28), com valores, valor de salário-família e auxílio-reclusão. É muita matéria para estar na Constituição.

Em alguns casos, parece redação feita por economistas, pois contém exatamente aspectos econômicos, inclusive palavras com significado econômico, como equacionamento do déficit (§ 1º do art. 149 da Constituição). Nesse ponto, não parece redação elaborada por bacharéis em Direito.

Servidores de Estados e Municípios não entram na alteração, devendo cada Estado e Município tratar do tema. O Senado apresentou reforma previdenciária paralela quanto a isto.

Por opção, vou fazer o comentário das alterações feitas pela Emenda Constitucional n. 103/2019 analisando cada artigo ou parágrafo.

> **Art. 1º** A Constituição Federal passa a vigorar com as seguintes alterações:

A Constituição não é federal. O nome é Constituição da República Federativa do Brasil (preâmbulo e título).

> **Art. 22.** ....
>
> **XXI** – normas gerais de organização, efetivos, material bélico, garantias, convocação, mobilização, inatividades e pensões das polícias militares e dos corpos de bombeiros militares;

O dispositivo trata de competência privativa da União para legislar sobre as normas gerais dos temas mencionados.

> **Art. 37.** ....
>
> **§ 13.** O servidor público titular de cargo efetivo poderá ser readaptado para exercício de cargo cujas atribuições e responsabilidades sejam compatíveis com a limitação que tenha sofrido em sua capacidade física ou mental, enquanto permanecer nesta condição, desde que possua a habilitação e o nível de escolaridade exigidos para o cargo de destino, mantida a remuneração do cargo de origem.

É uma forma de readaptação, porque o servidor não tem mais condições de exercer a atividade anterior. Assim, será readaptado numa função compatível com sua atual condição.

O § 4º do art. 461 da CLT tem regra que mostra a possibilidade de readaptação do empregado, atestada a incapacidade física ou mental pelo INSS, que não servirá de paradigma para efeito de equiparação salarial.

> **§ 14.** A aposentadoria concedida com a utilização de tempo de contribuição decorrente de cargo, emprego ou função pública, inclusive do Regime Geral de Previdência Social, acarretará o rompimento do vínculo que gerou o referido tempo de contribuição.

A aposentadoria é, portanto, causa da cessação do vínculo do funcionário público, do contrato de trabalho do empregado público.

Trata-se, portanto, de qualquer tempo de contribuição, tanto decorrente de cargo, emprego (regime da CLT) ou função pública.

> **§ 15.** É vedada a complementação de aposentadorias de servidores públicos e de pensões por morte a seus dependentes que não seja decorrente do disposto nos §§ 14 a 16 do art. 40 ou que não seja prevista em lei que extinga regime próprio de previdência social.

14. REFORMA DA EMENDA CONSTITUCIONAL N. 103/2019 | 157

A situação é alternativa, pois foi empregada a conjunção "ou".
A lei ordinária federal poderá extinguir o regime próprio de previdência social.

> **Art. 38.** ....
> ....
> **V** – na hipótese de ser segurado de regime próprio de previdência social, permanecerá filiado a esse regime, no ente federativo de origem.

O § 1º do art. 149 da Constituição permite que Estados, Distrito Federal e Municípios tenham regime próprio.

> **Art. 39.** ....
> ....
> **§ 9º** É vedada a incorporação de vantagens de caráter temporário ou vinculadas ao exercício de função de confiança ou de cargo em comissão à remuneração do cargo efetivo.

Isso já vinha sendo feito, no sentido de que adicional por acúmulo de função ou de chefia não se incorporam ao valor do benefício. Não há incidência da contribuição previdenciária sobre essas vantagens temporárias, porque elas não irão compor o valor do benefício.

> **Art. 40.** O regime próprio de previdência social dos servidores titulares de cargos efetivos terá caráter contributivo e solidário, mediante contribuição do respectivo ente federativo, de servidores ativos, de aposentados e de pensionistas, observados critérios que preservem o equilíbrio financeiro e atuarial.

O regime de previdência social dos servidores titulares de cargos é de caráter contributivo em relação ao segurado. O segurado tem de contribuir com a sua parte para fazer jus ao benefício.

A solidariedade é princípio da Seguridade Social. Todos devem contribuir para formar um fundo, que será utilizado nas hipóteses em que o segurado tiver uma contingência.

O dispositivo não usa mais a expressão servidor inativo, mas aposentados e também os pensionistas. Aposentados e pensionistas também vão contribuir para o sistema, pelo fato de que o sistema é solidário. Não importa se ativo, inativo ou pensionista. Embora não tenha sentido o aposentado contribuir pelo fato de que não vai melhorar a sua aposentadoria ou de ser devolvido o valor que pagar depois de se aposentar.

O equilíbrio econômico e financeiro é essencial para a manutenção do sistema de previdência social. Há necessidade de cálculos atuariais para se saber se há déficit ou não, se há necessidade de alterar a idade para a concessão do benefício em razão do aumento da expectativa de vida do homem.

> § 1º O servidor abrangido por regime próprio de previdência social será aposentado:
> I – por incapacidade permanente para o trabalho, no cargo em que estiver investido, quando insuscetível de readaptação, hipótese em que será obrigatória a realização de avaliações periódicas para verificação da continuidade das condições que ensejaram a concessão da aposentadoria, na forma de lei do respectivo ente federativo;

Não se fala em invalidez, mas em incapacidade permanente para o exercício do cargo em que estiver investido, desde que não possa sofrer processo de readaptação. Parece que a nova denominação será incapacidade permanente e não aposentadoria por invalidez. Há necessidade de realização de avaliações periódicas para a verificação da continuidade das condições que ensejaram a concessão da aposentadoria.

> III – no âmbito da União, aos 62 (sessenta e dois) anos de idade, se mulher, e aos 65 (sessenta e cinco) anos de idade, se homem, e, no âmbito dos Estados, do Distrito Federal e dos Municípios, na idade mínima estabelecida mediante emenda às respectivas Constituições e Leis Orgânicas, observados o tempo de contribuição e os demais requisitos estabelecidos em lei complementar do respectivo ente federativo.

O inciso tratava dos 60 anos de idade para o homem e 55 para a mulher. Agora são 65 anos para o homem e 62 para a mulher. A regra só se aplica para a União. Estados, Distrito Federal e Municípios deverão tratar do tema nas Constituições estaduais e nas leis orgânicas municipais.

A tendência é ser feita outra reforma com aumento da idade daqui há alguns anos, pois a expectativa de vida do homem vai aumentando em razão do progresso da Medicina.

O ideal seria uma regra uniforme na Constituição para União, Estados, Distrito Federal e Municípios. Não podem Estados e Municípios tratar do tema de forma diferente. Poderiam fixar outra idade. O Senado fez emenda paralela para corrigir esse defeito.

Há discussão no sentido de que a idade deveria ser a mesma para homem e mulher, pois as mulheres vivem sete anos mais do que os homens. Se as mulheres vivem mais, não há sentido de haver diferença de três anos entre homens e mulheres ou diferenças de tempo de contribuição.

> § 2º Os proventos de aposentadoria não poderão ser inferiores ao valor mínimo a que se refere o § 2º do art. 201 ou superiores ao limite máximo estabelecido para o Regime Geral de Previdência Social, observado o disposto nos §§ 14 a 16.

Os proventos de aposentadoria do servidor não poderão ser inferiores a um salário mínimo, nem superiores ao teto do Regime Geral de Previdência Social

14. REFORMA DA EMENDA CONSTITUCIONAL N. 103/2019 | 159

(R$ 5.839,45, em 2019), desde que União, Estados e Municípios estabeleçam os regimes complementares de previdência social (§ 14 do art. 40 da Constituição).

> § 3º As regras para cálculo de proventos de aposentadoria serão disciplinadas em lei do respectivo ente federativo.

A União estabelecerá o cálculo dos proventos mediante lei federal. Cada ente da federação poderá ter lei específica tratando de forma diversa. Deveria haver uniformização, o que pode ser feito pela Emenda Constitucional paralela que se discute no Senado. Não é possível que cada ente da federação trate do tema de forma diversa da União.

> § 4º É vedada a adoção de requisitos ou critérios diferenciados para concessão de benefícios em regime próprio de previdência social, ressalvado o disposto nos §§ 4º-A, 4º-B, 4º-C e 5º.

Não podem ser estabelecidos requisitos diferenciados para a concessão de benefícios em regime próprio de previdência Social. As exceções estão nos §§ 4º-A, 4º-B, 4º-C e 5º.

> § 4º-A. Poderão ser estabelecidos por lei complementar do respectivo ente federativo idade e tempo de contribuição diferenciados para aposentadoria de servidores com deficiência, previamente submetidos a avaliação biopsicossocial realizada por equipe multiprofissional e interdisciplinar.

Faculta-se a lei complementar de cada ente da Federação, que poderá estabelecer idade e tempo de contribuição diferenciados para aposentadoria de servidores com deficiência. O ideal é que a regra fosse geral e não que cada ente da federação tratasse da forma como quisesse. Entretanto, é uma faculdade de cada ente federativo editar lei complementar para tratar do tema.

O modelo biopsicossocial estuda a causa ou o progresso de doenças utilizando-se de fatores biológicos (genéticos, bioquímicos etc.), fatores psicológicos (estado de humor, de personalidade, de comportamento etc.) e fatores sociais (culturais, familiares, socioeconômicos, médicos etc.). O modelo biomédico atribui a doença apenas a fatores biológicos como vírus, genes ou anormalidades somáticas.

> § 4º-B. Poderão ser estabelecidos por lei complementar do respectivo ente federativo idade e tempo de contribuição diferenciados para aposentadoria de ocupantes do cargo de agente penitenciário, de agente socioeducativo ou de policial dos órgãos de que tratam o inciso IV do *caput* do art. 51, o inciso XIII do *caput* do art. 52 e os incisos I a IV do *caput* do art. 144.

Faculta-se a lei complementar de cada ente da Federação, que poderá estabelecer idade e tempo de contribuição diferenciados para aposentadoria de servidores com deficiência. O ideal é que a regra fosse geral e não que cada ente da federação tratasse da forma como quisesse. Entretanto, é uma faculdade de cada ente federativo editar lei complementar para tratar do tema.

O parágrafo trata de lei complementar para critérios diferenciados em relação a agente penitenciário. O exercício de tal cargo pode ser considerado como penoso pela lei complementar, que poderá tratar do tema de forma diferenciada.

> § 4º-C. Poderão ser estabelecidos por lei complementar do respectivo ente federativo idade e tempo de contribuição diferenciados para aposentadoria de servidores cujas atividades sejam exercidas com efetiva exposição a agentes químicos, físicos e biológicos prejudiciais à saúde, ou associação desses agentes, vedada a caracterização por categoria profissional ou ocupação.

A lei complementar será de cada ente da federação. Deveria haver uma única norma, que tratasse do tema no âmbito do Brasil e não uma lei de cada ente da federação.

Agentes químicos serão, por exemplo, poeiras, fumos, névoas, neblinas, gases ou vapores.

Agentes físicos serão, por exemplo, ruídos, vibrações, pressões anormais, temperaturas extremas, radiações ionizantes, radiações não ionizantes.

Agentes biológicos serão, por exemplo, bactérias, vírus, fungos (leveduras e bolores) e parasitas.

> § 5º Os ocupantes do cargo de professor terão idade mínima reduzida em 5 (cinco) anos em relação às idades decorrentes da aplicação do disposto no inciso III do § 1º, desde que comprovem tempo de efetivo exercício das funções de magistério na educação infantil e no ensino fundamental e médio fixado em lei complementar do respectivo ente federativo.

Os professores no serviço público terão redução de idade mínima em cinco anos. Assim, professores deverão ter 60 anos e professoras 57 anos para se aposentar.

O tempo de serviço só ocorrerá no magistério de educação infantil, ensino fundamental e médio. Não poderá haver a redução do tempo em cinco anos em relação ao professor universitário.

> § 6º Ressalvadas as aposentadorias decorrentes dos cargos acumuláveis na forma desta Constituição, é vedada a percepção de mais de uma aposentadoria à conta de regime próprio de previdência social, aplicando-se outras vedações, regras e condições para a acumulação de benefícios previdenciários estabelecidas no Regime Geral de Previdência Social.

Se o cargo é acumulável, nos termos da Constituição, como de médicos, juízes, promotores, será possível ter mais de uma aposentadoria em relação a cada regime.

14. REFORMA DA EMENDA CONSTITUCIONAL N. 103/2019

O dispositivo trata da acumulação de mais de uma aposentadoria e não de aposentadoria com pensão. Logo, por esse dispositivo será permitida a acumulação de aposentadoria do próprio segurado com pensão do cônjuge.

Serão também observadas vedações previstas no Regime Geral de Previdência Social.

> § 7º Observado o disposto no § 2º do art. 201, quando se tratar da única fonte de renda formal auferida pelo dependente, o benefício de pensão por morte será concedido nos termos de lei do respectivo ente federativo, a qual tratará de forma diferenciada a hipótese de morte dos servidores de que trata o § 4º-B decorrente de agressão sofrida no exercício ou em razão da função.

É o caso de agentes penitenciários, que exercem função de alta periculosidade, em razão de lidarem com os detentos, podendo haver motins nos presídios, sendo feitos reféns os próprios agentes penitenciários.

> § 9º O tempo de contribuição federal, estadual, distrital ou municipal será contado para fins de aposentadoria, observado o disposto nos §§ 9º e 9º-A do art. 201, e o tempo de serviço correspondente será contado para fins de disponibilidade.

O tempo de contribuição da pessoa deve ser contado para fins de aposentadoria, pois o regime de Previdência Social é contributivo. Logo, tem que ser contado. Não importa se o tempo é federal, estadual, distrital ou municipal.

O tempo de contribuição federal é o prestado à União. O tempo de contribuição estadual é o prestado aos Estados-membros. O tempo de contribuição municipal é o prestado aos municípios e o distrital é o prestado pelos funcionários distritais.

> § 12. Além do disposto neste artigo, serão observados, em regime próprio de previdência social, no que couber, os requisitos e critérios fixados para o Regime Geral de Previdência Social.

A regra seria o funcionário público receber o teto do Regime Geral de Previdência Social para fins de aposentadoria a partir da edição dos fundos de previdência privada de cada ente da Federação. Se quiser, faz previdência complementar. Do contrário, recebe a título do benefício apenas o teto do Regime Geral de Previdência Social.

> § 13. Aplica-se ao agente público ocupante, exclusivamente, de cargo em comissão declarado em lei de livre nomeação e exoneração, de outro cargo temporário, inclusive mandato eletivo, ou de emprego público, o Regime Geral de Previdência Social.

Agente público é a pessoa que exerce alguma função pública, como os agentes políticos, os servidores públicos, os empregados públicos. É o gênero, que abrange também quem exerce mandato eletivo.

Cargo em comissão é o de livre nomeação e exoneração (art. 37, II, da Constituição). Não presta concurso público quem exerce cargo em comissão.

Essa pessoa que exerce cargo em comissão fica sujeita ao Regime Geral de Previdência Social. Não tem regime próprio de Previdência Social, embora o seu regime seja administrativo.

O servidor público ocupante de cargo em comissão, sem vínculo efetivo com a União, Autarquias, inclusive em regime especial, e Fundações Públicas Federais recolhe a contribuição previdenciária como se fosse segurado empregado (art. 11, I, g, da Lei n. 8.212/91).

> § 14. A União, os Estados, o Distrito Federal e os Municípios instituirão, por lei de iniciativa do respectivo Poder Executivo, regime de previdência complementar para servidores públicos ocupantes de cargo efetivo, observado o limite máximo dos benefícios do Regime Geral de Previdência Social para o valor das aposentadorias e das pensões em regime próprio de previdência social, ressalvado o disposto no § 16.

Desde a instituição pelo Poder Executivo do regime de previdência complementar para servidores públicos, quem entrou a partir da referida data tem direito ao teto do Regime Geral de Previdência Social como aposentadoria ou pensão. Se quiser, faz previdência privada complementar, por meio das Fundações que administram os fundos dos funcionários da União, dos Estados, do Distrito Federal e dos Municípios.

> § 15. O regime de previdência complementar de que trata o § 14 oferecerá plano de benefícios somente na modalidade contribuição definida, observará o disposto no art. 202 e será efetivado por intermédio de entidade fechada de previdência complementar ou de entidade aberta de previdência complementar.

A contribuição é definida.

O plano de contribuição definida puro representa uma conta individual de poupança.

Pode haver, ainda, um sistema misto, empregando-se os dois critérios anteriores.

O modelo de contribuição definida misto permite converter o capital em um benefício definido na forma de renda mensal vitalícia cujo valor será definido em razão do capital acumulado, da expectativa de vida e da taxa de juros durante o período de fruição do benefício.

14. REFORMA DA EMENDA CONSTITUCIONAL N. 103/2019

A redação anterior do parágrafo decorrente da Emenda Constitucional n. 41/2003 fazia referência apenas a entidade fechada de previdência social, de natureza pública. Foram criadas as fundações públicas do Poder Executivo, do Judiciário e do Legislativo.

Agora a redação permite que o regime de previdência complementar seja feito tanto por meio de entidade de previdência complementar ou entidade aberta de previdência complementar. A conjunção alternativa ou mostra que pode ser uma coisa ou outra. Não é mais apenas entidade fechada de previdência social. A entidade de previdência complementar não precisa ter natureza pública. Pode também ter natureza privada.

A entidade fechada é de acesso apenas dos funcionários e não de outras pessoas.

> **§ 19.** Observados critérios a serem estabelecidos em lei do respectivo ente federativo, o servidor titular de cargo efetivo que tenha completado as exigências para a aposentadoria voluntária e que opte por permanecer em atividade poderá fazer jus a um abono de permanência equivalente, no máximo, ao valor da sua contribuição previdenciária, até completar a idade para aposentadoria compulsória.

O abono de permanência já vem sendo pago aos funcionários públicos desde a Emenda Constitucional n. 41/2003. Só diz respeito a servidor de cargo efetivo. Não se aplica aos empregados públicos, que são regidos pela CLT.

Os requisitos para a aposentadoria voluntária podem ter se dado na vigência de normas anteriores.

Com a Emenda, a aposentadoria voluntária será aos 65 anos, para o homem, e 62 anos, para a mulher.

A idade para aposentadoria compulsória no funcionalismo público é 75 anos.

> **§ 20.** É vedada a existência de mais de um regime próprio de previdência social e de mais de um órgão ou entidade gestora desse regime em cada ente federativo, abrangidos todos os poderes, órgãos e entidades autárquicas e fundacionais, que serão responsáveis pelo seu financiamento, observados os critérios, os parâmetros e a natureza jurídica definidos na lei complementar de que trata o § 22.

Não é possível mais de um regime próprio de previdência social e mais de um órgão ou entidade gestora desse regime em cada ente federativo.

É possível que haja um regime de funcionário público no âmbito federal, outro regime estadual e outro regime municipal, para os funcionários públicos respectivos de cada ente da federação. O § 1º do art. 149 da Constituição mostra que podem existir regimes próprios em Estados e nos Municípios.

No Regime Geral de Previdência Social, existe o INSS.

Lei complementar é aprovada por maioria absoluta (art. 69 da Constituição) em cada casa do Congresso Nacional.

§ 21 (Revogado).

§ 22. Vedada a instituição de novos regimes próprios de previdência social, lei complementar federal estabelecerá, para os que já existam, normas gerais de organização, de funcionamento e de responsabilidade em sua gestão, dispondo, entre outros aspectos, sobre:

A Emenda Constitucional veda a criação de novos regimes próprios de Previdência Social.

A lei complementar será necessariamente federal, de maneira a tratar de forma uniforme do tema no âmbito do território nacional. Não pode tratar do assunto lei complementar estadual.

I – requisitos para sua extinção e consequente migração para o Regime Geral de Previdência Social;

Periodicamente tem havido abertura de inscrições para as pessoas que quiserem migrar para o Regime Geral de Previdência Social.

II – modelo de arrecadação, de aplicação e de utilização dos recursos;

Os recursos devem ser utilizados e aplicados no sistema de Previdência Social, na concessão dos benefícios. Não tem sentido a Desvinculação de Receitas da União em relação à totalidade das contribuições previdenciárias, que retira dinheiro da contribuição previdenciária e o destina aos fins que o governo quiser.

III – fiscalização pela União e controle externo e social;

O controle externo deveria ser feito, inclusive, por meio de auditoria externa independente, para verificar se as contas do sistema estão corretas.

IV – definição de equilíbrio financeiro e atuarial;

A definição do equilíbrio financeiro e atuarial é importante em qualquer sistema de seguro, inclusive no seguro social da Previdência Social.

V – condições para instituição do fundo com finalidade previdenciária de que trata o art. 249 e para vinculação a ele dos recursos provenientes de contribuições e dos bens, direitos e ativos de qualquer natureza;
VI – mecanismos de equacionamento do déficit atuarial;

A Previdência Social também envolve a necessidade de estudos técnicos de atuária. Não é só Direito, aspectos econômicos, mas também atuária. São os exemplos de número de filhos por mulher, índice de desemprego, expectativa de vida média do homem, que influenciam no recebimento do benefício por longo tempo.

> VII – estruturação do órgão ou entidade gestora do regime, observados os princípios relacionados com governança, controle interno e transparência;

A estruturação do órgão ou entidade gestora do regime é muito importante. Basta haver um sistema de administração ineficiente para que as pessoas não recebam o benefício no futuro. É o que aconteceu com sistemas de previdência privada complementar, como o do Correio e o Aerus (dos aeronautas).

Deveria haver também controle externo, especialmente auditoria externa independente.

> VIII – condições e hipóteses para responsabilização daqueles que desempenhem atribuições relacionadas, direta ou indiretamente, com a gestão do regime;

Deve haver punição para quem gere o sistema, de forma que os recursos sejam bem aplicados e não haja emprego dos valores em negócios do interesse dos administradores.

> IX – condições para adesão a consórcio público;
> X – parâmetros para apuração da base de cálculo e definição de alíquota de contribuições ordinárias e extraordinárias.

A emenda passa a prever não só contribuições ordinárias, mas também contribuições extraordinárias, que serão estabelecidas quando há déficit no sistema.

> "Art. 93. ....
> ....
> VIII – o ato de remoção ou de disponibilidade do magistrado, por interesse público, fundar-se-á em decisão por voto da maioria absoluta do respectivo tribunal ou do Conselho Nacional de Justiça, assegurada ampla defesa;
> ....

Não se fala mais no inciso VIII de aposentadoria do magistrado imposta pelo tribunal ou pelo Conselho Nacional de Justiça.

Não deve haver apenas ampla defesa, mas também o exercício do contraditório (art. 5º, LV, da Constituição). Contraditório também é uma forma de defesa.

> **Art. 103-B.** ....
>
> **§ 4º** ....
>
> **III** – receber e conhecer das reclamações contra membros ou órgãos do Poder Judiciário, inclusive contra seus serviços auxiliares, serventias e órgãos prestadores de serviços notariais e de registro que atuem por delegação do poder público ou oficializados, sem prejuízo da competência disciplinar e correicional dos tribunais, podendo avocar processos disciplinares em curso, determinar a remoção ou a disponibilidade e aplicar outras sanções administrativas, assegurada ampla defesa;

O art. 103-B trata da competência do CNJ.

O CNJ pode avocar processos disciplinares que estão em curso, determinar remoção ou disponibilidade e aplicar outras sanções administrativas. Sempre será assegurada ampla defesa, mas também o contraditório, pois há previsão nesse sentido no inciso LV do art. 5º da Constituição.

O dispositivo não trata mais de aposentadoria, que era a aposentadoria compulsória imposta pelo Tribunal ou pelo CNJ ao juiz.

Essa matéria não é de Reforma Previdenciária, mas de reforma constitucional.

> **Art. 109.** ....
>
> **§ 3º** Lei poderá autorizar que as causas de competência da Justiça Federal em que forem parte instituição de previdência social e segurado possam ser processadas e julgadas na justiça estadual quando a comarca do domicílio do segurado não for sede de vara federal.

O parágrafo agora depende que a lei, que é a ordinária federal, trate do tema. Não são apenas as causas de acidente do trabalho, mas também as dos benefícios comuns em ações propostas contra o INSS, que é a instituição de previdência social.

As causas de acidente do trabalho continuam na competência da Justiça Estadual, pois o inciso II do art. 109 da Constituição ressalva a competência da Justiça Federal em relação às referidas causas. Logo, não é da competência da Justiça Federal. A Súmula 15 do STJ entende que a competência para questões de acidente do trabalho é da Justiça Estadual. O inciso II do art. 129 da Lei n. 8.213/91 trata da competência da Justiça Estadual. O mesmo ocorre com o § 2º do art. 643 da CLT. Essas leis são recepcionadas pela Constituição.

A lei ordinária federal poderá atribuir à justiça estadual a competência quando a comarca do domicílio do segurado não for sede da vara federal.

14. REFORMA DA EMENDA CONSTITUCIONAL N. 103/2019 | 167

> **Art. 130-A.** ....
>
> **§ 2°** ....
>
> **III** – receber e conhecer das reclamações contra membros ou órgãos do Ministério Público da União ou dos Estados, inclusive contra seus serviços auxiliares, sem prejuízo da competência disciplinar e correicional da instituição, podendo avocar processos disciplinares em curso, determinar a remoção ou a disponibilidade e aplicar outras sanções administrativas, assegurada ampla defesa;

O art. 130-A trata da competência do Conselho Nacional do Ministério Público.

Não se assegura apenas ampla defesa, mas também o contraditório, conforme o inciso LV do art. 5º da Constituição.

> **Art. 149.** ....
>
> **§ 1°** A União, os Estados, o Distrito Federal e os Municípios instituirão, por meio de lei, contribuições para custeio de regime próprio de previdência social, cobradas dos servidores ativos, dos aposentados e dos pensionistas, que poderão ter alíquotas progressivas de acordo com o valor da base de contribuição ou dos proventos de aposentadoria e de pensões.

A União, os Estados, o Distrito Federal e os Municípios podem ter regime próprio de previdência social, mediante a edição de lei específica de cada ente da federação. No âmbito da União, pode ser lei ordinária federal.

É possível tanto a exigência de contribuição dos servidores ativos, como de aposentados e de pensionistas. A redação anterior fazia referência servidores inativos. É melhor dizer aposentados.

O parágrafo permite que possa haver alíquotas progressivas em relação aos servidores e não mais apenas alíquota fixa, que era de 11%.

> **§ 1°-A.** Quando houver déficit atuarial, a contribuição ordinária dos aposentados e pensionistas poderá incidir sobre o valor dos proventos de aposentadoria e de pensões que supere o salário mínimo.

O déficit atuarial passa a ser considerado como um fator previsto na própria Constituição.

No caso, a contribuição irá incidir sobre o que superar o salário mínimo e não o teto do Regime Geral de Previdência Social.

> **§ 1°-B.** Demonstrada a insuficiência da medida prevista no § 1°-A para equacionar o déficit atuarial, é facultada a instituição de contribuição extraordinária, no âmbito da União, dos servidores públicos ativos, dos aposentados e dos pensionistas.

Há autorização constitucional para a instituição de contribuição extraordinária quando houver déficit atuarial, mas não em outros casos.

A contribuição extraordinária prevista no parágrafo é apenas para os funcionários públicos da União e dos Estados, Distrito Federal e Municípios. É possível também a instituição de contribuição de aposentados e pensionistas.

§ 1º-C. A contribuição extraordinária de que trata o § 1º-B deverá ser instituída simultaneamente com outras medidas para equacionamento do déficit e vigorará por período determinado, contado da data de sua instituição.

A contribuição extraordinária não pode ser exigida por prazo indeterminado, mas apenas determinado, enquanto houver o déficit atuarial.

O prazo será contado da data da instituição da contribuição extraordinária.

Simultaneamente poderão ser estabelecidas outras medidas para que o déficit deixe de existir, como de gestão etc.

Art. 167. ...

O art. 167 trata de vedações nos orçamentos.

XII – na forma estabelecida na lei complementar de que trata o § 22 do art. 40, a utilização de recursos de regime próprio de previdência social, incluídos os valores integrantes dos fundos previstos no art. 249, para a realização de despesas distintas do pagamento dos benefícios previdenciários do respectivo fundo vinculado àquele regime e das despesas necessárias à sua organização e ao seu funcionamento;

O § 22 do art. 40 da Constituição veda a instituição de novos regimes próprios de previdência social. Lei complementar federal estabelecerá, para os que já existam, normas gerais de organização, de funcionamento e de responsabilidade em sua gestão, entre outros aspectos.

O art. 249 da Constituição prevê a possibilidade de União, Estados, Distrito Federal e Municípios criarem fundos para o pagamento de proventos de aposentadorias e pensões de seus servidores.

Os recursos do regime próprio de previdência social não podem ser utilizados para a realização de despesas distintas do pagamento dos benefícios previdenciários do respectivo fundo vinculado àquele regime e das despesas necessárias à sua organização e ao seu funcionamento. Não podem esses recursos ser utilizados para pagamento de salários de funcionários públicos.

14. REFORMA DA EMENDA CONSTITUCIONAL N. 103/2019 | 169

> XIII – a transferência voluntária de recursos, a concessão de avais, as garantias e as subvenções pela União e a concessão de empréstimos e de financiamentos por instituições financeiras federais aos Estados, ao Distrito Federal e aos Municípios na hipótese de descumprimento das regras gerais de organização e de funcionamento de regime próprio de previdência social.

Não pode haver a transferência voluntária de recursos, a concessão de avais, as garantias e as subvenções pela União e a concessão de empréstimos e de financiamentos por instituições financeiras federais aos Estados, ao Distrito Federal e aos Municípios se estes descumprirem as regras gerais de organização e de funcionamento de regime próprio de previdência social.

> Art. 194.
> Parágrafo único.
>
> VI – diversidade da base de financiamento, identificando-se, em rubricas contábeis específicas para cada área, as receitas e as despesas vinculadas a ações de saúde, previdência e assistência social, preservado o caráter contributivo da previdência social;

Deveria ser diversidade de base de custeio. Não se trata de financiar, como o empréstimo de um valor, que será devolvido com juros e correção monetária, mas de custeio.

As receitas e despesas de Saúde, Previdência Social e Assistência Social devem ser feitas apenas para os respectivos custos. Não podem ser usadas pelo governo para outros fins, como educação, segurança pública etc.

O regime de Previdência Social é necessariamente contributivo por parte do próprio segurado (art. 201 da Constituição).

> Art. 195.
>
> II – do trabalhador e dos demais segurados da previdência social, podendo ser adotadas alíquotas progressivas de acordo com o valor do salário de contribuição, não incidindo contribuição sobre aposentadoria e pensão concedidas pelo Regime Geral de Previdência Social;

A diferença agora é a previsão na Constituição de existirem alíquotas progressivas, de acordo com a faixa de salário de contribuição do segurado.

Não incide a contribuição previdenciária sobre aposentadoria e pensão concedidas pelo Regime Geral de Previdência Social. Ao contrário, poderá haver incidência de contribuição sobre aposentadoria e pensão de regimes próprios.

> **§ 9º** As contribuições sociais previstas no inciso I do *caput* deste artigo poderão ter alíquotas diferenciadas em razão da atividade econômica, da utilização intensiva de mão de obra, do porte da empresa ou da condição estrutural do mercado de trabalho, sendo também autorizada a adoção de bases de cálculo diferenciadas apenas no caso das alíneas *b* e *c* do inciso I do *caput*.

A Emenda Constitucional n. 41/2003 previa no § 9º que as contribuições sociais previstas no inciso I do art. 195 da Constituição poderiam ter alíquotas diferenciadas em razão da atividade econômica, da utilização intensiva de mão de obra, do porte da empresa ou da condição estrutural do mercado de trabalho.

Atividade econômica pode ser urbana, rural, de serviços, de transportes, de bancos etc.

Utilização intensiva de mão de obra pode ocorrer, por exemplo, na construção civil.

Porte da empresa ocorre no caso de companhia com faturamento muito elevado, como no caso de bancos, de empresas de tecnologia, da indústria automobilística.

Condição estrutural do mercado de trabalho diz respeito a empresas que empregam mais ou menos trabalhadores.

A nova redação acrescenta a possibilidade de adoção de bases de cálculo diferenciados apenas nos casos das letras *b* e *c* do inciso I, ou seja, em caso de receita e faturamento, ou lucro.

> **§ 11.** São vedados a moratória e o parcelamento em prazo superior a 60 (sessenta) meses e, na forma de lei complementar, a remissão e a anistia das contribuições sociais de que tratam a alínea *a* do inciso I e o inciso II do *caput*.

Moratória é a dilação concedida pelo sujeito ativo ao sujeito passivo para o adimplemento do crédito tributário.

Parcelamento é a divisão em prestações da dívida ativa tributária.

Moratória e anistia não poderão ser superiores a 60 meses em relação às contribuições incidentes sobre a folha de salários (I, *a*) e dos trabalhadores (II), que é retida pela empresa.

Lei complementar vai tratar da remissão e da anistia de contribuições previstas no art. 195 I, *a*, e II.

> **§ 13** (Revogado).
>
> **§ 14.** O segurado somente terá reconhecida como tempo de contribuição ao Regime Geral de Previdência Social a competência cuja contribuição seja igual ou superior à contribuição mínima mensal exigida para sua categoria, assegurado o agrupamento de contribuições.

A contribuição mínima mensal é a incidente sobre um salário mínimo ou do piso salarial da sua categoria.

O agrupamento de contribuições terá de ser de contribuições feitas como empregado e segurado contribuinte individual, mas relativas ao mesmo mês, pois há necessidade de contribuições mensais para o cálculo do benefício. Não posso pegar a contribuição maior de um mês para compensar a menor de outro mês, salvo se houver autorização da Emenda Constitucional n. 103/2019.

> **Art. 201.** A previdência social será organizada sob a forma do Regime Geral de Previdência Social, de caráter contributivo e de filiação obrigatória, observados critérios que preservem o equilíbrio financeiro e atuarial, e atenderá, na forma da lei, a:

O Regime Geral de Previdência Social é o previsto na Lei n. 8.213/91.

A Previdência Social tem caráter contributivo em relação ao próprio segurado. Para ter direito ao benefício, o segurado deve contribuir.

Critérios que observem o equilíbrio financeiro e atuarial são o fator previdenciário e a fórmula 86/96 ou outras que vierem a ser instituídas.

Há necessidade de cálculo atuarial para verificar a necessidade de recursos para pagamento de benefícios de acordo com expectativa de vida do homem, número de filhos por mulher, desemprego etc.

A lei aqui é a ordinária federal, sendo recebida a Lei n. 8.213/91.

> **I –** cobertura dos eventos de incapacidade temporária ou permanente para o trabalho e idade avançada;

A palavra correta não é eventos, mas contingências, que é a denominação técnica para as necessidades a serem cobertas pelos benefícios.

O inciso I não mais faz referência às contingências doença, invalidez, morte, mas à incapacidade temporária como na doença, ou permanente, como na aposentadoria por invalidez, pelo fato de que o segurado não tem mais condições de trabalhar. O inciso trata do gênero incapacidade, seja ela temporária ou permanente. Incapacidade temporária pode ser no auxílio-doença e na aposentadoria por invalidez. Incapacidade permanente pode ser na aposentadoria por invalidez em que o segurado não tem mais condições de se recuperar, como o fato de ter 60 anos e não mais precisar fazer exame médico.

Continua fazendo menção à contingência idade avançada, mas no inciso não está mais a contingência morte, que está prevista no inciso V do art. 201 da Constituição.

> § 1º É vedada a adoção de requisitos ou critérios diferenciados para concessão de benefícios, ressalvada, nos termos de lei complementar, a possibilidade de previsão de idade e tempo de contribuição distintos da regra geral para concessão de aposentadoria exclusivamente em favor dos segurados:

A lei complementar irá prever idade e tempo de contribuição diferenciados da regra geral para a concessão de aposentadoria aos segurados mencionados no inciso.

O parágrafo anteriormente não era dividido em incisos e tratava de lei complementar para aposentadoria diferenciada para o deficiente.

> I – com deficiência, previamente submetidos a avaliação biopsicossocial realizada por equipe multiprofissional e interdisciplinar;

A Lei Complementar n. 142/2013 trata da aposentadoria da pessoa com deficiência segurada do Regime Geral de Previdência Social – RGPS.

O modelo biopsicossocial estuda a causa ou o progresso de doenças utilizando-se de fatores biológicos (genéticos, bioquímicos etc.), fatores psicológicos (estado de humor, de personalidade, de comportamento etc.) e fatores sociais (culturais, familiares, socioeconômicos, médicos etc.).

> II – cujas atividades sejam exercidas com efetiva exposição a agentes químicos, físicos e biológicos prejudiciais à saúde, ou associação desses agentes, vedada a caracterização por categoria profissional ou ocupação.

Agentes químicos serão, por exemplo, poeiras, fumos, névoas, neblinas, gases ou vapores.

Agentes físicos serão, por exemplo, ruídos, vibrações, pressões anormais, temperaturas extremas, radiações ionizantes, radiações não ionizantes.

Agentes biológicos serão, por exemplo, bactérias, vírus, fungos (leveduras e bolores) e parasitas.

A exposição a esses agentes será tratada por lei complementar e não por lei ordinária federal.

> § 7º ....
> I – 65 (sessenta e cinco) anos de idade, se homem, e 62 (sessenta e dois) anos de idade, se mulher, observado tempo mínimo de contribuição;

A idade mínima ainda não havia sido estabelecida. Agora, ela vale tanto para os Regimes Próprios como para o Regime Geral de Previdência Social.

Não deveria existir diferença de idade entre homens e mulheres, pois a mulher vive sete anos mais que o homem.

A tendência é ser feita outra reforma na idade mínima para se aposentar, como vem sendo feita em países europeus, pois a expectativa de vida do brasileiro aumenta a cada ano.

Com a nova redação do inciso, não existe mais aposentadoria por tempo de contribuição, mas aposentadoria com idade mínima e tempo de contribuição.

O tempo mínimo de contribuição é 35 anos para o homem e 30 anos para a mulher.

> II – 60 (sessenta) anos de idade, se homem, e 55 (cinquenta e cinco) anos de idade, se mulher, para os trabalhadores rurais e para os que exerçam suas atividades em regime de economia familiar, nestes incluídos o produtor rural, o garimpeiro e o pescador artesanal.

O trabalhador rural desenvolve uma atividade extenuante, de trabalhar várias horas sob sol escaldante, sob chuva, em tempo frio. Tem um desgaste maior, tanto que pessoas que trabalham no campo têm aparência de mais velhas. Assim, estabelece-se aposentadoria com idade inferior para o trabalhador rural e para as pessoas que exerçam trabalho em regime de economia familiar (cônjuge, companheiro(a), filhos, enteados), incluído o produtor rural, o garimpeiro e o pescador artesanal.

> § 8º O requisito de idade a que se refere o inciso I do § 7º será reduzido em 5 (cinco) anos, para o professor que comprove tempo de efetivo exercício das funções de magistério na educação infantil e no ensino fundamental e médio fixado em lei complementar.

O professor vai ser aposentado com 60 anos, se homem, e 57, se mulher. Entretanto, somente o professor que exerça funções de magistério na educação infantil e no ensino fundamental e médio, de acordo com a previsão de lei complementar.

A Lei n. 8.213/91 é recebida pela Constituição enquanto não for editada a lei complementar de que trata o parágrafo.

> § 9º Para fins de aposentadoria, será assegurada a contagem recíproca do tempo de contribuição entre o Regime Geral de Previdência Social e os regimes próprios de previdência social, e destes entre si, observada a compensação financeira, de acordo com os critérios estabelecidos em lei.

O Regime Geral de Previdência Social compreende trabalhadores urbanos e rurais.

A contagem recíproca é feita entre o Regime Geral e os regimes próprios (funcionário público e militar) e vice-versa.

A lei mencionada é a ordinária federal. Não se exige lei complementar.

Dispõe o art. 94 da Lei n. 8.213/91 que, para efeito dos benefícios previstos no Regime Geral de Previdência Social ou no serviço público, é assegurada a contagem recíproca de tempo de contribuição na atividade privada, rural e urbana, e do tempo de contribuição ou de serviço na administração pública, hipótese em que os diferentes sistemas de Previdência Social se compensarão financeiramente.

A Lei n. 9.796/99 regulou a compensação financeira entre regimes de previdência social. Foi regulamentada pelo Decreto n. 3.112/99.

Reza o art. 12 da Lei n. 10.666/2003 que, para fins de compensação financeira entre o RGPS e o RPPS da União, dos Estados, do Distrito Federal e dos Municípios, os regimes instituidores apresentarão aos regimes de origem os dados relativos aos benefícios em manutenção em 5-5-1999 concedidos a partir de 5-10-1988.

O § 9º do art. 40 da Constituição já prevê que:

> o tempo de contribuição federal, estadual, distrital ou municipal será contado para fins de aposentadoria, observado o disposto nos §§ 9º e 9º-A do art. 201, e o tempo de serviço correspondente será contado para fins de disponibilidade.

> **§ 9º-A.** O tempo de serviço militar exercido nas atividades de que tratam os arts. 42, 142 e 143 e o tempo de contribuição ao Regime Geral de Previdência Social ou a regime próprio de previdência social terão contagem recíproca para fins de inativação militar ou aposentadoria, e a compensação financeira será devida entre as receitas de contribuição referentes aos militares e as receitas de contribuição aos demais regimes.

O tempo do militar exercido nas atividades de policiais militares e corpos de bombeiros militares (art. 42), Forças Armadas (142), serviço militar obrigatório (art. 143) será contado.

A contagem recíproca será feita tanto para efeito de inativação militar como aposentadoria.

> **§ 10.** Lei complementar poderá disciplinar a cobertura de benefícios não programados, inclusive os decorrentes de acidente do trabalho, a ser atendida concorrentemente pelo Regime Geral de Previdência Social e pelo setor privado.

Não é imperativa a edição da referida lei complementar, pois ela pode disciplinar a cobertura de benefícios não programados e de acidente do trabalho.

Essa previsão já existia no § 10 do art. 201 da Constituição, acrescentado pela Emenda Constitucional n. 20/98, que fazia referência a lei ordinária federal. Não foi editada.

Agora se fala em lei complementar, que exige maioria absoluta de votos.

14. REFORMA DA EMENDA CONSTITUCIONAL N. 103/2019

No setor privado, será possível fazer seguro contra acidentes do trabalho junto a seguradoras, desde que previsto na lei complementar.

> § 12. Lei instituirá sistema especial de inclusão previdenciária, com alíquotas diferenciadas, para atender aos trabalhadores de baixa renda, inclusive os que se encontram em situação de informalidade, e àqueles sem renda própria que se dediquem exclusivamente ao trabalho doméstico no âmbito de sua residência, desde que pertencentes a famílias de baixa renda.

A lei ordinária federal vai estabelecer um sistema especial de inclusão previdenciária e não trabalhista.

> § 13. A aposentadoria concedida ao segurado de que trata o § 12 terá valor de 1 (um) salário mínimo.

Essa regra estava antes no próprio § 12. Não poderá ser estabelecido menos de um salário mínimo a título de aposentadoria aos trabalhadores de baixa renda e às pessoas que se dediquem exclusivamente ao trabalho doméstico no âmbito de sua residência, desde que pertencentes a famílias de baixa renda.

> § 14. É vedada a contagem de tempo de contribuição fictício para efeito de concessão dos benefícios previdenciários e de contagem recíproca.

Tempo de contribuição fictício é o que não houve recolhimento de contribuição, ou então de contagem de licença prêmio em dobro, salvo em relação a pessoas que têm direito adquirido.

> § 15. Lei complementar estabelecerá vedações, regras e condições para a acumulação de benefícios previdenciários.

A matéria terá de ser estabelecida em lei complementar e não em lei ordinária federal.

A lei complementar tratará de proibições, regras e condições apenas para acumulação de benefícios previdenciários.

> § 16. Os empregados dos consórcios públicos, das empresas públicas, das sociedades de economia mista e das suas subsidiárias serão aposentados compulsoriamente, observado o cumprimento do tempo mínimo de contribuição, ao atingir a idade máxima de que trata o inciso II do § 1º do art. 40, na forma estabelecida em lei.

Empresa pública é a entidade dotada de personalidade jurídica de direito privado, com criação autorizada por lei e com patrimônio próprio, cujo capital social é integralmente detido pela União, pelos Estados, pelo Distrito Federal ou pelos Municípios (art. 3º da Lei n. 13.303/2016). Tem por objetivo a realização de atividade econômica de interesse da Administração Pública.

Sociedade de economia mista é a entidade dotada de personalidade jurídica de direito privado, com criação autorizada por lei, sob a forma de sociedade anônima, cujas ações com direito a voto pertençam em sua maioria à União, aos Estados, ao Distrito Federal, aos Municípios ou a entidade da administração indireta (art. 4º da Lei n. 13.303/2016) (ex.: Petrobras). A lei do ente federativo autoriza a criação da sociedade de economia mista.

Os trabalhadores de sociedades de economia mista e de empresa pública que explore atividade econômica são regidos pela CLT, pois elas são empresas privadas que têm de observar as normas trabalhistas (art. 173, § 1º, II, da Constituição).

A aposentadoria compulsória ocorre aos 75 anos, inclusive para os empregados regidos pela CLT dessas empresas.

> Art. 202. ....

O artigo trata de previdência privada complementar.

> § 4º Lei complementar disciplinará a relação entre a União, Estados, Distrito Federal ou Municípios, inclusive suas autarquias, fundações, sociedades de economia mista e empresas controladas direta ou indiretamente, enquanto patrocinadores de planos de benefícios previdenciários, e as entidades de previdência complementar.

A redação anterior já previa que a matéria seria tratada em lei complementar e não em lei ordinária federal.

A Lei Complementar n. 109/2001 dispõe sobre previdência privada complementar. Não trata da relação entre a União, Estados, Distrito Federal ou Municípios e empresas controladas direta ou indiretamente.

As entidades de previdência complementar podem ser abertas ou fechadas. As abertas permitem que qualquer pessoa faça investimentos. Nas fechadas, somente podem participar pessoas de uma mesma empresa ou grupo de empresas.

> § 5º A lei complementar de que trata o § 4º aplicar-se-á, no que couber, às empresas privadas permissionárias ou concessionárias de prestação de serviços públicos, quando patrocinadoras de planos de benefícios em entidades de previdência complementar.

A matéria será tratada por lei complementar e não por lei ordinária federal.

Permissão de serviço público é a delegação, a título precário, mediante licitação, da prestação de serviços públicos feita pelo poder concedente a pessoa física ou jurídica que demonstre capacidade para seu desempenho, por sua conta e risco (art. 2º, IV, da Lei n. 8.987/95).

14. REFORMA DA EMENDA CONSTITUCIONAL N. 103/2019

Concessão é o contrato administrativo em que a Administração Pública defere ao particular a execução remunerada de serviço público ou de obra pública, ou lhe cede o uso de bem público, para que o explore por sua conta e risco, pelo prazo e condições ajustadas.

É permitido que concessionárias e permissionárias de serviços públicos atuem como patrocinadoras de planos de benefícios em entidades de previdência complementar.

> § 6º Lei complementar estabelecerá os requisitos para a designação dos membros das diretorias das entidades fechadas de previdência complementar instituídas pelos patrocinadores de que trata o § 4º e disciplinará a inserção dos participantes nos colegiados e instâncias de decisão em que seus interesses sejam objeto de discussão e deliberação.

A matéria é de lei complementar e não de lei ordinária federal.

É importante que seja editada essa lei complementar, pois já houve casos, como do Aerus e Portalis, em que os membros das diretorias dos fundos de previdência privada não tinham experiência na matéria e trouxeram prejuízos aos participantes.

> Art. 239. A arrecadação decorrente das contribuições para o Programa de Integração Social, criado pela Lei Complementar n. 7, de 7 de setembro de 1970, e para o Programa de Formação do Patrimônio do Servidor Público, criado pela Lei Complementar n. 8, de 3 de dezembro de 1970, passa, a partir da promulgação desta Constituição, a financiar, nos termos que a lei dispuser, o programa do seguro-desemprego, outras ações da previdência social e o abono de que trata o § 3º deste artigo.

Na verdade, não vai financiar, mas vai custear. Não se trata de financiamento, em que o empréstimo teria de ser devolvido com juros e correção monetária.

O seguro-desemprego já vinha sendo custeado pelo PIS/PASEP desde 5-10-1988. O mesmo ocorre em relação ao abono de um salário mínimo para quem ganha até dois salários mínimos por mês.

Agora, também outras ações de previdência social serão custeadas pelo PIS/PASEP. Este, portanto, não poderá ser destinado a custear educação, segurança pública etc.

> § 1º Dos recursos mencionados no *caput*, no mínimo 28% (vinte e oito por cento) serão destinados para o financiamento de programas de desenvolvimento econômico, por meio do Banco Nacional de Desenvolvimento Econômico e Social, com critérios de remuneração que preservem o seu valor.

Antes eram 40%. Agora passa a ser 28% para o financiamento de programas de desenvolvimento econômico, por intermédio do BNDES.

> § 5° Os programas de desenvolvimento econômico financiados na forma do § 1° e seus resultados serão anualmente avaliados e divulgados em meio de comunicação social eletrônico e apresentados em reunião da comissão mista permanente de que trata o § 1° do art. 166.

Os programas deverão ter seus resultados divulgados por meio de comunicação social eletrônico para dar publicidade e transparência ao que foi financiado.

A Comissão Mista será integrada por senadores e deputados.

> **Art. 2°** O art. 76 do Ato das Disposições Constitucionais Transitórias passa a vigorar com a seguinte redação:
> "Art. 76. ....
> ....
> § 4° A desvinculação de que trata o *caput* não se aplica às receitas das contribuições sociais destinadas ao custeio da seguridade social.

Não mais poderá ser feita a desvinculação da receita da União em relação a contribuições sociais previdenciárias, pois elas devem ser destinadas apenas ao custeio da seguridade social e não para outros fins.

As receitas de contribuição previdenciária, de contribuição do PIS/PASEP, da Cofins, da contribuição sobre o lucro das empresas não poderão ser desvinculadas do custeio da seguridade social.

O dispositivo parece uma garantia para se evitar o uso do dinheiro da Seguridade Social e depois afirmar que houve déficit.

> **Art. 3°** A concessão de aposentadoria ao servidor público federal vinculado a regime próprio de previdência social e ao segurado do Regime Geral de Previdência Social e de pensão por morte aos respectivos dependentes será assegurada, a qualquer tempo, desde que tenham sido cumpridos os requisitos para obtenção desses benefícios até a data de entrada em vigor desta Emenda Constitucional, observados os critérios da legislação vigente na data em que foram atendidos os requisitos para a concessão da aposentadoria ou da pensão por morte.

O dispositivo está tratando de direito adquirido, de pessoas que no dia anterior à data de promulgação da emenda constitucional tinham todos os requisitos para requerer o benefício.

Os critérios de aposentadoria e pensão devem ser os vigentes na data em que foram atendidos todos os requisitos para a concessão do benefício (Súmula 359 do STF). Não há necessidade de requerimento por parte do segurado (Pleno, RE 73.189/SP, Rel. Min. Luiz Gallotti, *RTJ* 65/435). Isso já se incorporou ao patrimônio jurídico do servidor.

14. REFORMA DA EMENDA CONSTITUCIONAL N. 103/2019 | 179

A determinação está fazendo referência apenas ao servidor público federal. Não trata de servidor estadual, municipal ou distrital.

> § 1º Os proventos de aposentadoria devidos ao servidor público a que se refere o *caput* e as pensões por morte devidas aos seus dependentes serão calculados e reajustados de acordo com a legislação em vigor à época em que foram atendidos os requisitos nela estabelecidos para a concessão desses benefícios.

Se a pessoa adquiriu os requisitos com base na lei velha, a forma de cálculo e reajuste tem de ser a da legislação da época em que foram atendidos os requisitos estabelecidos nesta lei para a concessão dos benefícios. Não podem ser critérios, base de cálculo ou forma de reajuste da lei nova.

A pensão por morte é considerada devida com base na lei vigente na data da morte do segurado.

> § 2º Os proventos de aposentadoria devidos ao segurado a que se refere o *caput* e as pensões por morte devidas aos seus dependentes serão apurados de acordo com a legislação em vigor à época em que foram atendidos os requisitos nela estabelecidos para a concessão desses benefícios.

A lei a ser observada é a lei vigente no momento em que o segurado adquiriu todos os requisitos para requerer aposentadoria, como idade, tempo de contribuição, tempo de serviço mínimo no serviço público e tempo mínimo no cargo.

A pensão por morte é devida com base na lei vigente na época da morte do segurado.

> § 3º Até que entre em vigor lei federal de que trata o § 19 do art. 40 da Constituição Federal, o servidor de que trata o *caput* que tenha cumprido os requisitos para aposentadoria voluntária com base no disposto na alínea *a* do inciso III do § 1º do art. 40 da Constituição Federal, na redação vigente até a data de entrada em vigor desta Emenda Constitucional, no art. 2º, no § 1º do art. 3º ou no art. 6º da Emenda Constitucional n. 41, de 19 de dezembro de 2003, ou no art. 3º da Emenda Constitucional n. 47, de 5 de julho de 2005, que optar por permanecer em atividade fará jus a um abono de permanência equivalente ao valor da sua contribuição previdenciária, até completar a idade para aposentadoria compulsória.

O abono de permanência ainda é devido em valor equivalente ao valor da sua contribuição previdenciária.

A aposentadoria compulsória ocorre com 75 anos no serviço público.

A lei é a ordinária federal. Cada ente da federação poderá tratar do abono em lei própria.

> **Art. 4º** O servidor público federal que tenha ingressado no serviço público em cargo efetivo até a data de entrada em vigor desta Emenda Constitucional poderá aposentar-se voluntariamente quando preencher, cumulativamente, os seguintes requisitos:

A aposentadoria do servidor público federal será voluntária e não compulsória.

Os requisitos do artigo são cumulativos e não exemplificativos. Devem ser observados todos ao mesmo tempo.

Se a pessoa tem direito adquirido, que está afirmado no art. 3º da Emenda Constitucional n. 103/2019, não se pode falar que tem de atender os requisitos abaixo de forma cumulativa.

O artigo tem de ser entendido no sentido de pessoas que não têm direito adquirido e entraram no serviço público federal até a data da entrada em vigor da Emenda Constitucional.

Parece, assim, regra de transição para quem não tinha todos os requisitos e entrou em regime próprio.

> **I** – 56 (cinquenta e seis) anos de idade, se mulher, e 61 (sessenta e um) anos de idade, se homem, observado o disposto no § 1º;
> **II** – 30 (trinta) anos de contribuição, se mulher, e 35 (trinta e cinco) anos de contribuição, se homem;
> **III** – 20 (vinte) anos de efetivo exercício no serviço público;
> **IV** – 5 (cinco) anos no cargo efetivo em que se der a aposentadoria; e
> **V** – somatório da idade e do tempo de contribuição, incluídas as frações, equivalente a 86 (oitenta e seis) pontos, se mulher, e 96 (noventa e seis) pontos, se homem, observado o disposto nos §§ 2º e 3º.

Além de idade, tempo de contribuição, tempo de serviço público e tempo no cargo em que se der a aposentadoria, o segurado também terá de ter o somatório 86/96.

> **§ 1º** A partir de 1º de janeiro de 2022, a idade mínima a que se refere o inciso I do *caput* será de 57 (cinquenta e sete) anos de idade, se mulher, e 62 (sessenta e dois) anos de idade, se homem.

Em dois anos, a idade aumentará um ano.

> **§ 2º** A partir de 1º de janeiro de 2020, a pontuação a que se refere o inciso V do *caput* será acrescida a cada ano de 1 (um) ponto, até atingir o limite de 100 (cem) pontos, se mulher, e de 105 (cento e cinco) pontos, se homem.

A partir de 1º de janeiro de 2020, a fórmula 86/96 vai aumentando um ponto por ano até atingir 100 pontos para a mulher e 105 para o homem.

14. REFORMA DA EMENDA CONSTITUCIONAL N. 103/2019 | 181

> § 3° A idade e o tempo de contribuição serão apurados em dias para o cálculo do somatório de pontos a que se referem o inciso V do *caput* e o § 2°.

A idade e o tempo de contribuição serão apurados em dias e não em meses ou anos.

> § 4° Para o titular do cargo de professor que comprovar exclusivamente tempo de efetivo exercício das funções de magistério na educação infantil e no ensino fundamental e médio, os requisitos de idade e de tempo de contribuição de que tratam os incisos I e II do *caput* serão:

O parágrafo está tratando do titular do cargo de professor e não de professor titular que tem cargo. Refere-se, portanto, a qualquer professor que tiver cargo.

O parágrafo determina que o professor só tem direito de computar o tempo nas funções de magistério na educação infantil e no ensino fundamental e médio. Não pode, portanto, contar no ensino superior.

> I – 51 (cinquenta e um) anos de idade, se mulher, e 56 (cinquenta e seis) anos de idade, se homem;
> II – 25 (vinte e cinco) anos de contribuição, se mulher, e 30 (trinta) anos de contribuição, se homem; e
> III – 52 (cinquenta e dois) anos de idade, se mulher, e 57 (cinquenta e sete) anos de idade, se homem, a partir de 1° de janeiro de 2022.
> § 5° O somatório da idade e do tempo de contribuição de que trata o inciso V do *caput* para as pessoas a que se refere o § 4°, incluídas as frações, será de 81 (oitenta e um) pontos, se mulher, e 91 (noventa e um) pontos, se homem, aos quais serão acrescidos, a partir de 1° de janeiro de 2020, 1 (um) ponto a cada ano, até atingir o limite de 92 (noventa e dois) pontos, se mulher, e de 100 (cem) pontos, se homem.

As pessoas a que se refere o § 4° são os professores.

> § 6° Os proventos das aposentadorias concedidas nos termos do disposto neste artigo corresponderão:
> I – à totalidade da remuneração do servidor público no cargo efetivo em que se der a aposentadoria, observado o disposto no § 8°, para o servidor público que tenha ingressado no serviço público em cargo efetivo até 31 de dezembro de 2003 e que não tenha feito a opção de que trata o § 16 do art. 40 da Constituição Federal, desde que tenha, no mínimo, 62 (sessenta e dois) anos de idade, se mulher, e 65 (sessenta e cinco) anos de idade, se homem, ou, para os titulares do cargo de professor de que trata o § 4°, 57 (cinquenta e sete) anos de idade, se mulher, e 60 (sessenta) anos de idade, se homem;

O § 8° do artigo explica o que se considera como remuneração do servidor público.

O § 16 do art. 40 da Constituição diz respeito à opção para o regime de previdência complementar.

O dispositivo trata de quem ingressou em cargo efetivo até 31 de dezembro de 2003.

> II – ao valor apurado na forma da lei, para o servidor público não contemplado no inciso I.

Quem ingressou no serviço público a partir da vigência dos fundos terá direito ao teto do Regime Geral de Previdência Social e o restante poderá fazer previdência complementar.

> § 7º Os proventos das aposentadorias concedidas nos termos do disposto neste artigo não serão inferiores ao valor a que se refere o § 2º do art. 201 da Constituição Federal e serão reajustados:

O § 2º do art. 201 da Constituição estabelece que o benefício não pode ser inferior a um salário mínimo.

> I – de acordo com o disposto no art. 7º da Emenda Constitucional n. 41, de 19 de dezembro de 2003, se cumpridos os requisitos previstos no inciso I do § 6º; ou

Dispõe o art. 7º da Emenda Constitucional n. 41/2003 que:

> Observado o disposto no art. 37, XI, da Constituição Federal, os proventos de aposentadoria dos servidores públicos titulares de cargo efetivo e as pensões dos seus dependentes pagos pela União, Estados, Distrito Federal e Municípios, incluídas suas autarquias e fundações, em fruição na data de publicação desta Emenda, bem como os proventos de aposentadoria dos servidores e as pensões dos dependentes abrangidos pelo art. 3º desta Emenda, serão revistos na mesma proporção e na mesma data, sempre que se modificar a remuneração dos servidores em atividade, sendo também estendidos aos aposentados e pensionistas quaisquer benefícios ou vantagens posteriormente concedidos aos servidores em atividade, inclusive quando decorrentes da transformação ou reclassificação do cargo ou função em que se deu a aposentadoria ou que serviu de referência para a concessão da pensão, na forma da lei.

> II – nos termos estabelecidos para o Regime Geral de Previdência Social, na hipótese prevista no inciso II do § 6º.

O reajuste no Regime Geral tem sido feito no mês de janeiro e pelo INPC (art. 41-A da Lei n. 8.213/91).

> § 8º Considera-se remuneração do servidor público no cargo efetivo, para fins de cálculo dos proventos de aposentadoria com fundamento no disposto no inciso I do § 6º ou no inciso I do § 2º do art. 20, o valor constituído pelo subsídio, pelo vencimento e pelas vantagens pecuniárias permanentes do cargo, estabelecidos em lei, acrescidos dos adicionais de caráter individual e das vantagens pessoais permanentes, observados os seguintes critérios:

14. REFORMA DA EMENDA CONSTITUCIONAL N. 103/2019 | 183

Remuneração é o vencimento do cargo efetivo, acrescido das vantagens pecuniárias permanentes estabelecidas em lei (art. 41 da Lei n. 8.112/90).

Subsídios são vencimentos, especialmente de parlamentares.

Vencimento é a retribuição pecuniária pelo exercício de cargo público, com valor fixado em lei (art. 40 da Lei n. 8.112/90).

Afirma Hely Lopes Meirelles que vencimento em sentido estrito é a retribuição pecuniária devida ao servidor pelo efetivo exercício do cargo, correspondendo ao padrão fixado em lei. Vencimento em sentido amplo é o padrão com as vantagens pecuniárias auferidas pelo serviço a título de adicional ou gratificação. Informa que:

> quando o legislador pretende restringir o conceito ao padrão do servidor emprega o vocábulo no singular – vencimento; quando quer abranger também as vantagens conferidas ao servidor usa o termo no plural – vencimentos[1].

Leciona Diogenes Gasparini que a palavra *vencimentos*:

> tem sentido lato e corresponde à retribuição pecuniária a que tem direito o servidor pelo efetivo exercício do cargo, acrescida pelas vantagens pecuniárias (adicionais e gratificações) que lhe são incidentes[2].

As vantagens pecuniárias são as permanentes do cargo.

Devem elas estar previstas em lei.

As vantagens pessoais devem ser permanentes e não provisórias.

> I – se o cargo estiver sujeito a variações na carga horária, o valor das rubricas que refletem essa variação integrará o cálculo do valor da remuneração do servidor público no cargo efetivo em que se deu a aposentadoria, considerando-se a média aritmética simples dessa carga horária proporcional ao número de anos completos de recebimento e contribuição, contínuos ou intercalados, em relação ao tempo total exigido para a aposentadoria;

O inciso trata de cargo sujeito a variações na carga horária, como de médicos.

Será feita a média aritmética simples dessa carga horária.

Serão considerados os anos completos de recebimento e contribuição, contínuos ou intercalados, em relação ao tempo total exigido para a aposentadoria.

---

1 *Direito administrativo brasileiro*. 21. ed. São Paulo: Malheiros, 1996, p. 403.
2 *Direito administrativo*. 3. ed. São Paulo: Saraiva, 1993, p. 133.

> II – se as vantagens pecuniárias permanentes forem variáveis por estarem vinculadas a indicadores de desempenho, produtividade ou situação similar, o valor dessas vantagens integrará o cálculo da remuneração do servidor público no cargo efetivo mediante a aplicação, sobre o valor atual de referência das vantagens pecuniárias permanentes variáveis, da média aritmética simples do indicador, proporcional ao número de anos completos de recebimento e de respectiva contribuição, contínuos ou intercalados, em relação ao tempo total exigido para a aposentadoria ou, se inferior, ao tempo total de percepção da vantagem.

Será aplicada a média aritmética simples do indicador, como de desempenho, produtividade ou outro.

Será observado o número de anos completos de recebimento e de respectiva contribuição, pois o regime é contributivo em relação ao segurado.

> § 9º Aplicam-se às aposentadorias dos servidores dos Estados, do Distrito Federal e dos Municípios as normas constitucionais e infraconstitucionais anteriores à data de entrada em vigor desta Emenda Constitucional, enquanto não promovidas alterações na legislação interna relacionada ao respectivo regime próprio de previdência social.

A Emenda Constitucional n. 103/2019 diz respeito apenas ao âmbito federal. Estados e Distrito Federal têm de alterar as suas constituições e normas infraconstitucionais. O mesmo ocorre em relação aos Municípios.

Assim, são aplicadas as normas anteriores em vigor até que os referidos entes promovam as alterações que quiserem.

> § 10. Estende-se o disposto no § 9º às normas sobre aposentadoria de servidores públicos incompatíveis com a redação atribuída por esta Emenda Constitucional aos §§ 4º, 4º-A, 4º-B e 4º-C do art. 40 da Constituição Federal.
> Art. 5º O policial civil do órgão a que se refere o inciso XIV do *caput* do art. 21 da Constituição Federal, o policial dos órgãos a que se referem o inciso IV do *caput* do art. 51, o inciso XIII do *caput* do art. 52 e os incisos I a III do *caput* do art. 144 da Constituição Federal e o ocupante de cargo de agente federal penitenciário ou socioeducativo que tenham ingressado na respectiva carreira até a data de entrada em vigor desta Emenda Constitucional poderão aposentar-se, na forma da Lei Complementar n. 51, de 20 de dezembro de 1985, observada a idade mínima de 55 (cinquenta e cinco) anos para ambos os sexos ou o disposto no § 3º.

O inciso IV do art. 51 é o policial da Câmara dos Deputados.

O inciso XIII do art. 52 da Constituição é o policial do Senado.

Os incisos I a III do art. 144 da Constituição tratam da polícia federal, polícia rodoviária federal e da polícia ferroviária federal.

A Lei Complementar n. 51/1985 dispõe sobre a aposentadoria do servidor público policial, nos termos do § 4º do art. 40 da Constituição.

14. REFORMA DA EMENDA CONSTITUCIONAL N. 103/2019

A idade a ser observada será de 55 anos, tanto para homem como para mulher.

> § 1º Serão considerados tempo de exercício em cargo de natureza estritamente policial, para os fins do inciso II do art. 1º da Lei Complementar n. 51, de 20 de dezembro de 1985, o tempo de atividade militar nas Forças Armadas, nas polícias militares e nos corpos de bombeiros militares e o tempo de atividade como agente penitenciário ou socioeducativo.

O tempo de serviço será apenas o de natureza policial e não em outros órgãos dos Poderes, incluindo o tempo de atividade militar nas Forças Armadas, nas polícias militares, nos corpos de bombeiros militares e de agente penitenciário ou socioeducativo.

O inciso II do art. 1º da Lei Complementar n. 51/85 trata do tempo de contribuição:

a) após 30 (trinta) anos de contribuição, desde que conte, pelo menos, 20 (vinte) anos de exercício em cargo de natureza estritamente policial, se homem;

b) após 25 (vinte e cinco) anos de contribuição, desde que conte, pelo menos, 15 (quinze) anos de exercício em cargo de natureza estritamente policial, se mulher.

> § 2º Aplicam-se às aposentadorias dos servidores dos Estados de que trata o § 4º-B do art. 40 da Constituição Federal as normas constitucionais e infraconstitucionais anteriores à data de entrada em vigor desta Emenda Constitucional, enquanto não promovidas alterações na legislação interna relacionada ao respectivo regime próprio de previdência social.

A Emenda Constitucional n. 103/2019 diz respeito apenas ao âmbito federal. Estados, Distrito Federal têm de alterar as suas constituições e normas infraconstitucionais. O mesmo ocorre em relação aos Municípios.

Assim, são aplicadas as normas anteriores em vigor até que os referidos entes promovam as alterações que quiserem.

> § 3º Os servidores de que trata o *caput* poderão aposentar-se aos 52 (cinquenta e dois) anos de idade, se mulher, e aos 53 (cinquenta e três) anos de idade, se homem, desde que cumprido período adicional de contribuição correspondente ao tempo que, na data de entrada em vigor desta Emenda Constitucional, faltaria para atingir o tempo de contribuição previsto na Lei Complementar n. 51, de 20 de dezembro de 1985.

O tempo de contribuição é:

a) após 30 (trinta) anos de contribuição, desde que conte, pelo menos, 20 (vinte) anos de exercício em cargo de natureza estritamente policial, se homem;

b) após 25 (vinte e cinco) anos de contribuição, desde que conte, pelo menos, 15 (quinze) anos de exercício em cargo de natureza estritamente policial, se mulher.

> **Art. 6°** O disposto no § 14 do art. 37 da Constituição Federal não se aplica a aposentadorias concedidas pelo Regime Geral de Previdência Social até a data de entrada em vigor desta Emenda Constitucional.

Dispõe o § 14 do art. 37 da Constituição que:

> a aposentadoria concedida com a utilização de tempo de contribuição decorrente de cargo, emprego ou função pública, inclusive do Regime Geral de Previdência Social, acarretará o rompimento do vínculo que gerou o referido tempo de contribuição.

Será, portanto, observado em relação a aposentadorias concedidas a partir da data da publicação da Emenda.

> **Art. 7°** O disposto no § 15 do art. 37 da Constituição Federal não se aplica a complementações de aposentadorias e pensões concedidas até a data de entrada em vigor desta Emenda Constitucional.

Reza o § 15 do art. 37 da Constituição que:

> é vedada a complementação de aposentadorias de servidores públicos e de pensões por morte a seus dependentes que não seja decorrente do disposto nos §§ 14 a 16 do art. 40 ou que não seja prevista em lei que extinga regime próprio de previdência social.

Vai se observar a partir da data da publicação da Emenda.

> **Art. 8°** Até que entre em vigor lei federal de que trata o § 19 do art. 40 da Constituição Federal, o servidor público federal que cumprir as exigências para a concessão da aposentadoria voluntária nos termos do disposto nos arts. 4°, 5°, 20, 21 e 22 e que optar por permanecer em atividade fará jus a um abono de permanência equivalente ao valor da sua contribuição previdenciária, até completar a idade para aposentadoria compulsória.

A regra só diz respeito ao servidor federal.

É opção do servidor público federal permanecer em atividade depois de implementar requisitos para a aposentadoria voluntária.

O abono de permanência é uma forma de tentar fazer com que o servidor não se aposente, pois a Administração terá de pagar a sua aposentadoria e pagar a remuneração de quem o substituir.

A idade da aposentadoria compulsória é 75 anos.

> **Art. 9°** Até que entre em vigor lei complementar que discipline o § 22 do art. 40 da Constituição Federal, aplicam-se aos regimes próprios de previdência social o disposto na Lei n. 9.717, de 27 de novembro de 1998, e o disposto neste artigo.

A Lei n. 9.717, de 27 de novembro de 1998, trata de regras gerais para a organização e o funcionamento dos regimes próprios de previdência social dos servidores públicos da União, dos Estados, do Distrito Federal e dos Municípios, dos militares dos Estados e do Distrito Federal.

> § 1º O equilíbrio financeiro e atuarial do regime próprio de previdência social deverá ser comprovado por meio de garantia de equivalência, a valor presente, entre o fluxo das receitas estimadas e das despesas projetadas, apuradas atuarialmente, que, juntamente com os bens, direitos e ativos vinculados, comparados às obrigações assumidas, evidenciem a solvência e a liquidez do plano de benefícios.

O sistema público de previdência social tem de ter cálculo atuarial para ver se as receitas são suficientes para pagar as despesas, observada também a expectativa de vida da pessoa.

> § 2º O rol de benefícios dos regimes próprios de previdência social fica limitado às aposentadorias e à pensão por morte.

O rol de benefícios previdenciários dos funcionários públicos serão apenas a aposentadoria e a pensão por morte. A aposentadoria poderá ser a voluntária, a compulsória e a por invalidez.

O § 3º menciona que os afastamentos por incapacidade temporária para o trabalho e o salário-maternidade serão pagos diretamente pelo ente federativo. Não correrão por conta do regime próprio de previdência social.

> § 3º Os afastamentos por incapacidade temporária para o trabalho e o salário-maternidade serão pagos diretamente pelo ente federativo e não correrão à conta do regime próprio de previdência social ao qual o servidor se vincula.

Incapacidade temporária e salário-maternidade também são benefícios previdenciários, porém não correrão à conta do regime próprio de previdência social ao qual o servidor está vinculado.

> § 4º Os Estados, o Distrito Federal e os Municípios não poderão estabelecer alíquota inferior à da contribuição dos servidores da União, exceto se demonstrado que o respectivo regime próprio de previdência social não possui déficit atuarial a ser equacionado, hipótese em que a alíquota não poderá ser inferior às alíquotas aplicáveis ao Regime Geral de Previdência Social.

A alíquota no âmbito federal passa a ser pelo menos de 14%.

Exceção diz respeito ao fato de o ente federativo não ter déficit atuarial no regime próprio de previdência social. Não havendo déficit, a alíquota não poderá ser inferior às alíquotas do Regime Geral de Previdência Social.

> § 5º Para fins do disposto no § 4º, não será considerada como ausência de déficit a implementação de segregação da massa de segurados ou a previsão em lei de plano de equacionamento de déficit.

Será, portanto, considerado déficit se houver segregação da massa de segurados ou se for estabelecida a previsão em lei de plano de equacionamento de déficit.

> § 6º A instituição do regime de previdência complementar na forma dos §§ 14 a 16 do art. 40 da Constituição Federal e a adequação do órgão ou entidade gestora do regime próprio de previdência social ao § 20 do art. 40 da Constituição Federal deverão ocorrer no prazo máximo de 2 (dois) anos da data de entrada em vigor desta Emenda Constitucional.

Muitos fundos de previdência complementar já foram implantados como do Executivo Federal, dos juízes federais e do trabalho etc.

> § 7º Os recursos de regime próprio de previdência social poderão ser aplicados na concessão de empréstimos a seus segurados, na modalidade de consignados, observada regulamentação específica estabelecida pelo Conselho Monetário Nacional.

Os recursos do regime próprio de previdência social não deveriam ser aplicados na concessão de empréstimos a seus segurados, mas no pagamento dos benefícios. Entretanto, é comum haver o desconto da prestação do empréstimo no pagamento do benefício mensal.

> § 8º Por meio de lei, poderá ser instituída contribuição extraordinária pelo prazo máximo de 20 (vinte) anos, nos termos dos §§ 1º-B e 1º-C do art. 149 da Constituição Federal.

A lei é a ordinária federal. Não se exige lei complementar para o caso.

O prazo máximo é de 20 anos. Não poderá ser superior.

A contribuição poderá ser dos servidores ativos, dos aposentados e dos pensionistas.

> § 9º O parcelamento ou a moratória de débitos dos entes federativos com seus regimes próprios de previdência social fica limitado ao prazo a que se refere o § 11 do art. 195 da Constituição.

Parcelamento é a divisão em prestações da dívida vencida.

Moratória é a dilação concedida pelo sujeito ativo ao sujeito passivo para o adimplemento do crédito tributário.

Dispõe o § 11 do art. 195 da Constituição que:

> são vedados a moratória e o parcelamento em prazo superior a 60 (sessenta) meses e, na forma de lei complementar, a remissão e a anistia das contribuições sociais de que tratam a alínea *a* do inciso I e o inciso II do *caput*.

O prazo é de 60 meses.

> **Art. 10.** Até que entre em vigor lei federal que discipline os benefícios do regime próprio de previdência social dos servidores da União, aplica-se o disposto neste artigo.

A lei é a ordinária federal. Não se exige no artigo lei complementar.

> **§ 1º** Os servidores públicos federais serão aposentados:
> **I** – voluntariamente, observados, cumulativamente, os seguintes requisitos:
> **a) 62** (sessenta e dois) anos de idade, se mulher, e 65 (sessenta e cinco) anos de idade, se homem; e
> **b) 25** (vinte e cinco) anos de contribuição, desde que cumprido o tempo mínimo de 10 (dez) anos de efetivo exercício no serviço público e de 5 (cinco) anos no cargo efetivo em que for concedida a aposentadoria;

A alínea trata de aposentadoria voluntária do servidor público federal. Não se aplica aos servidores estaduais, distritais e municipais.

Não se observa em relação a pessoas que já têm direito adquirido com base na lei anterior.

> **II** – por incapacidade permanente para o trabalho, no cargo em que estiverem investidos, quando insuscetíveis de readaptação, hipótese em que será obrigatória a realização de avaliações periódicas para verificação da continuidade das condições que ensejaram a concessão da aposentadoria; ou

A incapacidade tem de ser permanente e não temporária ou parcial. Haverá incapacidade permanente quando a pessoa não puder ser readaptada. Serão feitos exames periódicos para verificação da continuidade da aposentadoria por incapacidade.

> **III** – compulsoriamente, na forma do disposto no inciso II do § 1º do art. 40 da Constituição Federal.

A aposentadoria compulsória ocorre aos 75 anos.

> **§ 2º** Os servidores públicos federais com direito a idade mínima ou tempo de contribuição distintos da regra geral para concessão de aposentadoria na forma dos §§ 4º-B, 4º-C e 5º do art. 40 da Constituição Federal poderão aposentar-se, observados os seguintes requisitos:
> **I** – o policial civil do órgão a que se refere o inciso XIV do *caput* do art. 21 da Constituição Federal, o policial dos órgãos a que se referem o inciso IV do *caput* do art. 51, o inciso XIII do *caput* do art. 52 e os incisos I a III do *caput* do art. 144 da Constituição Federal e o ocupante de cargo de agente federal penitenciário ou socioeducativo, aos 55 (cinquenta e cinco) anos de idade, com 30 (trinta) anos de contribuição e 25 (vinte e cinco) anos de efetivo exercício em cargo dessas carreiras, para ambos os sexos;

O policial civil do Distrito Federal (art. 21, XIV), o policial da Câmara dos Deputados (art. 51, IV), do Senado Federal (art. 52, XIII), o policial federal, rodoviário federal e ferroviário federal (art. 144 I a III) e o ocupante de cargo federal poderão se aposentar com 55 anos de idade, 30 anos de contribuição e 25 anos de efetivo exercício nas referidas carreiras, sem que haja distinção de sexo.

> II – o servidor público federal cujas atividades sejam exercidas com efetiva exposição a agentes químicos, físicos e biológicos prejudiciais à saúde, ou associação desses agentes, vedada a caracterização por categoria profissional ou ocupação, aos 60 (sessenta) anos de idade, com 25 (vinte e cinco) anos de efetiva exposição e contribuição, 10 (dez) anos de efetivo exercício de serviço público e 5 (cinco) anos no cargo efetivo em que for concedida a aposentadoria;

Agentes químicos serão, por exemplo, poeiras, fumos, névoas, neblinas, gases ou vapores.

Agentes físicos serão, por exemplo, ruídos, vibrações, pressões anormais, temperaturas extremas, radiações ionizantes, radiações não ionizantes.

Agentes biológicos serão, por exemplo, bactérias, vírus, fungos (leveduras e bolores) e parasitas.

O inciso trata de funcionário público federal, embora faça referência a servidor público. Não inclui o empregado público no dispositivo, pois o *caput* faz referência a regime próprio de previdência social e cargo. Empregado público não tem cargo.

Haverá necessidade de observância concomitante de 25 anos de efetiva exposição e contribuição previdenciária, 10 anos de efetivo exercício de serviço público, que pode se dar em qualquer ente da federação; e cinco anos no cargo efetivo em que der a aposentadoria.

> III – o titular do cargo federal de professor, aos 60 (sessenta) anos de idade, se homem, aos 57 (cinquenta e sete) anos, se mulher, com 25 (vinte e cinco) anos de contribuição exclusivamente em efetivo exercício das funções de magistério na educação infantil e no ensino fundamental e médio, 10 (dez) anos de efetivo exercício de serviço público e 5 (cinco) anos no cargo efetivo em que for concedida a aposentadoria, para ambos os sexos.

O inciso trata de cargo federal de professor, ou seja, de professor funcionário público.

O professor terá direito a aposentadoria apenas se exercer suas funções de magistério na educação infantil e no ensino fundamental e médio. Não terá direito se o tempo se referir a ensino universitário.

Há necessidade de 10 anos de efetivo exercício de serviço público e cinco anos no cargo efetivo em que for concedida a aposentadoria. Não há diferença para a professor e para a professora. A diferença é apenas da idade de 60 anos, se homem, e 57 anos, se mulher.

14. REFORMA DA EMENDA CONSTITUCIONAL N. 103/2019 | 191

> § 3º A aposentadoria a que se refere o § 4º-C do art. 40 da Constituição Federal observará adicionalmente as condições e os requisitos estabelecidos para o Regime Geral de Previdência Social, naquilo em que não conflitarem com as regras específicas aplicáveis ao regime próprio de previdência social da União, vedada a conversão de tempo especial em comum.

A lei complementar do respectivo ente federativo pode estabelecer idade e tempo de contribuição diferenciados para aposentadoria de servidores cujas atividades sejam exercidas com efetiva exposição a agentes químicos, físicos e biológicos prejudiciais à saúde, ou associação desses agentes, vedada a caracterização por categoria profissional ou ocupação (§ 4º-C do art. 40 da Constituição). A aposentadoria especial do servidor observará regras do Regime Geral de Previdência Social, previstas na Lei n. 8.213/91, desde que não conflitem com as regras específicas aplicáveis ao regime próprio de previdência social da União.

É vedada a conversão de tempo especial em comum. O comum poderá ser transformado em especial.

> § 4º Os proventos das aposentadorias concedidas nos termos do disposto neste artigo serão apurados na forma da lei.

Os proventos das aposentadorias dependem da previsão da lei ordinária federal.

> § 5º Até que entre em vigor lei federal de que trata o § 19 do art. 40 da Constituição Federal, o servidor federal que cumprir as exigências para a concessão da aposentadoria voluntária nos termos do disposto neste artigo e que optar por permanecer em atividade fará jus a um abono de permanência equivalente ao valor da sua contribuição previdenciária, até completar a idade para aposentadoria compulsória.

O valor do abono de permanência é equivalente ao valor da sua contribuição previdenciária.

O recebimento do abono de permanência para quem já tem direito a aposentadoria voluntária é uma forma de ficar com o servidor. Do contrário teria que pagar a aposentadoria do servidor e o salário de outro servidor para o mesmo cargo.

A idade da aposentadoria compulsória é 75 anos.

> § 6º A pensão por morte devida aos dependentes do policial civil do órgão a que se refere o inciso XIV do *caput* do art. 21 da Constituição Federal, do policial dos órgãos a que se referem o inciso IV do *caput* do art. 51, o inciso XIII do *caput* do art. 52 e os incisos I a III do *caput* do art. 144 da Constituição Federal e dos ocupantes dos cargos de agente federal penitenciário ou socioeducativo decorrente de agressão sofrida no exercício ou em razão da função será vitalícia para o cônjuge ou companheiro e equivalente à remuneração do cargo.

O dispositivo está tratando da pensão por morte e não de aposentadoria. A pensão será vitalícia para o cônjuge ou companheiro e equivalente à remuneração do cargo.

A determinação diz respeito ao policial civil do Distrito Federal (art. 21, XIV), ao policial da Câmara dos Deputados (art. 51, IV), do Senado Federal (art. 52, XIII), ao policial federal, rodoviário federal e ferroviário federal (art. 144, I a III).

> § 7° Aplicam-se às aposentadorias dos servidores dos Estados, do Distrito Federal e dos Municípios as normas constitucionais e infraconstitucionais anteriores à data de entrada em vigor desta Emenda Constitucional, enquanto não promovidas alterações na legislação interna relacionada ao respectivo regime próprio de previdência social.

A legislação interna é a dos Estados, do Distrito Federal e dos Municípios. Nela serão tratadas as aposentadorias e pensões para funcionários estaduais, distritais e municipais. As alterações terão que ser feitas pelas respectivas leis internas.

> **Art. 11.** Até que entre em vigor lei que altere a alíquota da contribuição previdenciária de que tratam os arts. 4°, 5° e 6° da Lei n. 10.887, de 18 de junho de 2004, esta será de 14% (quatorze por cento).

A lei será a ordinária federal.

Alíquota e tabela deveriam ser matérias de lei ordinária e não de Emenda Constitucional.

> § 1° A alíquota prevista no *caput* será reduzida ou majorada, considerado o valor da base de contribuição ou do benefício recebido, de acordo com os seguintes parâmetros:
> I – até 1 (um) salário mínimo, redução de seis inteiros e cinco décimos pontos percentuais;

A alíquota diminui até o teto do Regime Geral de Previdência Social.

> II – acima de 1 (um) salário mínimo até R$ 2.000,00 (dois mil reais), redução de cinco pontos percentuais;
> III – de R$ 2.000,01 (dois mil reais e um centavo) até R$ 3.000,00 (três mil reais), redução de dois pontos percentuais;
> IV – de R$ 3.000,01 (três mil reais e um centavo) até R$ 5.839,45 (cinco mil oitocentos e trinta e nove reais e quarenta e cinco centavos), sem redução ou acréscimo;
> V – de R$ 5.839,46 (cinco mil, oitocentos e trinta e nove reais e quarenta e seis centavos) até R$ 10.000,00 (dez mil reais), acréscimo de meio ponto percentual;

Acima do teto do Regime Geral de Previdência Social a alíquota aumenta.

> VI – de R$ 10.000,01 (dez mil reais e um centavo) até R$ 20.000,00 (vinte mil reais), acréscimo de dois inteiros e cinco décimos pontos percentuais;

> VII – de R$ 20.000,01 (vinte mil reais e um centavo) até R$ 39.000,00 (trinta e nove mil reais), acréscimo de cinco pontos percentuais; e
> VIII – acima de R$ 39.000,00 (trinta e nove mil reais), acréscimo de oito pontos percentuais.

A alíquota chega a 22% = 14% + 8%. Somando os 27,5 da tabela do imposto de renda, importa confisco, pois 49,5% da remuneração do segurado vai para o governo. Viola o inciso IV do art. 150 da Constituição. Não há nenhuma contrapartida com o aumento da alíquota para o segurado.

> § 2º A alíquota, reduzida ou majorada nos termos do disposto no § 1º, será aplicada de forma progressiva sobre a base de contribuição do servidor ativo, incidindo cada alíquota sobre a faixa de valores compreendida nos respectivos limites.

A tabela do § 1º é progressiva. À medida que a remuneração aumenta após o teto do Regime Geral de Previdência Social a alíquota é maior.

> § 3º Os valores previstos no § 1º serão reajustados, a partir da data de entrada em vigor desta Emenda Constitucional, na mesma data e com o mesmo índice em que se der o reajuste dos benefícios do Regime Geral de Previdência Social, ressalvados aqueles vinculados ao salário mínimo, aos quais se aplica a legislação específica.

Em muitos anos, o salário mínimo teve aumento real.

Os benefícios do Regime Geral de Previdência Social não tiveram aumento real, mas a correção pela inflação medida pelo INPC (art. 41-A da Lei n. 8.213/91). A correção tem sido feita no mês de janeiro de cada ano e vale para todo o ano.

> § 4º A alíquota de contribuição de que trata o *caput*, com a redução ou a majoração decorrentes do disposto no § 1º, será devida pelos aposentados e pensionistas de quaisquer dos Poderes da União, incluídas suas entidades autárquicas e suas fundações, e incidirá sobre o valor da parcela dos proventos de aposentadoria e de pensões que supere o limite máximo estabelecido para os benefícios do Regime Geral de Previdência Social, hipótese em que será considerada a totalidade do valor do benefício para fins de definição das alíquotas aplicáveis.

Em relação aos aposentados e pensionistas, a tabela do § 1º do art. 11 só se aplica em relação à parcela de proventos ou pensões que superar o limite máximo dos benefícios do Regime Geral de Previdência Social.

A totalidade do valor do benefício é que define as alíquotas aplicáveis.

> Art. 12. A União instituirá sistema integrado de dados relativos às remunerações, proventos e pensões dos segurados dos regimes de previdência de que tratam os arts. 40, 201 e 202 da Constituição Federal, aos benefícios dos programas de assistência social de que trata o art. 203 da Constituição Federal e às remunerações, proventos de inatividade e pensão por morte decorrentes das atividades militares de que tratam os arts. 42 e 142 da

> Constituição Federal, em interação com outras bases de dados, ferramentas e plataformas, para o fortalecimento de sua gestão, governança e transparência e o cumprimento das disposições estabelecidas nos incisos XI e XVI do art. 37 da Constituição Federal.

O atual sistema de dados é o Cadastro Nacional de Informações Sociais (CNIS) do segurado.

O art. 40 da Constituição trata do regime próprio dos funcionários públicos.

O art. 201 da Lei Maior diz respeito ao Regime Geral de Previdência Social.

O art. 202 da Constituição trata do regime de previdência privada complementar.

A Assistência Social está no art. 203 da Constituição. O inciso V trata da matéria que a Lei n. 8.742/93 estabeleceu como benefício de prestação continuada.

Os militares têm previsão nos arts. 42 e 142 da Constituição.

O inciso XI do art. 37 da Constituição trata do teto da remuneração dos funcionários públicos que é a remuneração de ministro do STF.

O inciso XVI do art. 37 da Lei Maior versa sobre a acumulação remunerada de cargos públicos.

> § 1º A União, os Estados, o Distrito Federal e os Municípios e os órgãos e entidades gestoras dos regimes, dos sistemas e dos programas a que se refere o *caput* disponibilizarão as informações necessárias para a estruturação do sistema integrado de dados e terão acesso ao compartilhamento das referidas informações, na forma da legislação.

Deve haver um compartilhamento das informações entre os entes públicos, até porque o segurado pode ter parte do tempo federal, distrital, estadual e municipal.

> § 2º É vedada a transmissão das informações de que trata este artigo a qualquer pessoa física ou jurídica para a prática de atividade não relacionada à fiscalização dos regimes, dos sistemas e dos programas a que se refere o *caput*.

De fato, não pode haver o compartilhamento de informações a pessoa física ou jurídica, pois estas podem usá-las para fraudes, como se verifica de golpes em pessoas de idade, de dados públicos.

A exceção diz respeito à fiscalização dos regimes.

> **Art. 13.** Não se aplica o disposto no § 9º do art. 39 da Constituição Federal a parcelas remuneratórias decorrentes de incorporação de vantagens de caráter temporário ou vinculadas ao exercício de função de confiança ou de cargo em comissão efetivada até a data de entrada em vigor desta Emenda Constitucional.

Se a parcela decorrente de vantagem de caráter temporário ou vinculada ao exercício de função de confiança ou de cargo em comissão efetiva foi incorporada

14. REFORMA DA EMENDA CONSTITUCIONAL N. 103/2019 | 195

até a data da entrada em vigor da Emenda Constitucional n. 103/2019, não se aplica a vedação de incorporação de vantagens de caráter temporário ou vinculadas ao exercício de função de confiança ou de cargo em comissão à remuneração do cargo efetivo prevista no § 9º do art. 39 da Constituição.

> **Art. 14.** Vedadas a adesão de novos segurados e a instituição de novos regimes dessa natureza, os atuais segurados de regime de previdência aplicável a titulares de mandato eletivo da União, dos Estados, do Distrito Federal e dos Municípios poderão, por meio de opção expressa formalizada no prazo de 180 (cento e oitenta) dias, contado da data de entrada em vigor desta Emenda Constitucional, retirar-se dos regimes previdenciários aos quais se encontrem vinculados.

Não é possível a adesão de novos segurados a regimes próprios de previdência para titulares de mandato eletivo da União, dos Estados, do Distrito Federal e dos Municípios. Os congressistas poderão optar no prazo de 180 dias, contado da data de entrada em vigor da Emenda Constitucional n. 103/2019, retirar-se dos regimes previdenciários aos quais estejam vinculados.

> **§ 1º** Os segurados, atuais e anteriores, do regime de previdência de que trata a Lei n. 9.506, de 30 de outubro de 1997, que fizerem a opção de permanecer nesse regime previdenciário deverão cumprir período adicional correspondente a 30% (trinta por cento) do tempo de contribuição que faltaria para aquisição do direito à aposentadoria na data de entrada em vigor desta Emenda Constitucional e somente poderão aposentar-se a partir dos 62 (sessenta e dois) anos de idade, se mulher, e 65 (sessenta e cinco) anos de idade, se homem.

A Lei n. 9.506/97 extingue o Instituto de Previdência dos Congressistas (IPC).

Se o segurado não tem o tempo necessário para se aposentar e fizer a opção de permanecer no IPC, deve cumprir período adicional de 30% do tempo de contribuição que faltaria para aquisição do direito à aposentadoria na data de entrada em vigor da Emenda Constitucional n. 103/2019 e somente poderá se aposentar a partir de 62 anos, se mulher, e 65 anos, se homem.

> **§ 2º** Se for exercida a opção prevista no *caput*, será assegurada a contagem do tempo de contribuição vertido para o regime de previdência ao qual o segurado se encontrava vinculado, nos termos do disposto no § 9º do art. 201 da Constituição Federal.

Feita a opção por se retirar do sistema a que está vinculado, fica assegurada a contagem do tempo de contribuição vertido para o regime de previdência ao qual o segurado estava vinculado.

> **§ 3º** A concessão de aposentadoria aos titulares de mandato eletivo e de pensão por morte aos dependentes de titular de mandato eletivo falecido será assegurada, a qualquer tempo, desde que cumpridos os requisitos para obtenção desses benefícios até a data de

> entrada em vigor desta Emenda Constitucional, observados os critérios da legislação vigente na data em que foram atendidos os requisitos para a concessão da aposentadoria ou da pensão por morte.

O parágrafo trata de regra de direito adquirido, pois se o segurado já tinha cumprido todos os requisitos para obtenção do benefício até a data de entrada em vigor da Emenda Constitucional n. 103/2019 pode requerer o benefício com base na regra anterior, a qualquer momento. Os critérios são os previstos na lei em vigor na data em que foram atendidos os requisitos para a concessão da aposentadoria ou da pensão por morte.

> § 4º Observado o disposto nos §§ 9º e 9º-A do art. 201 da Constituição Federal, o tempo de contribuição a regime próprio de previdência social e ao Regime Geral de Previdência Social, assim como o tempo de contribuição decorrente das atividades militares de que tratam os arts. 42 e 142 da Constituição Federal, que tenha sido considerado para a concessão de benefício pelos regimes a que se refere o *caput* não poderá ser utilizado para obtenção de benefício naqueles regimes.

Se o tempo de contribuição foi usado para um regime, não pode ser utilizado para outro regime.

> § 5º Lei específica do Estado, do Distrito Federal ou do Município deverá disciplinar a regra de transição a ser aplicada aos segurados que, na forma do *caput*, fizerem a opção de permanecer no regime previdenciário de que trata este artigo.

Lei estadual, distrital ou municipal deve disciplinar a regra de transição a ser aplicada às pessoas eleitas para o mandato respectivo que fizerem a opção de permanecer no regime previdenciário do artigo em comentário.

> Art. 15. Ao segurado filiado ao Regime Geral de Previdência Social até a data de entrada em vigor desta Emenda Constitucional, fica assegurado o direito à aposentadoria quando forem preenchidos, cumulativamente, os seguintes requisitos:

O artigo trata da aposentadoria no Regime Geral de Previdência Social e não no sistema público.

Diz respeito a segurado que estava no Regime Geral de Previdência Social antes de entrar em vigor a Emenda Constitucional n. 103/2019.

Os requisitos são cumulativos. Devem ser observados os dois incisos ao mesmo tempo.

> I – 30 (trinta) anos de contribuição, se mulher, e 35 (trinta e cinco) anos de contribuição, se homem; e

14. REFORMA DA EMENDA CONSTITUCIONAL N. 103/2019

Esse tempo de contribuição já existia antes da Emenda Constitucional n. 103/2019.

> II – somatório da idade e do tempo de contribuição, incluídas as frações, equivalente a 86 (oitenta e seis) pontos, se mulher, e 96 (noventa e seis) pontos, se homem, observado o disposto nos §§ 1º e 2º.

Será observado apenas um sistema de pontos e não o fator previdenciário. A Constituição regulou inteiramente a matéria. Quando a Constituição quer fazer referência ao fator, remete aos §§ 7º a 9º do art. 29 da Lei n. 8.213/91.

> § 1º A partir de 1º de janeiro de 2020, a pontuação a que se refere o inciso II do *caput* será acrescida a cada ano de 1 (um) ponto, até atingir o limite de 100 (cem) pontos, se mulher, e de 105 (cento e cinco) pontos, se homem.

A pontuação vai aumentando em razão de se aumentar a expectativa de vida do homem.

> § 2º A idade e o tempo de contribuição serão apurados em dias para o cálculo do somatório de pontos a que se referem o inciso II do *caput* e o § 1º.
>
> § 3º Para o professor que comprovar exclusivamente 25 (vinte e cinco) anos de contribuição, se mulher, e 30 (trinta) anos de contribuição, se homem, em efetivo exercício das funções de magistério na educação infantil e no ensino fundamental e médio, o somatório da idade e do tempo de contribuição, incluídas as frações, será equivalente a 81 (oitenta e um) pontos, se mulher, e 91 (noventa e um) pontos, se homem, aos quais serão acrescidos, a partir de 1º de janeiro de 2020, 1 (um) ponto a cada ano para o homem e para a mulher, até atingir o limite de 92 (noventa e dois) pontos, se mulher, e 100 (cem) pontos, se homem.

O professor só tem direito a aposentadoria se demonstrar o efetivo exercício de funções de magistério na educação infantil e no ensino fundamental e médio. Não tem direito a contar tempo para esse fim no ensino superior.

> § 4º O valor da aposentadoria concedida nos termos do disposto neste artigo será apurado na forma da lei.

A lei mencionada é a ordinária federal.

> **Art. 16.** Ao segurado filiado ao Regime Geral de Previdência Social até a data de entrada em vigor desta Emenda Constitucional fica assegurado o direito à aposentadoria quando preencher, cumulativamente, os seguintes requisitos:

O artigo trata da aposentadoria no Regime Geral de Previdência Social e não no sistema público.

Versa sobre regra de transição para quem já estava no sistema antes da vigência da Emenda Constitucional n. 103/2019.

É a regra a aplicar para quem tem menos de 33 anos de contribuição, se homem, ou 28 anos para a mulher. Do contrário, aplica-se a regra do art. 17 da Emenda Constitucional n. 103/2019.

> I – 30 (trinta) anos de contribuição, se mulher, e 35 (trinta e cinco) anos de contribuição, se homem; e
> II – idade de 56 (cinquenta e seis) anos, se mulher, e 61 (sessenta e um) anos, se homem.

No caso, não se aplica a fórmula 86/96.

> § 1º A partir de 1º de janeiro de 2020, a idade a que se refere o inciso II do *caput* será acrescida de 6 (seis) meses a cada ano, até atingir 62 (sessenta e dois) anos de idade, se mulher, e 65 (sessenta e cinco) anos de idade, se homem.
> § 2º Para o professor que comprovar exclusivamente tempo de efetivo exercício das funções de magistério na educação infantil e no ensino fundamental e médio, o tempo de contribuição e a idade de que tratam os incisos I e II do *caput* deste artigo serão reduzidos em 5 (cinco) anos, sendo, a partir de 1º de janeiro de 2020, acrescidos 6 (seis) meses, a cada ano, às idades previstas no inciso II do *caput*, até atingirem 57 (cinquenta e sete) anos, se mulher, e 60 (sessenta) anos, se homem.

O professor só pode comprovar tempo de exercício das funções de magistério na educação infantil e no ensino fundamental e médio. Não pode comprovar tempo de exercício no ensino superior.

A professora terá de comprovar 25 anos e o professor 30 anos de contribuição. A professora deverá ter 51 anos e o professor 56 anos.

> § 3º O valor da aposentadoria concedida nos termos do disposto neste artigo será apurado na forma da lei.

A lei é a ordinária federal.

> Art. 17. Ao segurado filiado ao Regime Geral de Previdência Social até a data de entrada em vigor desta Emenda Constitucional e que na referida data contar com mais de 28 (vinte e oito) anos de contribuição, se mulher, e 33 (trinta e três) anos de contribuição, se homem, fica assegurado o direito à aposentadoria quando preencher, cumulativamente, os seguintes requisitos:

O dispositivo trata de regra de transição para quem já estava no Regime Geral de Previdência Social antes da entrada em vigor da Emenda Constitucional n. 103/2019.

14. REFORMA DA EMENDA CONSTITUCIONAL N. 103/2019

É próximo do que seria antes a aposentadoria proporcional ao tempo de serviço.

Os requisitos abaixo são cumulativos. Devem ser observados ao mesmo tempo.

> I – 30 (trinta) anos de contribuição, se mulher, e 35 (trinta e cinco) anos de contribuição, se homem; e
> II – cumprimento de período adicional correspondente a 50% (cinquenta por cento) do tempo que, na data de entrada em vigor desta Emenda Constitucional, faltaria para atingir 30 (trinta) anos de contribuição, se mulher, e 35 (trinta e cinco) anos de contribuição, se homem.

A regra é chamada de pedágio para quem já estava no sistema. Terá de cumprir mais 50% do que falta para 30 anos de contribuição (mulher) ou 35 anos de contribuição (homem).

Pela regra acima, terá de cumprir os dois requisitos cumulativamente. Só poderá se aposentar se tiver 30 anos de contribuição (mulher) e 35 anos de contribuição (homem) e ao mesmo tempo cumprir o pedágio de 50%.

> **Parágrafo único.** O benefício concedido nos termos deste artigo terá seu valor apurado de acordo com a média aritmética simples dos salários de contribuição e das remunerações calculada na forma da lei, multiplicada pelo fator previdenciário, calculado na forma do disposto nos §§ 7º a 9º do art. 29 da Lei n. 8.213, de 24 de julho de 1991.

Como o dispositivo remete à lei, os salários de contribuição têm de ser corrigidos mensalmente para se aplicar a média aritmética simples.

Dispõe o § 7º do art. 29 da Lei n. 8.213/91: "o fator previdenciário será calculado considerando-se a idade, a expectativa de sobrevida e o tempo de contribuição do segurado ao se aposentar, segundo a fórmula constante do Anexo desta Lei".

Para efeito do disposto no § 7º, a expectativa de sobrevida do segurado na idade da aposentadoria será obtida a partir da tábua completa de mortalidade construída pela Fundação Instituto Brasileiro de Geografia e Estatística – IBGE, considerando-se a média nacional única para ambos os sexos (§ 8º). Para efeito da aplicação do fator previdenciário, ao tempo de contribuição do segurado serão adicionados:

I – cinco anos, quando se tratar de mulher;

II – cinco anos, quando se tratar de professor que comprove exclusivamente tempo de efetivo exercício das funções de magistério na educação infantil e no ensino fundamental e médio;

III – dez anos, quando se tratar de professora que comprove exclusivamente tempo de efetivo exercício das funções de magistério na educação infantil e no ensino fundamental e médio (§ 9º).

> **Art. 18.** O segurado de que trata o inciso I do § 7º do art. 201 da Constituição Federal filiado ao Regime Geral de Previdência Social até a data de entrada em vigor desta Emenda Constitucional poderá aposentar-se quando preencher, cumulativamente, os seguintes requisitos:

O segurado de que trata o inciso I do § 7º do art. 201 da Constituição deve ter 65 (sessenta e cinco) anos de idade, se homem, e 62 (sessenta e dois) anos de idade, se mulher.

O filiado segurado ao Regime Geral de Previdência Social até 13-11-2019 poderá se aposentar se preencher cumulativamente os requisitos abaixo:

> I – 60 (sessenta) anos de idade, se mulher, e 65 (sessenta e cinco) anos de idade, se homem; e
> II – 15 (quinze) anos de contribuição, para ambos os sexos.

Não há distinção de sexo. Os 15 anos se referem tanto ao homem quanto à mulher.

> **§ 1º** A partir de 1º de janeiro de 2020, a idade de 60 (sessenta) anos da mulher, prevista no inciso I do *caput*, será acrescida em 6 (seis) meses a cada ano, até atingir 62 (sessenta e dois) anos de idade.
> **§ 2º** O valor da aposentadoria de que trata este artigo será apurado na forma da lei.

A lei é a ordinária federal.

> **Art. 19.** Até que lei disponha sobre o tempo de contribuição a que se refere o inciso I do § 7º do art. 201 da Constituição Federal, o segurado filiado ao Regime Geral de Previdência Social após a data de entrada em vigor desta Emenda Constitucional será aposentado aos 62 (sessenta e dois) anos de idade, se mulher, 65 (sessenta e cinco) anos de idade, se homem, com 15 (quinze) anos de tempo de contribuição, se mulher, e 20 (vinte) anos de tempo de contribuição, se homem.

O § 7º do art. 201 da Constituição exige lei ordinária federal para a sua complementação.

O dispositivo trata de segurado filiado ao Regime Geral de Previdência Social a partir de 13-11-2019.

Passa a ser exigida idade de 65 anos para o homem e 62 anos para a mulher.

Parece que o dispositivo trata de aposentadoria por idade, pois não são exigidos 35 anos e 30 anos de tempo de contribuição, mas 20 anos para o homem e 15 anos para mulher.

> **§ 1º** Até que lei complementar disponha sobre a redução de idade mínima ou tempo de contribuição prevista nos §§ 1º e 8º do art. 201 da Constituição Federal, será concedida aposentadoria:

O § 1º do art. 201 da Constituição veda a adoção de requisitos ou critérios diferenciados para concessão de benefícios, ressalvada, nos termos de lei complementar, a possibilidade de previsão de idade e tempo de contribuição distintos da regra geral para concessão de aposentadoria exclusivamente em favor dos segurados. O requisito de idade a que se refere o inciso I do § 7º será reduzido em 5 (cinco) anos, para o professor que comprove tempo de efetivo exercício das funções de magistério na educação infantil e no ensino fundamental e médio fixado em lei complementar (§ 8º).

> I – aos segurados que comprovem o exercício de atividades com efetiva exposição a agentes químicos, físicos e biológicos prejudiciais à saúde, ou associação desses agentes, vedada a caracterização por categoria profissional ou ocupação, durante, no mínimo, 15 (quinze), 20 (vinte) ou 25 (vinte e cinco) anos, nos termos do disposto nos arts. 57 e 58 da Lei n. 8.213, de 24 de julho de 1991, quando cumpridos:

O dispositivo está tratando da aposentadoria especial de 15, 20 ou 25 anos prevista nos arts. 57 e 58 da Lei n. 8.213/91.

Agentes químicos serão, por exemplo, poeiras, fumos, névoas, neblinas, gases ou vapores.

Agentes físicos serão, por exemplo, ruídos, vibrações, pressões anormais, temperaturas extremas, radiações ionizantes, radiações não ionizantes.

Agentes biológicos serão, por exemplo, bactérias, vírus, fungos (leveduras e bolores) e parasitas.

> a) 55 (cinquenta e cinco) anos de idade, quando se tratar de atividade especial de 15 (quinze) anos de contribuição;
> b) 58 (cinquenta e oito) anos de idade, quando se tratar de atividade especial de 20 (vinte) anos de contribuição; ou
> c) 60 (sessenta) anos de idade, quando se tratar de atividade especial de 25 (vinte e cinco) anos de contribuição;
> II – ao professor que comprove 25 (vinte e cinco) anos de contribuição exclusivamente em efetivo exercício das funções de magistério na educação infantil e no ensino fundamental e médio e tenha 57 (cinquenta e sete) anos de idade, se mulher, e 60 (sessenta) anos de idade, se homem.

Não se aplica a regra se o professor exercer funções de magistério no ensino superior.

Aqui só se exige do professor 25 anos de contribuição. Não há diferença entre homem e mulher.

A idade exigida será 57 anos para a mulher e 60 anos para o homem.

> § 2º O valor das aposentadorias de que trata este artigo será apurado na forma da lei.

A lei é a ordinária federal.

> **Art. 20.** O segurado ou o servidor público federal que se tenha filiado ao Regime Geral de Previdência Social ou ingressado no serviço público em cargo efetivo até a data de entrada em vigor desta Emenda Constitucional poderá aposentar-se voluntariamente quando preencher, cumulativamente, os seguintes requisitos:

A regra diz respeito tanto ao segurado como ao servidor público federal que tenha se filiado ao Regime Geral ou ingressado no serviço público em cargo efetivo até 12-11-2019.

A aposentadoria que trata o artigo é a voluntária.

Os requisitos são cumulativos. Devem ser atendidos ao mesmo tempo, envolvendo idade e tempo de contribuição; para o funcionário público, tempo de serviço público, tempo no cargo.

> I – 57 (cinquenta e sete) anos de idade, se mulher, e 60 (sessenta) anos de idade, se homem;
> II – 30 (trinta) anos de contribuição, se mulher, e 35 (trinta e cinco) anos de contribuição, se homem;
> III – para os servidores públicos, 20 (vinte) anos de efetivo exercício no serviço público e 5 (cinco) anos no cargo efetivo em que se der a aposentadoria;
> IV – período adicional de contribuição correspondente ao tempo que, na data de entrada em vigor desta Emenda Constitucional, faltaria para atingir o tempo mínimo de contribuição referido no inciso II.

O inciso mostra que o artigo trata de pessoa que não tinha 30 anos de contribuição, se mulher, ou 35 anos de contribuição, se homem, e terá que contribuir de forma adicional para atingir 30 ou 35 anos de contribuição. Deverá, quando requerer o benefício, ter todos os outros requisitos, como 57 anos (mulher) e 60 anos (homem).

> **§ 1º** Para o professor que comprovar exclusivamente tempo de efetivo exercício das funções de magistério na educação infantil e no ensino fundamental e médio serão reduzidos, para ambos os sexos, os requisitos de idade e de tempo de contribuição em 5 (cinco) anos.

Os requisitos idade e tempo de contribuição parecem ser os dos incisos I e II do artigo, pois é disso que se trata. A professora teria de ter 25 anos de contribuição e o professor 30 anos de contribuição. A professora deve ter 52 anos e o professor 55 anos.

> **§ 2º** O valor das aposentadorias concedidas nos termos do disposto neste artigo corresponderá:
> I – em relação ao servidor público que tenha ingressado no serviço público em cargo efetivo até 31 de dezembro de 2003 e que não tenha feito a opção de que trata o § 16 do

14. REFORMA DA EMENDA CONSTITUCIONAL N. 103/2019

> art. 40 da Constituição Federal, à totalidade da remuneração no cargo efetivo em que se der a aposentadoria, observado o disposto no § 8º do art. 4º; e

A opção do § 16 do art. 40 é migrar para a previdência complementar. O § 8º do art. 4º da Emenda dispõe que:

> considera-se remuneração do servidor público no cargo efetivo, para fins de cálculo dos proventos de aposentadoria com fundamento no disposto no inciso I do § 6º ou no inciso I do § 2º do art. 20, o valor constituído pelo subsídio, pelo vencimento e pelas vantagens pecuniárias permanentes do cargo, estabelecidos em lei, acrescidos dos adicionais de caráter individual e das vantagens pessoais permanentes.

> II – em relação aos demais servidores públicos e aos segurados do Regime Geral de Previdência Social, ao valor apurado na forma da lei.

Quem for admitido depois de 31 de dezembro de 2013 segue a regra geral, na forma da lei.

> § 3º O valor das aposentadorias concedidas nos termos do disposto neste artigo não será inferior ao valor a que se refere o § 2º do art. 201 da Constituição Federal e será reajustado:

Nenhum benefício pode ter valor inferior ao salário mínimo (§ 2º do art. 201 da Constituição).

> I – de acordo com o disposto no art. 7º da Emenda Constitucional n. 41, de 19 de dezembro de 2003, se cumpridos os requisitos previstos no inciso I do § 2º;

Dispõe o art. 7º da Emenda Constitucional n. 41/2003 que:

> observado o disposto no art. 37, XI, da Constituição Federal, os proventos de aposentadoria dos servidores públicos titulares de cargo efetivo e as pensões dos seus dependentes pagos pela União, Estados, Distrito Federal e Municípios, incluídas suas autarquias e fundações, em fruição na data de publicação desta Emenda, bem como os proventos de aposentadoria dos servidores e as pensões dos dependentes abrangidos pelo art. 3º desta Emenda, serão revistos na mesma proporção e na mesma data, sempre que se modificar a remuneração dos servidores em atividade, sendo também estendidos aos aposentados e pensionistas quaisquer benefícios ou vantagens posteriormente concedidos aos servidores em atividade, inclusive quando decorrentes da transformação ou reclassificação do cargo ou função em que se deu a aposentadoria ou que serviu de referência para a concessão da pensão, na forma da lei.

Tem direito à totalidade da remuneração do cargo efetivo em que se der a aposentadoria (§ 8º do art. 4º).

> II – nos termos estabelecidos para o Regime Geral de Previdência Social, na hipótese prevista no inciso II do § 2º.

O art. 41-A da Lei n. 8.213/91 estabelece que a correção monetária é feita pelo INPC.

> § 4º Aplicam-se às aposentadorias dos servidores dos Estados, do Distrito Federal e dos Municípios as normas constitucionais e infraconstitucionais anteriores à data de entrada em vigor desta Emenda Constitucional, enquanto não promovidas alterações na legislação interna relacionada ao respectivo regime próprio de previdência social.

Para funcionários estaduais, distritais ou municipais devem ser observadas as regras anteriores à data da entrada em vigor da Emenda Constitucional n. 103/2019. Estados, Distrito Federal e Municípios devem promover as alterações na respectiva legislação interna em relação a regime próprio de previdência social.

> Art. 21. O segurado ou o servidor público federal que se tenha filiado ao Regime Geral de Previdência Social ou ingressado no serviço público em cargo efetivo até a data de entrada em vigor desta Emenda Constitucional cujas atividades tenham sido exercidas com efetiva exposição a agentes químicos, físicos e biológicos prejudiciais à saúde, ou associação desses agentes, vedada a caracterização por categoria profissional ou ocupação, desde que cumpridos, no caso do servidor, o tempo mínimo de 20 (vinte) anos de efetivo exercício no serviço público e de 5 (cinco) anos no cargo efetivo em que for concedida a aposentadoria, na forma dos arts. 57 e 58 da Lei n. 8.213, de 24 de julho de 1991, poderão aposentar-se quando o total da soma resultante da sua idade e do tempo de contribuição e o tempo de efetiva exposição forem, respectivamente, de:

Agentes químicos serão, por exemplo, poeiras, fumos, névoas, neblinas, gases ou vapores.

Agentes físicos serão, por exemplo, ruídos, vibrações, pressões anormais, temperaturas extremas, radiações ionizantes, radiações não ionizantes.

Agentes biológicos serão, por exemplo, bactérias, vírus, fungos (leveduras e bolores) e parasitas.

Não é possível a caracterização dos elementos por categoria ou por profissão, mas pela exposição aos elementos.

O servidor deve ter 20 anos de efetivo serviço público e cinco anos no cargo. São observados os arts. 57 e 58 da Lei n. 8.213/91.

> I – 66 (sessenta e seis) pontos e 15 (quinze) anos de efetiva exposição;
> II – 76 (setenta e seis) pontos e 20 (vinte) anos de efetiva exposição; e
> III – 86 (oitenta e seis) pontos e 25 (vinte e cinco) anos de efetiva exposição.
> § 1º A idade e o tempo de contribuição serão apurados em dias para o cálculo do somatório de pontos a que se refere o *caput*.

14. REFORMA DA EMENDA CONSTITUCIONAL N. 103/2019 | 205

A apuração da idade e do tempo de contribuição será feita em dias para o efeito do cálculo do somatório de pontos.

> § 2º O valor da aposentadoria de que trata este artigo será apurado na forma da lei.

A lei é a ordinária federal.

> § 3º Aplicam-se às aposentadorias dos servidores dos Estados, do Distrito Federal e dos Municípios cujas atividades sejam exercidas com efetiva exposição a agentes químicos, físicos e biológicos prejudiciais à saúde, ou associação desses agentes, vedada a caracterização por categoria profissional ou ocupação, na forma do § 4º-C do art. 40 da Constituição Federal, as normas constitucionais e infraconstitucionais anteriores à data de entrada em vigor desta Emenda Constitucional, enquanto não promovidas alterações na legislação interna relacionada ao respectivo regime próprio de previdência social.

O dispositivo está tratando de servidores estaduais, distritais e municipais que estejam expostos a agentes nocivos à saúde.

Também não é possível a caracterização dos agentes por categoria profissional ou ocupação.

Dispõe o § 4º-C do art. 40 da Constituição que:

> poderão ser estabelecidos por lei complementar do respectivo ente federativo idade e tempo de contribuição diferenciados para aposentadoria de servidores cujas atividades sejam exercidas com efetiva exposição a agentes químicos, físicos e biológicos prejudiciais à saúde, ou associação desses agentes, vedada a caracterização por categoria profissional ou ocupação.

São observadas as normas constitucionais e infraconstitucionais anteriores a 12-11-2019 enquanto não forem promovidas as alterações pela legislação interna de Estados, Distrito Federal e Municípios.

> Art. 22. Até que lei discipline o § 4º-A do art. 40 e o inciso I do § 1º do art. 201 da Constituição Federal, a aposentadoria da pessoa com deficiência segurada do Regime Geral de Previdência Social ou do servidor público federal com deficiência vinculado a regime próprio de previdência social, desde que cumpridos, no caso do servidor, o tempo mínimo de 10 (dez) anos de efetivo exercício no serviço público e de 5 (cinco) anos no cargo efetivo em que for concedida a aposentadoria, será concedida na forma da Lei Complementar n. 142, de 8 de maio de 2013, inclusive quanto aos critérios de cálculo dos benefícios.

Dispõe o § 4º-A do art. 40 da Constituição:

> poderão ser estabelecidos por lei complementar do respectivo ente federativo idade e tempo de contribuição diferenciados para aposentadoria de servidores com deficiência, previamente submetidos a avaliação biopsicossocial realizada por equipe multiprofissional e interdisciplinar.

O dispositivo trata de servidor público federal com deficiência vinculado a regime próprio de previdência social.

Há necessidade de tempo mínimo de 10 anos de efetivo exercício e de cinco anos no cargo efetivo em que for concedida a aposentadoria.

A Lei Complementar n. 142/2013 regulamenta o § 1º do art. 201 da Constituição, no tocante à aposentadoria da pessoa com deficiência segurada do Regime Geral de Previdência Social – RGPS. A referida lei também será observada para o cálculo dos benefícios.

> **Parágrafo único.** Aplicam-se às aposentadorias dos servidores com deficiência dos Estados, do Distrito Federal e dos Municípios as normas constitucionais e infraconstitucionais anteriores à data de entrada em vigor desta Emenda Constitucional, enquanto não promovidas alterações na legislação interna relacionada ao respectivo regime próprio de previdência social.

Estados, Distrito Federal e Municípios aplicam as normas anteriores vigentes. Deverão promover as alterações na legislação interna do respectivo regime próprio de previdência social.

> **Art. 23.** A pensão por morte concedida a dependente de segurado do Regime Geral de Previdência Social ou de servidor público federal será equivalente a uma cota familiar de 50% (cinquenta por cento) do valor da aposentadoria recebida pelo segurado ou servidor ou daquela a que teria direito se fosse aposentado por incapacidade permanente na data do óbito, acrescida de cotas de 10 (dez) pontos percentuais por dependente, até o máximo de 100% (cem por cento).

O artigo trata da pensão por morte tanto do dependente do segurado do Regime Geral de Previdência Social como de servidor público federal.

A cota familiar é de 50% do valor da aposentadoria do segurado ou do servidor a que teria direito se fosse aposentado por incapacidade permanente na data do óbito. Cada dependente conta 10%. Se é a mulher e um filho são 10% para cada um, totalizando 20%.

Se forem cinco dependentes, o porcentual será 100%. Se forem mais de cinco dependentes, o porcentual será 100%.

Isso já ocorria antes de 1988 para o segurado.

> **§ 1º** As cotas por dependente cessarão com a perda dessa qualidade e não serão reversíveis aos demais dependentes, preservado o valor de 100% (cem por cento) da pensão por morte quando o número de dependentes remanescente for igual ou superior a 5 (cinco).

Quando o dependente perde a qualidade, que no Regimento Geral de Previdência Social é com 21 anos para o filho ou irmão, salvo se inválidos, a cota não reverte aos demais dependentes.

14. REFORMA DA EMENDA CONSTITUCIONAL N. 103/2019

> § 2° Na hipótese de existir dependente inválido ou com deficiência intelectual, mental ou grave, o valor da pensão por morte de que trata o *caput* será equivalente a:

O parágrafo só trata de dependente inválido ou com deficiência intelectual, mental ou grave.

> I – 100% (cem por cento) da aposentadoria recebida pelo segurado ou servidor ou daquela a que teria direito se fosse aposentado por incapacidade permanente na data do óbito, até o limite máximo de benefícios do Regime Geral de Previdência Social; e

A primeira parte do benefício é de 100%, mas fica restrito ao teto do Regime Geral de Previdência Social.

> II – uma cota familiar de 50% (cinquenta por cento) acrescida de cotas de 10 (dez) pontos percentuais por dependente, até o máximo de 100% (cem por cento), para o valor que supere o limite máximo de benefícios do Regime Geral de Previdência Social.

A segunda parte diz respeito ao que superar o limite máximo de benefícios do Regime Geral de Previdência Social. Há uma cota familiar de 50% acrescida de cotas de 10% até o máximo de 100%. O cônjuge supérstite é o primeiro dependente.

> § 3° Quando não houver mais dependente inválido ou com deficiência intelectual, mental ou grave, o valor da pensão será recalculado na forma do disposto no *caput* e no § 1°.

Deixando de haver dependente inválido ou com deficiência intelectual mental ou grave, o valor da pensão é recalculado.

> § 4° O tempo de duração da pensão por morte e das cotas individuais por dependente até a perda dessa qualidade, o rol de dependentes e sua qualificação e as condições necessárias para enquadramento serão aqueles estabelecidos na Lei n. 8.213, de 24 de julho de 1991.

A Lei n. 8.213/91 é a norma que trata dos benefícios da Previdência Social.

> § 5° Para o dependente inválido ou com deficiência intelectual, mental ou grave, sua condição pode ser reconhecida previamente ao óbito do segurado, por meio de avaliação biopsicossocial realizada por equipe multiprofissional e interdisciplinar, observada revisão periódica na forma da legislação.

O dependente inválido ou com deficiência só pode ter sua condição reconhecida antes do óbito do segurado.

O modelo biopsicossocial estuda a causa ou o progresso de doenças utilizando-se de fatores biológicos (genéticos, bioquímicos etc.), fatores psicológicos (estado de humor, de personalidade, de comportamento etc.) e fatores sociais (culturais, familiares, socioeconômicos, médicos etc.).

> § 6º Equiparam-se a filho, para fins de recebimento da pensão por morte, exclusivamente o enteado e o menor tutelado, desde que comprovada a dependência econômica.

O enteado e o menor tutelado devem comprovar a dependência econômica.

> § 7º As regras sobre pensão previstas neste artigo e na legislação vigente na data de entrada em vigor desta Emenda Constitucional poderão ser alteradas na forma da lei para o Regime Geral de Previdência Social e para o regime próprio de previdência social da União.

A Emenda Constitucional permite que as regras de pensão sejam alteradas por intermédio de lei ordinária federal para o Regime Geral de Previdência Social e para o regime próprio de previdência social da União.

> § 8º Aplicam-se às pensões concedidas aos dependentes de servidores dos Estados, do Distrito Federal e dos Municípios as normas constitucionais e infraconstitucionais anteriores à data de entrada em vigor desta Emenda Constitucional, enquanto não promovidas alterações na legislação interna relacionada ao respectivo regime próprio de previdência social.

As regras de pensões para servidores dos Estados, do Distrito Federal e dos Municípios são as anteriores a 12-11-2019. Irão promover as alterações na legislação interna de cada um em relação ao regime próprio de previdência social.

> **Art. 24.** É vedada a acumulação de mais de uma pensão por morte deixada por cônjuge ou companheiro, no âmbito do mesmo regime de previdência social, ressalvadas as pensões do mesmo instituidor decorrentes do exercício de cargos acumuláveis na forma do art. 37 da Constituição Federal.

A regra é não ser possível acumular mais de uma pensão. A exceção diz respeito a pensões acumuláveis, como de mais de um cargo de professor, de um cargo de professor com outro, técnico ou científico, ou da área de saúde (art. 37, XVII, da Constituição).

Aqui se usa a expressão "regime de previdência social". É qualquer regime: o geral ou o próprio de previdência social, pois se usa o gênero.

O § 1º estabelece exceções.

> § 1º Será admitida, nos termos do § 2º, a acumulação de:
> I – pensão por morte deixada por cônjuge ou companheiro de um regime de previdência social com pensão por morte concedida por outro regime de previdência social ou com pensões decorrentes das atividades militares de que tratam os arts. 42 e 142 da Constituição Federal;

É possível a cumulação deixada por cônjuge ou companheiro de um regime de previdência social, que pode ser o Regime Geral ou próprio com pensão por morte concedida por outro regime de previdência social ou com pensões decorrentes de atividades militares. Pela regra, não será possível cumular duas pensões pagas pelo mesmo regime.

> II – pensão por morte deixada por cônjuge ou companheiro de um regime de previdência social com aposentadoria concedida no âmbito do Regime Geral de Previdência Social ou de regime próprio de previdência social ou com proventos de inatividade decorrentes das atividades militares de que tratam os arts. 42 e 142 da Constituição Federal; ou

É possível cumular pensão por morte de um regime de previdência social, que pode ser próprio ou o geral, com aposentadoria concedida pelo Regime Geral, por regime próprio ou com proventos de inatividade militar.

> III – pensões decorrentes das atividades militares de que tratam os arts. 42 e 142 da Constituição Federal com aposentadoria concedida no âmbito do Regime Geral de Previdência Social ou de regime próprio de previdência social.

Aqui se trata de cumulação de pensão de atividade militar com aposentadoria concedida pelo Regime Geral de Previdência Social ou regime próprio de previdência social.

> § 2º Nas hipóteses das acumulações previstas no § 1º, é assegurada a percepção do valor integral do benefício mais vantajoso e de uma parte de cada um dos demais benefícios, apurada cumulativamente de acordo com as seguintes faixas:

O parágrafo trata de todas as exceções contidas no § 1º. Assegura-se a percepção do valor integral do benefício mais vantajoso (pensão ou aposentadoria) e de uma parte dos demais benefícios.

> I – 60% (sessenta por cento) do valor que exceder 1 (um) salário mínimo, até o limite de 2 (dois) salários mínimos;
> II – 40% (quarenta por cento) do valor que exceder 2 (dois) salários mínimos, até o limite de 3 (três) salários mínimos;
> III – 20% (vinte por cento) do valor que exceder 3 (três) salários mínimos, até o limite de 4 (quatro) salários mínimos; e
> IV – 10% (dez por cento) do valor que exceder 4 (quatro) salários mínimos.
> § 3º A aplicação do disposto no § 2º poderá ser revista a qualquer tempo, a pedido do interessado, em razão de alteração de algum dos benefícios.
> § 4º As restrições previstas neste artigo não serão aplicadas se o direito aos benefícios houver sido adquirido antes da data de entrada em vigor desta Emenda Constitucional.

Para quem já recebia pensão por morte de cônjuge, mas já tinha direito adquirido a sua aposentadoria, por ter implementado todos os requisitos para esse fim, as restrições do § 2º não se lhe aplicam.

> § 5º As regras sobre acumulação previstas neste artigo e na legislação vigente na data de entrada em vigor desta Emenda Constitucional poderão ser alteradas na forma do § 6º do art. 40 e do § 15 do art. 201 da Constituição Federal.

Dispõe o § 6º do art. 40 da Constituição:

> Ressalvadas as aposentadorias decorrentes dos cargos acumuláveis na forma desta Constituição, é vedada a percepção de mais de uma aposentadoria à conta de regime próprio de previdência social, aplicando-se outras vedações, regras e condições para a acumulação de benefícios previdenciários estabelecidas no Regime Geral de Previdência Social.

O Regime Geral de Previdência Social é o da Lei n. 8.213/91.

Reza o § 15 do art. 201 da Constituição: "Lei complementar estabelecerá vedações, regras e condições para a acumulação de benefícios previdenciários".

Poderão ser feitas alterações sobre acumulações por meio de lei complementar.

> **Art. 25.** Será assegurada a contagem de tempo de contribuição fictício no Regime Geral de Previdência Social decorrente de hipóteses descritas na legislação vigente até a data de entrada em vigor desta Emenda Constitucional para fins de concessão de aposentadoria, observando-se, a partir da sua entrada em vigor, o disposto no § 14 do art. 201 da Constituição Federal.

A contagem de tempo de contribuição fictício no Regime Geral de Previdência Social decorrente de hipóteses descritas na legislação vigente poderá ser feita até 12-11-2019 para fins de concessão de aposentadoria. São hipóteses em que não houve recolhimento de contribuição, mas se considera como tempo de serviço, como de trabalhador rural.

> § 1º Para fins de comprovação de atividade rural exercida até a data de entrada em vigor desta Emenda Constitucional, o prazo de que tratam os §§ 1º e 2º do art. 38-B da Lei n. 8.213, de 24 de julho de 1991, será prorrogado até a data em que o Cadastro Nacional de Informações Sociais (CNIS) atingir a cobertura mínima de 50% (cinquenta por cento) dos trabalhadores de que trata o § 8º do art. 195 da Constituição Federal, apurada conforme quantitativo da Pesquisa Nacional por Amostra de Domicílios Contínua (Pnad).

Dispõe o § 1º do art. 38-B da Lei n. 8.213/91 que:

> a partir de 1º de janeiro de 2023, a comprovação da condição e do exercício da atividade rural do segurado especial ocorrerá, exclusivamente, pelas informações constantes do cadastro a que se refere o art. 38-A desta Lei.

Reza o § 3º do art. 38-B da Lei n. 8.213/91 que:

até 1º de janeiro de 2025, o cadastro de que trata o art. 38-A poderá ser realizado, atualizado e corrigido, sem prejuízo do prazo de que trata o § 1º deste artigo e da regra permanente prevista nos §§ 4º e 5º do art. 38-A desta Lei.

O § 8º do art. 195 da Constituição trata da contribuição sobre a receita bruta da comercialização da produção em relação a produtor, parceiro, meeiro e arrendatário rural.

> § 2º Será reconhecida a conversão de tempo especial em comum, na forma prevista na Lei n. 8.213, de 24 de julho de 1991, ao segurado do Regime Geral de Previdência Social que comprovar tempo de efetivo exercício de atividade sujeita a condições especiais que efetivamente prejudiquem a saúde, cumprido até a data de entrada em vigor desta Emenda Constitucional, vedada a conversão para o tempo cumprido após esta data.

O parágrafo está tratando de segurado do Regime Geral de Previdência Social e não de funcionário público.

Permite o parágrafo a conversão de tempo especial em comum e não de tempo comum em especial.

Exige que as atividades do segurado sejam sujeitas a condições especiais que efetivamente prejudiquem a saúde dele. Na periculosidade, geralmente, a condição não prejudica a saúde do segurado, mas a possibilidade de morrer ou de se acidentar.

> § 3º Considera-se nula a aposentadoria que tenha sido concedida ou que venha a ser concedida por regime próprio de previdência social com contagem recíproca do Regime Geral de Previdência Social mediante o cômputo de tempo de serviço sem o recolhimento da respectiva contribuição ou da correspondente indenização pelo segurado obrigatório responsável, à época do exercício da atividade, pelo recolhimento de suas próprias contribuições previdenciárias.

A contagem recíproca de tempo de serviço não poderá ser feita se não houver o recolhimento da contribuição ou da indenização pelo segurado obrigatório para efeito de concessão de aposentadoria por regime próprio de previdência social. O Tribunal de Contas da União já vinha entendendo assim antes da vigência da Emenda Constitucional n. 103/2019.

> Art. 26. Até que lei discipline o cálculo dos benefícios do regime próprio de previdência social da União e do Regime Geral de Previdência Social, será utilizada a média aritmética simples dos salários de contribuição e das remunerações adotados como base para contribuições a regime próprio de previdência social e ao Regime Geral de Previdência Social, ou como base para contribuições decorrentes das atividades militares de que tratam os arts. 42 e 142 da Constituição Federal, atualizados monetariamente, correspondentes a 100% (cem por cento) do período contributivo desde a competência julho de 1994 ou desde o início da contribuição, se posterior àquela competência.

A lei é a ordinária federal.

Não serão mais utilizados 80% das maiores contribuições do segurado e desprezados 20%. Serão utilizados 100% das contribuições do período contributivo desde a competência julho de 1994 ou desde o início da contribuição, se posterior àquela competência.

> § 1º A média a que se refere o *caput* será limitada ao valor máximo do salário de contribuição do Regime Geral de Previdência Social para os segurados desse regime e para o servidor que ingressou no serviço público em cargo efetivo após a implantação do regime de previdência complementar ou que tenha exercido a opção correspondente, nos termos do disposto nos §§ 14 a 16 do art. 40 da Constituição Federal.

A média fica limitada ao teto do Regime Geral de Previdência Social, tanto para o segurado do Regime Geral de Previdência Social, como para o funcionário público que ingressou no serviço público em cargo efetivo após a implantação do regime de previdência complementar ou que tenha exercido a opção para o regime complementar. Não poderá ser superior ao teto.

> § 2º O valor do benefício de aposentadoria corresponderá a 60% (sessenta por cento) da média aritmética definida na forma prevista no *caput* e no § 1º, com acréscimo de 2 (dois) pontos percentuais para cada ano de contribuição que exceder o tempo de 20 (vinte) anos de contribuição nos casos:

O valor do benefício de aposentadoria será de 60% da média aritmética do total das contribuições do período trabalhado desde julho de 1994 ou da data do ingresso se posterior a esta data do que exceder o tempo de 20 anos de contribuição.

> I – do inciso II do § 6º do art. 4º, do § 4º do art. 15, do § 3º do art. 16 e do § 2º do art. 18;

O § 6º do art. 4º determina que os proventos das aposentadorias concedidas nos termos do disposto neste artigo corresponderão ao valor apurado na forma da lei, para o servidor público não contemplado no inciso I.

O § 4º do art. 15 dispõe que o "valor da aposentadoria concedida nos termos do disposto neste artigo será apurado na forma da lei". Dispõe igualmente o § 3º do art. 16 e o § 2º do art. 18.

> II – do § 4º do art. 10, ressalvado o disposto no inciso II do § 3º e no § 4º deste artigo;

O § 4º do art. 10 reza que "os proventos das aposentadorias concedidas nos termos do disposto neste artigo serão apurados na forma da lei".

A ressalva que se faz para aplicar o inciso II: "no caso de aposentadoria por incapacidade permanente, quando decorrer de acidente de trabalho, de doença profissional e de doença do trabalho".

> III – de aposentadoria por incapacidade permanente aos segurados do Regime Geral de Previdência Social, ressalvado o disposto no inciso II do § 3º deste artigo; e

Aposentadoria por incapacidade permanente é a aposentadoria por invalidez.

A ressalva que se faz para aplicar o inciso II do § 3º: "no caso de aposentadoria por incapacidade permanente, quando decorrer de acidente de trabalho, de doença profissional e de doença do trabalho".

> IV – do § 2º do art. 19 e do § 2º do art. 21, ressalvado o disposto no § 5º deste artigo.

O § 2º do art. 19 e o § 2º do art. 21 dispõem que "o valor das aposentadorias de que trata este artigo será apurado na forma da lei".

> § 3º O valor do benefício de aposentadoria corresponderá a 100% (cem por cento) da média aritmética definida na forma prevista no *caput* e no § 1º:

O valor da aposentadoria será de 100% da média aritmética.

> I – no caso do inciso II do § 2º do art. 20;

O inciso II § 2º do art. 20 determina que "em relação aos demais servidores públicos e aos segurados do Regime Geral de Previdência Social, ao valor apurado na forma da lei".

> II – no caso de aposentadoria por incapacidade permanente, quando decorrer de acidente de trabalho, de doença profissional e de doença do trabalho.

O valor do benefício de aposentadoria corresponderá a 100% (cem por cento) da média aritmética no caso de aposentadoria por incapacidade permanente (invalidez), quando decorrer de acidente de trabalho, de doença profissional e de doença do trabalho. Nesses casos, o benefício tem de ser integral, pois o segurado não mais poderá trabalhar, pois sua incapacidade é permanente.

> § 4º O valor do benefício da aposentadoria de que trata o inciso III do § 1º do art. 10 corresponderá ao resultado do tempo de contribuição dividido por 20 (vinte) anos, limitado a um inteiro, multiplicado pelo valor apurado na forma do *caput* do § 2º deste artigo, ressalvado o caso de cumprimento de critérios de acesso para aposentadoria voluntária que resulte em situação mais favorável.

O inciso III do § 1º do art. 10 determina que a aposentadoria é compulsória, na forma do disposto no inciso II do § 1º do art. 40 da Constituição Federal, ou seja, aos 75 anos.

O tempo de contribuição será dividido por 20 anos, limitado a um inteiro, multiplicado pelo valor apurado pelo § 2º do art. 26.

> § 5º O acréscimo a que se refere o *caput* do § 2º será aplicado para cada ano que exceder 15 (quinze) anos de tempo de contribuição para os segurados de que tratam a alínea *a* do inciso I do § 1º do art. 19 e o inciso I do art. 21 e para as mulheres filiadas ao Regime Geral de Previdência Social.

Para cada ano que exceder 15 anos de tempo de contribuição:

1) a alínea *a* do inciso I do § 1º do art. 19: 55 (cinquenta e cinco) anos de idade, quando se tratar de atividade especial de 15 (quinze) anos de contribuição;

2) inciso I do art. 21: 66 (sessenta e seis) pontos e 15 (quinze) anos de efetiva exposição.

> § 6º Poderão ser excluídas da média as contribuições que resultem em redução do valor do benefício, desde que mantido o tempo mínimo de contribuição exigido, vedada a utilização do tempo excluído para qualquer finalidade, inclusive para o acréscimo a que se referem os §§ 2º e 5º, para a averbação em outro regime previdenciário ou para a obtenção dos proventos de inatividade das atividades de que tratam os arts. 42 e 142 da Constituição Federal.

Poderão ser excluídas da média as contribuições que resultem em redução do valor do benefício. Deve-se observar o tempo mínimo de contribuição exigido. É vedada a utilização do tempo excluído para qualquer finalidade. Não será possível a averbação do tempo em outro regime previdenciário ou para a obtenção de proventos de inatividade de militares.

> § 7º Os benefícios calculados nos termos do disposto neste artigo serão reajustados nos termos estabelecidos para o Regime Geral de Previdência Social.

Os benefícios do Regime Geral de Previdência Social são reajustados pelo critério estabelecido em lei ordinária: INPC (art. 41-A da Lei n. 8.213/91).

> Art. 27. Até que lei discipline o acesso ao salário-família e ao auxílio-reclusão de que trata o inciso IV do art. 201 da Constituição Federal, esses benefícios serão concedidos apenas àqueles que tenham renda bruta mensal igual ou inferior a R$ 1.364,43 (mil, trezentos e sessenta e quatro reais e quarenta e três centavos), que serão corrigidos pelos mesmos índices aplicados aos benefícios do Regime Geral de Previdência Social.

É o salário ou auxílio-reclusão para o dependente do segurado de baixa renda. Baixa renda seria ganhar até R$ 1.364,43. Os benefícios têm sido corrigidos pelo INPC (art. 41-A da Lei n. 8.213/91) em janeiro de cada ano.

14. REFORMA DA EMENDA CONSTITUCIONAL N. 103/2019

> § 1º Até que lei discipline o valor do auxílio-reclusão, de que trata o inciso IV do art. 201 da Constituição Federal, seu cálculo será realizado na forma daquele aplicável à pensão por morte, não podendo exceder o valor de 1 (um) salário mínimo.

O auxílio-reclusão é calculado como se a pessoa tivesse que receber pensão por morte, no valor da sua aposentadoria, caso estivesse aposentado.

O valor do auxílio-reclusão passa a ser no máximo de um salário mínimo. Não pode ser superior a isso.

> § 2º Até que lei discipline o valor do salário-família, de que trata o inciso IV do art. 201 da Constituição Federal, seu valor será de R$ 46,54 (quarenta e seis reais e cinquenta e quatro centavos).

Até que a lei modifique o valor do salário-família ele será de R$ 46,54 por filho até 21 anos ou inválido.

> Art. 28. Até que lei altere as alíquotas da contribuição de que trata a Lei n. 8.212, de 24 de julho de 1991, devidas pelo segurado empregado, inclusive o doméstico, e pelo trabalhador avulso, estas serão de:

A lei ordinária irá alterar as alíquotas do salário de contribuição dos segurados empregado, doméstico e avulso.

> I – até 1 (um) salário mínimo, 7,5% (sete inteiros e cinco décimos por cento);
> II – acima de 1 (um) salário mínimo até R$ 2.000,00 (dois mil reais), 9% (nove por cento);
> III – de R$ 2.000,01 (dois mil reais e um centavo) até R$ 3.000,00 (três mil reais), 12% (doze por cento); e
> IV – de R$ 3.000,01 (três mil reais e um centavo) até o limite do salário de contribuição, 14% (quatorze por cento).
> § 1º As alíquotas previstas no *caput* serão aplicadas de forma progressiva sobre o salário de contribuição do segurado, incidindo cada alíquota sobre a faixa de valores compreendida nos respectivos limites.

As alíquotas são progressivas de acordo com o salário de contribuição da pessoa em cada faixa de renda.

> § 2º Os valores previstos no *caput* serão reajustados, a partir da data de entrada em vigor desta Emenda Constitucional, na mesma data e com o mesmo índice em que se der o reajuste dos benefícios do Regime Geral de Previdência Social, ressalvados aqueles vinculados ao salário mínimo, aos quais se aplica a legislação específica.

Os reajustes são feitos em janeiro de cada ano pelo INPC (art. 41-A da Lei n. 8.213/91).

> **Art. 29.** Até que entre em vigor lei que disponha sobre o § 14 do art. 195 da Constituição Federal, o segurado que, no somatório de remunerações auferidas no período de 1 (um) mês, receber remuneração inferior ao limite mínimo mensal do salário de contribuição poderá:

Dispõe o § 14 do art. 195 da Constituição que:

o segurado somente terá reconhecida como tempo de contribuição ao Regime Geral de Previdência Social a competência cuja contribuição seja igual ou superior à contribuição mínima mensal exigida para sua categoria, assegurado o agrupamento de contribuições.

> I – complementar a sua contribuição, de forma a alcançar o limite mínimo exigido;

Se o segurado receber menos do que um salário mínimo no mês, poderá complementar a contribuição até atingir um salário mínimo.

> II – utilizar o valor da contribuição que exceder o limite mínimo de contribuição de uma competência em outra; ou

Poderá o segurado usar o que exceder o limite mínimo de contribuição de um mês em um outro mês.

> III – agrupar contribuições inferiores ao limite mínimo de diferentes competências, para aproveitamento em contribuições mínimas mensais.

Poderá também agrupar contribuições inferiores a um salário mínimo de diferentes competências.

> **Parágrafo único.** Os ajustes de complementação ou agrupamento de contribuições previstos nos incisos I, II e III do *caput* somente poderão ser feitos ao longo do mesmo ano civil.

Esses ajustes de complementação somente poderão ser feitos no mesmo ano civil.

> **Art. 30.** A vedação de diferenciação ou substituição de base de cálculo decorrente do disposto no § 9º do art. 195 da Constituição Federal não se aplica a contribuições que substituam a contribuição de que trata a alínea *a* do inciso I do *caput* do art. 195 da Constituição Federal instituídas antes da data de entrada em vigor desta Emenda Constitucional.

O artigo trata da hipótese de contribuição diferenciada que substitui a contribuição previdenciária da empresa incidente sobre a folha de salários e demais rendimentos pagos ou creditados a segurado (art. 195, I, *a*, da Constituição). Se a contribuição foi instituída antes da vigência da Emenda Constitucional n. 103, em

14. REFORMA DA EMENDA CONSTITUCIONAL N. 103/2019 | 217

13-11-2019, não se lhe aplica a vedação de diferenciação ou substituição de base de cálculo, pois a situação já havia se implementado antes da vigência da Emenda.

> **Art. 31.** O disposto no § 11 do art. 195 da Constituição Federal não se aplica aos parcelamentos previstos na legislação vigente até a data de entrada em vigor desta Emenda Constitucional, sendo vedadas a reabertura ou a prorrogação de prazo para adesão.

Dispõe o § 11 do art. 195 da Constituição que:

São vedados a moratória e o parcelamento em prazo superior a 60 (sessenta) meses e, na forma de lei complementar, a remissão e a anistia das contribuições sociais de que tratam a alínea *a* do inciso I e o inciso II do *caput*.

Não se aplica o dispositivo aos parcelamentos previstos em lei vigente até 12-11-2019, sendo vedadas a reabertura ou a prorrogação de prazo para adesão.

> **Art. 32.** Até que entre em vigor lei que disponha sobre a alíquota da contribuição de que trata a Lei n. 7.689, de 15 de dezembro de 1988, esta será de 20% (vinte por cento) no caso das pessoas jurídicas referidas no inciso I do § 1º do art. 1º da Lei Complementar n. 105, de 10 de janeiro de 2001.

O artigo mostra que a lei é a ordinária federal, pois, do contrário, faria referência a lei complementar.

A Lei n. 7.689/88 trata da contribuição sobre o lucro. O inciso I do § 1º do art. 1º da Lei Complementar n. 105/2001 trata dos bancos de qualquer espécie. A alíquota da contribuição sobre o lucro dos bancos será de 20%.

> **Art. 33.** Até que seja disciplinada a relação entre a União, os Estados, o Distrito Federal e os Municípios e entidades abertas de previdência complementar na forma do disposto nos §§ 4º e 5º do art. 202 da Constituição Federal, somente entidades fechadas de previdência complementar estão autorizadas a administrar planos de benefícios patrocinados pela União, Estados, Distrito Federal ou Municípios, inclusive suas autarquias, fundações, sociedades de economia mista e empresas controladas direta ou indiretamente.

O § 4º do art. 202 da Constituição dispõe que:

lei complementar disciplinará a relação entre a União, Estados, Distrito Federal ou Municípios, inclusive suas autarquias, fundações, sociedades de economia mista e empresas controladas direta ou indiretamente, enquanto patrocinadores de planos de benefícios previdenciários, e as entidades de previdência complementar.

O § 5º determina que:

A lei complementar de que trata o § 4º aplicar-se-á, no que couber, às empresas privadas permissionárias ou concessionárias de prestação de serviços públicos, quando patrocinadoras de planos de benefícios em entidades de previdência complementar.

Enquanto não for disciplinada a relação entre a União, os Estados, o Distrito Federal e os Municípios e entidades abertas de previdência complementar, o que será feito por lei complementar, somente estão autorizadas a administrar planos de benefícios desses entes entidades fechadas de previdência complementar.

> **Art. 34.** Na hipótese de extinção por lei de regime previdenciário e migração dos respectivos segurados para o Regime Geral de Previdência Social, serão observados, até que lei federal disponha sobre a matéria, os seguintes requisitos pelo ente federativo:

O regime previdenciário a que se refere o artigo é regime próprio, pois a migração será feita para o Regime Geral de Previdência Social.

A lei federal é a lei ordinária federal que irá tratar da matéria.

> **I –** assunção integral da responsabilidade pelo pagamento dos benefícios concedidos durante a vigência do regime extinto, bem como daqueles cujos requisitos já tenham sido implementados antes da sua extinção;

O ente federativo deverá assumir integralmente a responsabilidade pelo pagamento dos benefícios decorrentes do regime extinto e dos que já tinham sido implementados antes da sua extinção.

> **II –** previsão de mecanismo de ressarcimento ou de complementação de benefícios aos que tenham contribuído acima do limite máximo do Regime Geral de Previdência Social;

Deverá haver um mecanismo de ressarcimento de valores pagos ou de complementação dos benefícios para quem tenha contribuído acima do limite máximo do Regime Geral de Previdência Social.

> **III –** vinculação das reservas existentes no momento da extinção, exclusivamente:
> **a)** ao pagamento dos benefícios concedidos e a conceder, ao ressarcimento de contribuições ou à complementação de benefícios, na forma dos incisos I e II; e

As reservas existentes no momento da extinção serão usadas exclusivamente para os benefícios concedidos e a conceder, ao ressarcimento de contribuições ou à complementação de benefícios.

> **b)** à compensação financeira com o Regime Geral de Previdência Social.

A vinculação de reservas servirá para compensação financeira com o Regime Geral de Previdência Social.

14. REFORMA DA EMENDA CONSTITUCIONAL N. 103/2019

> **Parágrafo único.** A existência de superávit atuarial não constitui óbice à extinção de regime próprio de previdência social e à consequente migração para o Regime Geral de Previdência Social.

O ente federativo poderá extinguir o regime próprio mesmo que exista superávit atuarial decorrendo em consequência a migração para o Regime Geral de Previdência Social.

> **Art. 35.** Revogam-se:
> I – os seguintes dispositivos da Constituição Federal:
> **a)** o § 21 do art. 40;

Dispunha o § 21 do art. 40:

> A contribuição prevista no § 18 deste artigo incidirá apenas sobre as parcelas de proventos de aposentadoria e de pensão que superem o dobro do limite máximo estabelecido para os benefícios do regime geral de previdência social de que trata o art. 201 desta Constituição, quando o beneficiário, na forma da lei, for portador de doença incapacitante.

> **b)** o § 13 do art. 195;

Dispunha o § 13 do art. 195: "aplica-se o disposto no § 12 inclusive na hipótese de substituição gradual, total ou parcial, da contribuição incidente na forma do inciso I, pelo incidente sobre a receita ou faturamento".

> **II** – os arts. 9º, 13 e 15 da Emenda Constitucional n. 20, de 15 de dezembro de 1998;

Dispunha o art. 9º da Emenda Constitucional n. 20/98:

> Observado o disposto no art. 4º desta Emenda e ressalvado o direito de opção a aposentadoria pelas normas por ela estabelecidas para o regime geral de previdência social, é assegurado o direito à aposentadoria ao segurado que se tenha filiado ao regime geral de previdência social, até a data de publicação desta Emenda, quando, cumulativamente, atender aos seguintes requisitos:
> I – contar com cinquenta e três anos de idade, se homem, e quarenta e oito anos de idade, se mulher; e
> I – contar com cinquenta e três anos de idade, se homem, e quarenta e oito anos de idade, se mulher; e
> II – contar tempo de contribuição igual, no mínimo, à soma de:
> a) trinta e cinco anos, se homem, e trinta anos, se mulher; e
> b) um período adicional de contribuição equivalente a vinte por cento do tempo que, na data da publicação desta Emenda, faltaria para atingir o limite de tempo constante da alínea anterior.

Dispunha o art. 13 da Emenda Constitucional n. 20/98:

> Até que a lei discipline o acesso ao salário-família e auxílio-reclusão para os servidores, segurados e seus dependentes, esses benefícios serão concedidos apenas àqueles que tenham renda bruta mensal igual ou inferior a R$ 360,00 (trezentos e sessenta reais), que, até a publicação da lei, serão corrigidos pelos mesmos índices aplicados aos benefícios do regime geral de previdência social.

Dispunha o art. 15 da Emenda Constitucional n. 20/98:

> Até que a lei complementar a que se refere o art. 201, § 1º, da Constituição Federal, seja publicada, permanece em vigor o disposto nos arts. 57 e 58 da Lei n. 8.213, de 24 de julho de 1991, na redação vigente à data da publicação desta Emenda.

III – os arts. 2º, 6º e 6º-A da Emenda Constitucional n. 41, de 19 de dezembro de 2003;

Dispunha o art. 2º da Emenda Constitucional n. 41/2003:

> Observado o disposto no art. 4º da Emenda Constitucional n. 20, de 15 de dezembro de 1998, é assegurado o direito de opção pela aposentadoria voluntária com proventos calculados de acordo com o art. 40, §§ 3º e 17, da Constituição Federal, àquele que tenha ingressado regularmente em cargo efetivo na Administração Pública direta, autárquica e fundacional, até a data de publicação daquela Emenda, quando o servidor, cumulativamente:
> I – tiver cinquenta e três anos de idade, se homem, e quarenta e oito anos de idade, se mulher;
> II – tiver cinco anos de efetivo exercício no cargo em que se der a aposentadoria;
> III – contar tempo de contribuição igual, no mínimo, à soma de:
> a) trinta e cinco anos, se homem, e trinta anos, se mulher; e
> b) um período adicional de contribuição equivalente a vinte por cento do tempo que, na data de publicação daquela Emenda, faltaria para atingir o limite de tempo constante da alínea *a* deste inciso.

Dispunha o art. 6º da Emenda Constitucional n. 41/2003:

> Ressalvado o direito de opção à aposentadoria pelas normas estabelecidas pelo art. 40 da Constituição Federal ou pelas regras estabelecidas pelo art. 2º desta Emenda, o servidor da União, dos Estados, do Distrito Federal e dos Municípios, incluídas suas autarquias e fundações, que tenha ingressado no serviço público até a data de publicação desta Emenda poderá aposentar-se com proventos integrais, que corresponderão à totalidade da remuneração do servidor no cargo efetivo em que se der a aposentadoria, na forma da lei, quando, observadas as reduções de idade e tempo de contribuição contidas no § 5º do art. 40 da Constituição Federal, vier a preencher, cumulativamente, as seguintes condições:
> I – sessenta anos de idade, se homem, e cinquenta e cinco anos de idade, se mulher;

II – trinta e cinco anos de contribuição, se homem, e trinta anos de contribuição, se mulher;
III – vinte anos de efetivo exercício no serviço público; e
IV – dez anos de carreira e cinco anos de efetivo exercício no cargo em que se der a aposentadoria.

Dispunha o art. 6º-A da Emenda Constitucional n. 41/2003:

O servidor da União, dos Estados, do Distrito Federal e dos Municípios, incluídas suas autarquias e fundações, que tenha ingressado no serviço público até a data de publicação desta Emenda Constitucional e que tenha se aposentado ou venha a se aposentar por invalidez permanente, com fundamento no inciso I do § 1º do art. 40 da Constituição Federal, tem direito a proventos de aposentadoria calculados com base na remuneração do cargo efetivo em que se der a aposentadoria, na forma da lei, não sendo aplicáveis as disposições constantes dos §§ 3º, 8º e 17 do art. 40 da Constituição Federal.
Parágrafo único. Aplica-se ao valor dos proventos de aposentadorias concedidas com base no *caput* o disposto no art. 7º desta Emenda Constitucional, observando--se igual critério de revisão às pensões derivadas dos proventos desses servidores.

IV – o art. 3º da Emenda Constitucional n. 47, de 5 de julho de 2005.

Dispunha o art. 3º da Emenda Constitucional n. 47/2005:

Ressalvado o direito de opção à aposentadoria pelas normas estabelecidas pelo art. 40 da Constituição Federal ou pelas regras estabelecidas pelos arts. 2º e 6º da Emenda Constitucional n. 41/2003, o servidor da União, dos Estados, do Distrito Federal e dos Municípios, incluídas suas autarquias e fundações, que tenha ingressado no serviço público até 16 de dezembro de 1998 poderá aposentar-se com proventos integrais, desde que preencha, cumulativamente, as seguintes condições:
I – trinta e cinco anos de contribuição, se homem, e trinta anos de contribuição, se mulher;
II – vinte e cinco anos de efetivo exercício no serviço público, quinze anos de carreira e cinco anos no cargo em que se der a aposentadoria;
III – idade mínima resultante da redução, relativamente aos limites do art. 40, § 1º, inciso III, alínea *a*, da Constituição Federal, de um ano de idade para cada ano de contribuição que exceder a condição prevista no inciso I do *caput* deste artigo.

Art. 36. Esta Emenda Constitucional entra em vigor:
I – no primeiro dia do quarto mês subsequente ao da data de publicação desta Emenda Constitucional, quanto ao disposto nos arts. 11, 28 e 32;

O dispositivo faz referência no primeiro dia do quarto mês e não no dia 1º. Entram em vigor no dia 13 março de 2020 os arts. 11, 28 e 32 da Emenda Constitucional n. 103/2019.

> II – para os regimes próprios de previdência social dos Estados, do Distrito Federal e dos Municípios, quanto à alteração promovida pelo art. 1º desta Emenda Constitucional no art. 149 da Constituição Federal e às revogações previstas na alínea *a* do inciso I e nos incisos III e IV do art. 35, na data de publicação de lei de iniciativa privativa do respectivo Poder Executivo que as referende integralmente;

Estados, Distrito Federal e Municípios deverão editar as leis de suas iniciativas para a aplicação do art. 1º da Emenda Constitucional n. 103/2019 e do art. 149 da Constituição, que trata de contribuição social.

> III – nos demais casos, na data de sua publicação.

De um modo geral, a Emenda Constitucional tem aplicação imediata, com as exceções mencionadas nos incisos I e II. Entra em vigor em 13-11-2019, quando foi publicada no *Diário Oficial da União*.

> **Parágrafo único.** A lei de que trata o inciso II do *caput* não produzirá efeitos anteriores à data de sua publicação.

A lei tem vigência a partir da sua publicação apanhando situações que estão em curso. Não se observa em relação fatos pretéritos.

CONCLUSÃO

Depreende-se da Emenda Constitucional n. 103/2019 que desapareceram os problemas no Regime Geral de Previdência Social e o déficit com uma penada.

Não deveriam ser reduzidos direitos sociais, mas aumentados, inclusive sob o ponto de vista previdenciário.

A reforma previdenciária não irá criar empregos, pois, no sistema privado, a aposentadoria não é causa da cessação do contrato de trabalho. Pode trazer estabilidade no mercado financeiro, proporcionando investimentos, mas isso não é certeza.

Para iniciar a discussão sobre a proposta de reforma é preciso:

a) transparência de dados, para verificar efetivamente qual é a receita e a despesa do sistema;

b) auditoria independente nas contas do INSS e do governo para analisar os dados com isenção;

c) retorno dos valores que pertencem ao sistema, mas que foram desviados para outros fins;

d) cobrança da dívida ativa do INSS;

e) maior fiscalização para evitar sonegação, com o aumento do número de fiscais.

O sistema tem tido má administração, mau gerenciamento, pois os recursos existem, mas eles desaparecem e são empregados para outros fins.

Deveria ser criada uma lei de responsabilidade fiscal no âmbito previdenciário, nos moldes de Lei Complementar n. 101/2000.

Não estão sendo combatidas as causas, mas apenas efeitos periféricos. É o mesmo que mandar o doente fazer fisioterapia para se recuperar e não ministrar anti-inflamatório para evitar a infecção.

Aposentadoria e velhice dignas são formas de preservar o princípio da dignidade da pessoa humana, que não está sendo respeitado na reforma. Direito, acima de tudo, é vida, e tem de ser respeitada.

O que é mais importante: a segurança jurídica das relações ou o aspecto econômico? O aspecto social que tem a previdência social deve preponderar sobre o ideal econômico, embora se deva reconhecer que sem contribuição não é possível pagar o benefício.

É a maneira de interpretar socialmente o direito ao benefício previdenciário do segurado, pois o objetivo é protegê-lo e não o prejudicar no curso do tempo.

A Previdência Social existe em razão dos segurados e não estes em decorrência da primeira. O Direito deve servir à pessoa e não a pessoa ao Direito.

Como nada de concreto foi feito para combater as causas, com exceção da elevação da idade, daqui a alguns anos haverá necessidade de ser feita outra reforma, como já ocorreu outras vezes.

Como afirma Goethe: é muito mais fácil reconhecer o erro do que encontrar a verdade; aquele está na superfície e por isso é fácil erradicá-lo; esta repousa no fundo, e não é qualquer um que pode investigá-la.

REFERÊNCIAS

ALLY, Raimundo Cerqueira. *Novas diretrizes para o custeio da previdência social.* 1999. Tese (Doutorado) – Faculdade de Direito, USP, São Paulo.

ARISTÓTELES. *Política.*

BACHOF, Otto. *Normas constitucionais inconstitucionais?* Coimbra: Atlântida, 1997.

BARBOSA, Rui. *Oração aos moços.* 8. ed. Rio de Janeiro, Ediouro, 1997.

BUENO, Pimenta. *Direito público e análise da constituição do império.* Rio de Janeiro, 1857.

CALDAS, Suely. Previdência privada deve triplicar no país até 2008. *O Estado de S. Paulo,* 15 jun. 2003, p. B-2.

_____. Equívocos da previdência. *O Estado de S. Paulo,* Caderno de Economia.

CAMPOS, Francisco. *Direito constitucional.* Rio de Janeiro: Freitas Bastos, 1956.

CANOTILHO, José Joaquim Gomes. *Constituição dirigente e vinculação do legislador.* Coimbra: Coimbra Ed., 1994.

_____. *Direito constitucional e teoria da constituição.* 4. ed. Coimbra: Almedina, 2000.

CORREIA, Érica Paula Barcha. A previdência social é deficitária? *Revista da Previdência Social,* São Paulo: LTr, 270/421, maio 2003.

CORREIA, Marcus Orione Gonçalves. *Teoria e prática do poder de ação na defesa dos direitos sociais.* São Paulo: LTr, 2002.

CUNHA, Sérgio Sérvulo da. Revisão constitucional: o caso brasileiro. In: Batochio, José Roberto (Coord.). *Revisão constitucional.* Porto Alegre: Sérgio Antonio Fabris, 1993.

FRANÇA, Rubens Limongi. Direito adquirido e expectativa de direito. In: *Enciclopédia Saraiva do Direito,* São Paulo: Saraiva, v. 256.

GAIA, Terezinha Sueli Sá de Souza. O rombo da previdência social. *Revista da Previdência Social,* São Paulo: LTr, 256/188, mar. 2002.

GARCIA, Maria. A previdência social e a questão do déficit previdenciário. *Repertório IOB de Jurisprudência*, texto 1/17893, dez. 2002.

_____. A emenda previdenciária e os direitos adquiridos. *Cadernos de direito constitucional e ciência política*, São Paulo: n. 26, jan./mar. 1999.

GOMES, Joaquim B. Barbosa. *Ação afirmativa e o princípio constitucional da igualdade*. Rio de Janeiro: Renovar, 2001.

HESSE, Konrad. *A força normativa da Constituição*. Porto Alegre: Sérgio Antonio Fabris, 1991.

LEITE, Celso Barroso; VELLOSO, Luiz Paranhos. *Previdência social*. Rio de Janeiro: Zahar, 1963.

MACHADO, Hugo de Brito. *Curso de direito tributário*. 19. ed. São Paulo: Malheiros, 2001.

MARTINS, Sergio Pinto. *Direito da Seguridade Social*. 38. ed. São Paulo: Saraiva, 2019.

_____. *Manual de direito tributário*. 18. ed. São Paulo: Saraiva, 2019.

_____. Reforma previdenciária e déficit do sistema. *Revista de Previdência Social*, n. 267, p. 146, fev. 2003.

_____. Déficit da previdência social e arrecadação. *Correio Braziliense*, 10 mar. 2003, Caderno Direito & Justiça, p. 1.

_____. Aposentadoria de servidor. *Diário do Grande ABC*, 16 mar. 2003, p. 6.

_____. Aposentadoria integral no serviço público. *Jornal da USP*, de 24 a 30 mar. 2003, p. 2.

_____. Déficit do sistema previdenciário. *Gazeta Mercantil*, 1o abr. 2003, Caderno Legislação e Jurisprudência, p. 4.

_____. Reforma previdenciária. *Diário de São Paulo*, 11 abr. 2003, p. A10; O Executivo Público, maio 2003, p. 5.

_____. Déficit da Previdência e administração da Seguridade pelo INSS. *Jornal Valor Econômico*, 17 a 21 abr. 2003, Caderno Legislação & Tributos, p. E6.

_____. Reforma e aposentadoria do servidor. Sintrajud. *Jornal do Judiciário*, 24 abr. 2003, n. 138, p. 7.

_____. Déficit da Previdência Social e aposentadoria integral do servidor público. *Jornal Magistratura & Trabalho*, abr./maio 2003, p. 12.

_____. O déficit previdenciário e a reforma do sistema. *Coad*, maio 2003, n. 21, p. 171.

_____. O novo teto da aposentadoria. *Diário do Grande ABC*, 14 jun. 2003, p. 7.

_____. Incidência de contribuição sobre os proventos dos inativos e pensionistas. *Orientador Trabalhista Mapa Fiscal*, n. 6/2003, p. 3.

_____. Reforma Previdenciária: não estamos combatendo as causas, mas os efeitos. *O Executivo Público*, Associação dos Executivos Públicos do Estado de São Paulo, ano IV, n. 42, p. 2 e 3, jun. 2003.

_____. Reforma previdenciária ou imprevidência social!? *Repertório IOB de Jurisprudência*, n. 13/2003, texto 2/19761, p. 345, jul. 2003.

_____. Previdência privada e reforma. *Diário do Grande ABC*, 20 set. 2003, p. 7; Carta Forense, out. 2003, n. 7, p. 11.

_____. A reforma previdenciária aprovada na Câmara dos Deputados. *Informativo Anajustra*, ano I, n. 4, set. 2003.

_____. A reforma previdenciária. *Gazeta Mercantil*, 29 set. 2003, n. 708.

_____. Pensão por morte do servidor, *Carta Forense*, n. 8, p. 8, nov. 2003.

_____. Reforma previdenciária e déficit do sistema. *Revista do TRT da 15a Região*, São Paulo: LTr, p. 75, 2003.

_____. A Emenda Constitucional n. 41/03 e a reforma previdenciária para o servidor público. Homenagem ao professor Aníbal Fernandes. *Revista do Advogado*, ano 24, n. 80, p. 70, nov. 2004.

_____. In: FREUDENTHAL, Sergio Pardal (coord.). Inconstitucionalidades da Emenda Constitucional n. 41/03. *A previdência social hoje*. Homenagem a Aníbal Fernandes. São Paulo: LTr, 2004. p. 216.

_____. A reforma previdenciária estabelecida pela Emenda Constitucional n. 41/03. *O servidor público e a justiça do trabalho*. Homenagem ao ministro Ronaldo José Lopes Leal. São Paulo: LTr, 2005. p. 235.

MELLO, Celso Antônio Bandeira de. *Conteúdo jurídico do princípio da igualdade.* 6. ed. São Paulo: Malheiros, 1999.

_____. _____. 2. ed. São Paulo: Revista dos Tribunais, 1984.

MESA-LAGO, Carmelo. As reformas da seguridade social na América Latina e os posicionamentos dos organismos internacionais. *Conjuntura Social*, Brasília, v. 8, jul. 1997.

MING, Celso. Simulações do impacto da reforma previdenciária. *O Estado de S. Paulo*, 28 jul. 2003, p. B2.

MINHOTO, Antonio Celso Baeta. Princípio da igualdade. *Revista de Direito Constitucional e Internacional*, São Paulo: Revista dos Tribunais, ano 11, n. 42, jan./mar. 2003.

MORAES, Alexandre de. *Direito constitucional*. 15. ed. São Paulo: Atlas, 2004.

MOTTA FILHO, Cândido. *O conteúdo político das constituições*. Rio de Janeiro, 1950.

NETTO, Juliana Presotto Pereira. *A previdência social em reforma*. O desafio da inclusão de um maior número de trabalhadores. São Paulo: LTr, 2002.

NÓBREGA, Maílson da. A previdência dos servidores. *O Estado de S. Paulo*, 2 fev. 2003, p. B2.

OLIVEIRA, Aristeu de. *Reforma previdenciária comentada*. São Paulo: Atlas, 2003.

OLIVEIRA, Jaime A. de Araújo; TEIXEIRA, Sonia M. Fleury. *(Im)Previdência Social*: 60 anos de história da previdência social no Brasil. 2. ed. Petrópolis: Vozes, 1989.

PAIVA, Glycon de. Reflexões sobre o momento brasileiro. *Correio da Manhã*, Rio de Janeiro, 22 out. 1961.

PIOVESAN, Flávia. *Direitos humanos e o direito constitucional internacional*. São Paulo: Max Limonad, 2002.

RODRIGUES, Rennar. Informe sobre el sistema previsional uruguayo. Principales aspectos. *Revista de la Fundación de Cultura Universitária del Uruguay*, 1995.

SAMPAIO, Nelson. *O poder de reforma constitucional*. 3. ed. Salvador: Nova Alvorada, 1995.

STEPHANES, Reinhold. *Previdência social*: uma solução gerencial e estrutural. Porto Alegre: Síntese, 1993.

_____. *Reforma da previdência*. Rio de Janeiro: Record, 1998.

_____. A reforma da previdência. *O Globo*, Rio de Janeiro, mar. 1995, p. 1.

TEIXEIRA, Ib. Como Brasília arruinou a previdência social. *Conjuntura Econômica*, Rio de Janeiro, v. 51, n. 3, mar. 1997.

VERAS, Beni. *Previdência*: desequilíbrio ou reforma. Brasília: Senado Federal.

ÍNDICE REMISSIVO

Abono de permanência, 8.2.5
Acidente do trabalho, 4.10
Aposentadoria especial, 4.5
Aposentadoria no regime geral, 4.4
Aposentadoria por idade, 4.3
Argentina, 11.2
Auxílio-reclusão, 4.8

Cálculo dos benefícios, 4.2
Capitalização, 4.13
Caráter contributivo, 4.1
CEME, 1
Chile, 11.1
Contribuição da União, 8.2.8
Contribuição do ativo, 8.2.1
Contribuição do inativo, 9

Dataprev, 1
Direito adquirido, 13
Déficit do Sistema, 2
Desemprego e informalidade, 5.4

Emenda Constitucional n. 20/98, 4
Emenda Constitucional n. 41, 8
Emenda Constitucional n. 47, 12

Emenda Constitucional n. 103/2019, 15
Estados Unidos, 11.4
Expectativa de vida, 5.1

Fatores a considerar, 5
FUNABEM, 1

Gestão, 1

Histórico, 1

IAPAS, 14
INAMPS, 25
INPS, 14
Integralidade, 8.2.3
Institutos de Aposentadorias, 1

Militares, 8.2.9

Número de filhos, 5.2

Paridade, 8.2.2
Pensão por morte, 10
Prejuízos dos segurados, 3
Previdência complementar, 11
Previdência privada, 4.10
Professores, 4.6

Redutor, 8.2.6
Regime privado 8.1
Regime público, 8.2
Reforma no setor privado, 6
Reforma no setor público, 7
Reforma da EC n. 41/2003, 8
Relação entre ativos e inativos, 5.3

Salário-família, 4.7
Salário-maternidade, 4.9
Sistema público, 4.14

Tempo de contribuição, 4.11
Teto e subteto, 8.2.4

Unificação da alíquota, 8.2.3
Uruguai, 11.3